高等院校旅游专业系列教材

旅游企业岗位培训系列教材

旅游心理学

（第2版）

马继兴　郑强国　主编

清华大学出版社

北京

内容简介

本书根据国际旅游产业的飞速发展、结合国家新修订颁布实施的旅游法规及旅游企业服务实践，具体介绍：旅游和旅游活动、旅游心理学研究方法、旅游参与者的个性心理特征、旅游活动中的心理、旅游消费者的行为模式、旅游社会文化心理、旅游产品设计心理、旅游者不同旅游阶段的心理、旅游从业人员的管理心理、旅游从业人员的服务心理等基本知识，并注重通过指导学生实训，强化应用能力培养。

本书具有知识系统、重点突出、贴近实际、注重创新、注重旅游行业实际应用，因而本书既可以作为普通高等院校本科旅游管理专业的教材，同时兼顾高职高专、成人高等教育，也可以作为旅游企业管理者和从业者的培训教材，并为社会广大中小微旅游企业创业者提供旅游心理服务学习指导。

图书在版编目（CIP）数据

旅游心理学/马继兴，郑强国主编.—2版.—北京：清华大学出版社，2020.9
高等院校旅游专业系列教材.旅游企业岗位培训系列教材
ISBN 978-7-302-56184-2

Ⅰ.①旅…　Ⅱ.①马…②郑…　Ⅲ.①旅游心理学－高等学校－教材　Ⅳ.①F590-05

中国版本图书馆CIP数据核字(2020)第143466号

责任编辑：陆浥晨
封面设计：常雪影
责任校对：宋玉莲
责任印制：丛怀宇

出版发行：清华大学出版社
网　　址：http://www.tup.com.cn，http://www.wqbook.com
地　　址：北京清华大学学研大厦A座　　**邮　　编**：100084
社 总 机：010-62770175　　**邮　　购**：010-62786544
投稿与读者服务：010-62776969，c-service@tup.tsinghua.edu.cn
质量反馈：010-62772015，zhiliang@tup.tsinghua.edu.cn
印 装 者：北京鑫海金澳胶印有限公司
经　　销：全国新华书店
开　　本：185mm×260mm　　**印　　张**：15.25　　**字　　数**：347千字
版　　次：2010年7月第1版　2020年9月第2版　　**印　　次**：2020年9月第1次印刷
定　　价：49.00元

产品编号：086094-01

旅游系列教材编审委员会

序 言

随着我国改革开放进程加快和国民经济的高速发展，随着交通和通信技术的不断进步，随着旅游景区维护、旅游文化挖掘、宾馆酒店设施设备的不断完善提高，随着居民收入和闲暇时间的增多，旅游正日益成为现代社会人们主要的生活方式和社会经济活动。大众化旅游时代已经到来。

旅游作为文化创意产业的核心支柱，在国际交往、文化交流、扶贫脱贫、拉动内需、解决就业、丰富社会生活、促进经济发展、构建和谐社会、弘扬中华文化等方面发挥着巨大作用，旅游已成为当今世界经济发展最快的"绿色朝阳产业"。

2016 年 12 月，国务院印发了《"十三五"旅游业发展规划》，规划确定了"十三五"时期旅游业发展的总体思路、基本目标、主要任务和保障措施，是未来五年我国旅游业发展的行动纲领和基本遵循，为我国的旅游业发展指明了方向。

规划指出"十三五"期间我国旅游业发展要实现四大目标。一是旅游经济稳步增长，城乡居民出游人数年均增长 10%左右，旅游总收入年均增长 11%以上，旅游直接投资年均增长 14%以上，到 2020 年旅游市场总规模达到 67 亿人次，旅游投资总额 2 万亿元，旅游业总收入达到 7 万亿元。二是综合效益显著提升，旅游业对国民经济的综合贡献度达到 12%以上。三是人民群众更加满意，旅游交通更为便捷，旅游公共服务更加健全，带薪休假制度加快落实，市场秩序显著好转，文明旅游蔚然成风，旅游环境更加优美，"厕所革命"取得显著成效。四是国际影响力大幅提升，入境旅游持续增长，出境旅游健康发展，与旅游业发达国家的差距明显缩小。

随着全球旅游业的快速发展，旅游观念、产品、营销方式、运营方式及管理手段等都在发生了巨大的变化。面对国际旅游业激烈的市场竞争，旅游行业的在职从业员工急需更新观念、提高服务技能、提升业务与道德素质，旅游行业和企业也在呼唤"有知识、懂管理、会操作、能执行"的专业实用型人才。加强旅游经营管理模式的创新、加速旅游经营管理专业技能型人才培养已成为当前亟待解决的问题。

针对我国高等教育旅游管理专业知识老化、教材陈旧、重理论轻实践、缺乏实际操作技能训练等问题，为适应社会就业发展急需、为满足日益增长的旅游市场需求，我们组织多年从事旅游教学实践的国内知名专家教授及旅游企业经理共同精心编撰了此套教材，旨在迅速提高大学生和旅游从业者专业素质，更好地服务于我国旅游事业。本套系列教材根据大学旅游管理专业教学大纲和课程设置，包括《北京导游英语》《旅游英语》《旅游心理学》《旅游法规与实务》等教材。

本套书作为应用型大学旅游管理专业的特色教材，融入了旅游管理的最新教学理念，坚持科学发展观，力求严谨，注重与时俱进，依照旅游活动的基本过程和规律，全面贯彻国家新近颁布实施的旅游法律法规及各项管理规定。本书按照旅游企业用人需求，结合解决学生就业、注重校企结合、贴近行业企业业务实际，强化理论与实践的紧密结合，注重管理方法、实践技能与岗位应用的培养训练，并注重教学内容和教材结构的创新。

本次旅游管理专业系列教材的出版对帮助学生尽快熟悉旅游操作规程与业务管理，对帮助学生毕业后能够顺利走上社会就业具有特殊意义。

牟惟仲

2020年6月

再版前言

2018年，我国文旅融合开局顺利，按照“宜融则融、能融尽融，以文促旅、以旅彰文”的思路，以文化拓展旅游经济发展空间，以供给侧改革促进品质旅游发展。根据国家文化和旅游部2018年发布的最新统计公报，国内旅游人数55.39亿人次、比上年同期增长10.8%，入境旅游人数14120万人次、比上年同期增长1.2%，中国公民出境旅游人数14972万人次、比上年同期增长14.7%，国际旅游收入1271亿美元、比上年同期增长3.0%，全年全国旅游业对GDP的综合贡献为9.94万亿元，占GDP总量的11.04%。

旅游作为文化创意产业的核心支柱，在国际交往、文化交流、扶贫脱贫、拉动内需、解决就业、丰富社会生活、促进经济发展、构建和谐社会、弘扬中华文化等方面发挥着巨大作用，旅游已成为当今世界经济发展最快的“绿色朝阳产业”，在我国经济发展中占有极其重要的位置。

旅游业属于第三产业，特别关注心理服务和个性化服务。随着我国际交往扩大、国际影响力迅速提升，随着世界旅游业的快速发展，对旅游服务内容与服务质量也提出了新的要求。目前我国旅游市场出现了新的变化，旅游者从对旅游资源自然美的欣赏为主，逐渐转变为以从旅游活动中获得内在的心理享受为主；从“走马观花”的快节奏游览风光景色的旅游方式为主，逐渐转变为“下马观花”的慢节奏享受文化内涵的旅游方式为主。

现代旅游业的特点要求旅游从业人员为“有钱、有闲、有品位”的旅游者提供创新的旅游产品满足旅游者的物质和精神需要，使旅游者的在物质满足的基础上获得精神上的愉悦。现代旅游业的发展要求旅游从业人员不但应具有较高的功能服务技能，而且需要具备较高的心理服务能力。当前，旅游心理服务能力已成为旅游市场竞争的核心，面对激烈的国际旅游市场竞争，学习掌握好旅游心理学知识与技能、形成旅游心理服务规范、提高职业能力，对搞好旅游服务工作、促进旅游事业发展具有十分重要的现实意义。

本书自2010年出版以来，因写作质量高、突出学用结合，而深受全国各类高校广大师生的欢迎，目前已经多次重印。此次再版，作者审慎地对原教材进行了压缩篇幅、更新案例、补充新知识等相应修改，以使其更好地为国家旅游经济服务。

本书作为普通高等教育旅游管理专业的特色教材，坚持科学发展观，严格按照教育部“加强职业教育、突出实践技能培养”的要求，针对旅游心理学与实务的教学要求和职业能力培养目标，既注重旅游服务与世界文明发展成果的有机结合，又注重结合旅游活动中的心理变化强化旅游心理服务细节实训。这将有助于学习者按照旅游工作特点的要求，更好地掌握旅游全方位服务的知识与技能，并能循序渐进地运用于旅游服务与岗位业务操作规程，对学生毕业后能够顺利进入社会进行就业具有特殊意义。

旅游心理学既是旅游管理专业的核心主干课，也是旅游服务从业就业者所必须掌握的关键知识技能。全书共10章，以学习者应用能力培养为主线，根据国际旅游业发展的新形势和新特点，依照旅游活动中的主体、客体，按照旅游管理专业应用型人才的培养目标，结合典型案例和旅游个性化服务，系统介绍：旅游和旅游活动、旅游心理学研究方法、旅游参与者的个性心理特征、旅游活动中的心理、旅游消费者的行为模式、旅游社会文化心理、旅游产品设计心理、旅游者不同旅游阶段的心理、旅游从业人员的管理心理、旅游从业人员的服务心理等基本知识,并注重通过指导学生实训强化应用能力培养。

由于本书融入旅游心理学最新的实践教学理念,力求严谨,注重与时俱进,突出"以心理服务过程"为导向,强化学生实际工作与操作能力锻炼,具有结构新颖、内容翔实、案例生动、贴近实际、突出实用性等特点;因此既可作为普通高等院校本科旅游管理专业的首选教材,同时兼顾高职高专、成人高等教育,也可以作为旅游企业管理者和从业者的培训教材,并为社会广大中小微旅游企业创业者提供旅游心理服务学习指导。

本教材由李大军策划、并具体组织,马继兴和郑强国主编,马继兴统改稿,张凤霞、王瑞春、郑转玲、段云鹏为副主编,由贾晓龙教授审定。作者分工:牟惟仲(序言),郑强国(第一章、第九章),马继兴(第二章、第四章),张凤霞(第三章、第八章),段云鹏(第五章、第七章),王瑞春(第六章),郑转玲(第十章),李晓新(文字和版式修改、制作课件)。

在本书再版过程中,我们参考了国内外大量有关旅游心理学与实务的最新书刊、网络资料,收集了具有实用价值的经典典型案例,并得到旅游界知名旅游心理学专家教授的具体指导,在此一并致谢。为了方便教学,本书配有电子课件,读者可以从清华大学出版社网站(www.tup.com.cn)免费下载使用。因作者水平有限,书中难免存在疏漏和不足,恳请专家和广大读者给予批评指正。

编　者

2020 年 6 月

目　录

第一章 绪 论

学习要点及目标

1. 掌握旅游心理学的定义；
2. 了解旅游心理学的研究对象和内容；
3. 理解旅游心理学理论框架体系；
4. 认识旅游活动发生的原因；
5. 熟悉旅游参与者的种类。

引导案例

“世界很大，我要去看看”

《中华人民共和国文化和旅游部2018年文化和旅游发展统计公报》显示：2018年国内旅游市场持续平稳增长，入境旅游市场稳步进入缓慢回升通道，出境旅游市场快速发展。全年国内旅游人数55.39亿人次，比上年同期增长10.8%；入境旅游人数14120万人次，比上年同期增长1.2%；出境旅游人数14972万人次，比上年同期增长14.7%；全年实现旅游总收入5.97万亿元，同比增长10.5%。

2018年年末全国共有A级景区11924个，全年接待总人数60.24亿人次，比上年末增长10.5%，实现旅游收入4707.54亿元，比上年末增长7.8%。

（资料来源：http://zwgk.mct.gov.cn/auto255/201905/t20190530_844003.html? keywords=.）

【点评】

旅游者具有参加旅游活动的实力和动力，他们有钱、有闲、有愿望，形成巨大的旅游市场。现代旅游是高层次的文化消费活动，已成为增加个人体验和丰富人生经历的一种生活方式，呈现“有钱＋有闲＋有愿望＋有品位”的特点。

旅游者在旅游前、旅游中、旅游后呈现不同的心理状态。旅游服务及管理人员学习旅游心理学知识，有助于旅游从业者提高服务质量，为旅游者提供多样化和个性化的服务，满足旅游者的需要，提高旅游者的满意度水平，促进旅游市场发展。

第一节　旅游和旅游活动

随着中国社会经济的迅速发展，旅游业已成为国家的重要的第三产业之一和经济发展的支柱产业之一。旅游者为满足好奇心，在第二现实中过一种不同于惯常的生活，是参与旅游活动的心理动力。旅游活动使个人获得独特的生活经历和丰富的社会经验，了解异地的生活方式和风俗习惯，已成为现代人生活质量提高的标志和生活品位的象征。旅游业的发展提供了大量的就业机会，促进了社会经济文化的不断发展。

一、旅游

旅游既是在一定社会经济条件下发生和发展的一种社会经济活动，也是受社会风气影响和制约的一种物质文化活动。旅游是一种通过旅行游览活动，获得个人的独特人生经历和丰富生活内容的涉及社会、经济、文化和心理等众多层面的现象。

（一）旅游的概念

1995年，世界旅游组织和联合国统计委员会针对旅游统计问题，在技术上对旅游给出了一个界定。旅游是“人们为了休闲、商务和其他目的，离开他们惯常的环境，到某些地方去以及在那些地方停留不超过一年的活动”。

国家标准《旅游业基础术语(GB/T 16766—2017)》对旅游的定义：非就业和迁徙目的离开其惯常环境，且连续不超过一年的旅行和短期居停。

旅游行为是人类复杂行为的一部分，旅游行为的产生是人们旅游需要和动机导致的结果。旅游活动的主体是旅游者，旅游者的旅游行为取决于旅游者的个性和其所属的环境。即行为是个性和环境的函数，行为会随着个性的变化而变化，也会随着环境的变化而变化。

美国著名心理学家勒温(Kurt Lewin)提出的行为公式

$$B=f(P,E)$$

式中，B(behavior)代表行为；f(function)代表某个函数关系；P代表个人的内部动力，或个性；E(environment)代表环境的刺激。其中B是因变量，P和E是自变量。根据勒温的行为公式表明人的行为发生受个性和环境两个方面的影响。

（二）影响旅游行为发生的因素

旅游者的旅游行为的发生受主观和客观因素的影响，旅游的需要和动机、收入水平、闲暇时间、文化习俗、生活方式、社会地位、健康状况、年龄大小等都对旅游者决策外出旅游产生影响。

1. 个人方面的主观因素

个人方面的主观因素直接影响旅游行为的发生。旅游是生产力发展引发的人类社会经济发展的产物，是一项综合性的社会活动。旅游者的个人的旅游需要和动机引发旅游行为，现代社会的发展、工作生活压力增加形成旅游需要和动机。个人方面的主观因素能够促进旅游决策，参加旅游活动成为旅游者。

(1) 旅游需要

根据马斯洛需要层次理论观点，旅游需要属于一种发展需要。旅游是人们在满足了生理需要和安全需要之后产生的高层次需要。20 世纪 50 年代以来，世界经济持续高速发展使得物质产品日益丰富，社会文明水平持续提高。因为人们的支付能力的提高和闲暇时间增多，所以形成对旅游和休闲的广泛需要，为解除心理压力、提高生活质量引起旅游行为发生率大大提升，旅游成为现代人不可或缺的重要生活方式之一。

随着人们拥有的可以自由支配收入和时间越来越多，生产力的高度发达和交通手段的丰富使人们对旅游的看法发生了根本的转变，"花钱买享受"已成为流行的观念。人们普遍在假日和带薪假期时段内外出旅游，把旅游活动视为提高生活质量的方式之一。

旅游活动成为人们满足好奇心、开阔视野、增长知识、释放心理压力、欣赏自然奇观和了解不同社会环境条件下当地人的生活方式，丰富人生阅历的手段，成为现代人类时尚生活的重要组成部分。

2014 年国内游客人次为 36.1 亿人次，2018 年国内游客人次为 55.4 亿人次，2014—2018 年平均比上年增长 11.18%。2014—2018 年国内游客人次及其增长速度，如图 1-1 所示。

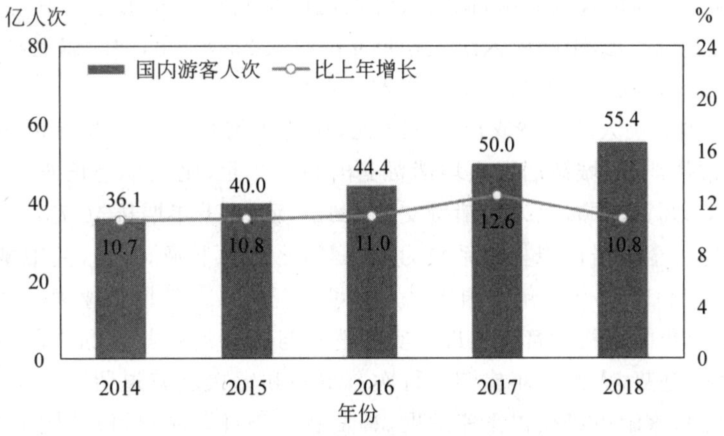

图 1-1　2014—2018 年国内游客人次及其增长速度

(资料来源：《中华人民共和国 2018 年国民经济和社会发展统计公报》。)

(2) 旅游动机

旅游动机是直接推动个体旅游活动以满足其旅游需要的内部动力。旅游动机引发旅游行为，其产生既受社会和经济因素影响，也受生理和心理因素的影响。旅游者通常会形成与身体和心理健康相关的动机，与工作和经济活动相关的动机，与消遣和娱乐相关的动机，与宗教活动相关的动机等。旅游者总是选出符合其旅游动机的旅游产品，根据支付能力的大小和闲暇时间的多少做出旅游决策，通过旅游活动实现预期目标。

现代社会中，人们所承受的工作和生活的心理压力日益增大，通过外出旅游来宣泄消极情绪，解除心理压力改善身心状态，提高人们的生活质量和工作效率。丰富多彩的旅游活动成为人们新的现代生活方式的体现，在现代生活中扮演十分重要的角色。

2. 个人方面的客观因素

个人方面的客观因素对旅游活动的发生起着决定性的作用，人们的收入水平和闲暇时间直接影响旅游消费决策和旅游行为模式。收入水平提高和闲暇时间增多奠定了个体参与旅游活动的基础，旅游的需要增加旅游愿望的实现，个人的修养和文明水平成为促进旅游活动发生的重要因素。

可自由支配的收入（有钱）和可自由支配的时间（有闲）是旅游活动发生的客观前提条件。旅游活动是一种需要金钱支持的消费行为，旅游行为是旅游者获得特定经历的活动，需要旅游者亲自参加才能完成。一个人具有的可自由支配的收入和可自由支配的时间的具体状况，决定其旅游消费水平和方式。

（1）有钱

我国城乡居民人均可支配收入变化情况直接影响旅游行为。

国家统计局《中华人民共和国 2018 年国民经济和社会发展统计公报》显示：2018 年全国居民人均可支配收入 28228 元，比上年增长 8.7%，扣除价格因素，实际增长 6.5%。按常住地分，城镇居民人均可支配收入 39251 元，比上年增长 7.8%，扣除价格因素，实际增长 5.6%。城镇居民人均可支配收入中位数 36413 元，增长 7.6%。农村居民人均可支配收入 14617 元，比上年增长 8.8%，扣除价格因素，实际增长 6.6%。

按全国居民 5 等份收入分组，低收入组人均可支配收入 6440 元，中间偏下收入组人均可支配收入 14361 元，中间收入组人均可支配收入 23189 元，中间偏上收入组人均可支配收入 36471 元，高收入组人均可支配收入 70640 元。

2018 年全国居民人均消费支出 19853 元，比上年增长 8.4%，扣除价格因素，实际增长 6.2%。按常住地分，城镇居民人均消费支出 26112 元，比上年增长 6.8%，扣除价格因素，实际增长 4.6%；农村居民人均消费支出 12124 元，比上年增长 10.7%，扣除价格因素，实际增长 8.4%。全国居民恩格尔系数为 28.4%，比上年下降 0.9%，其中城镇为 27.7%，农村为 30.1%。2014—2018 年全国居民人均可支配收入及其增长速度，如图 1-2 所示。

随着居民消费由实物消费为主进入实物消费与服务消费并重的阶段，旅游消费呈现多样化和个性化趋势，人们的年旅游出行次数增多和每次旅游逗留时间延长。随着消费者的收入的增加，旅游市场获得飞速发展，其发展趋势日渐明显，以旅游消费水平升级为主导的旅游消费市场形成，新的以心理享受为主的旅游消费高峰正在来临。旅游业成为消费升级的主要受益行业之一。

我国旅游业的快速发展与我国城乡居民人均收入密切相关。旅游支出不属于日常生活中像食品消费那样属于不得不支出的部分，在人们的收入达到一定水平时，才会考虑旅游消费事项。

总结国际旅游发展的行业经验，我们可以发现旅游业的发展呈现为人均收入 1000 美元启动观光游市场，人均收入 2000～3000 美元启动休闲游市场，人均收入 3000～5000 美

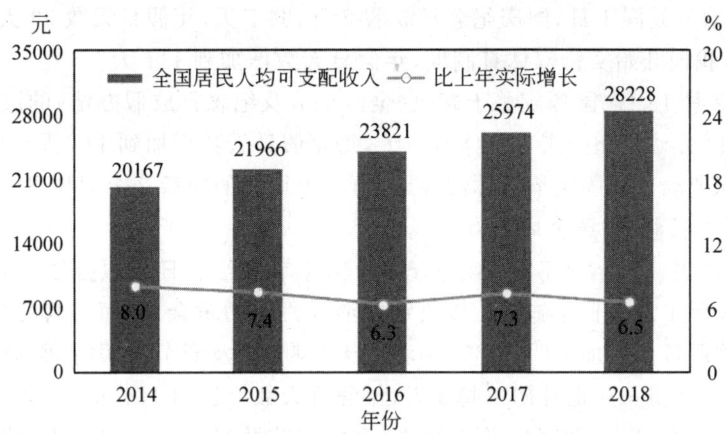

图 1-2　2014—2018 年全国居民人均可支配收入及其增长速度

(资料来源:《中华人民共和国 2018 年国民经济和社会发展统计公报》.)

元启动度假游市场,人均收入 8000～10000 美元启动享受型旅游市场四个阶段。

国家统计局公布 2018 年全国居民人均可支配收入 28228 元(约合 4386 美元),表明中国旅游市场正处在度假游市场大发展时期。

恩格尔系数

1857 年德国统计学家恩格尔根据统计资料,对消费结构的变化得出一个规律:一个家庭收入越少,家庭收入中(或总支出中)用来购买食物的支出所占的比例就越大,随着家庭收入的增加,家庭收入中(或总支出中)用来购买食物的支出则会下降。推而广之,一个国家越穷,每个国民的平均收入中(或平均支出中)用于购买食物的支出所占比例就越大,随着国家的富裕,这个比例呈下降趋势。

恩格尔系数是根据恩格尔定律得出的比例数,是表示生活水平高低的一个指标。其计算公式如下。

恩格尔系数=食品支出总额/家庭或个人消费支出总额×100%

除食物支出外,衣着、住房、日用必需品等的支出,也同样在不断增长的家庭收入或总支出中,所占比重上升一段时期后,呈递减趋势。

国际上经常用恩格尔系数来衡量一个国家和地区人民生活水平的状况。根据联合国粮农组织提出的标准,恩格尔系数在 59%以上为贫困,50%～59%为温饱,40%～50%为小康,30%～40%为富裕,低于 30%为最富裕。恩格尔系数是国际上通用的衡量居民生活水平高低的一项重要指标,一般随居民家庭收入和生活水平的提高而下降。

(资料来源:http://baike.so.com/doc/2769900-2923623.html.)

(2) 有闲

我国法定节假日天数增加促进旅游行为发生。

1949 年 12 月 23 日,政务院发布《全国年节及纪念日放假办法》,新年放假 1 日,春节放假3日,劳动节放假1日,国庆纪念日放假2日,共7天,年假日天数59天。

1995年,我国开始实行双休日制度,年假日天数增加到111天。

1999年9月18日《国务院关于修改〈全国年节及纪念日放假办法〉的决定》第一次修订。春节、国际劳动节和国庆节各休假3天,每年假日天数增加到114天。推出黄金周制度,春节、国际劳动节和国庆节各休假3天,再加上调整的前后2个双休日,就形成了每年3个连续7天的长假的"黄金周"。

2007年12月14日《国务院关于修改〈全国年节及纪念日放假办法〉的决定》第二次修订,自2008年1月1日起施行。该决定取消5月份的黄金周,而将其变为5月1日休假1天的公共假日。增加清明、端午、中秋3天假期,以及春节放假时间调整为农历腊月三十(除夕)、正月初一和正月初二共3天,年假日天数增加到115天。

2013年12月11日《国务院关于修改〈全国年节及纪念日放假办法〉的决定》第三次修订。春节放假时间调整为农历正月初一、初二、初三共3天。

同时,由于允许周末上移下错,与国家法定节假日形成2个7天的"黄金周"(春节和国庆节)和5个3天的"小长假"(元旦、清明节、国际劳动节、端午节、中秋节)。一方面,更合理地分布节假日增加了假日的次数;另一方面,将旅游者的人流分散开,更充分地利用交通、景区、旅游服务设施条件。

全国年节及纪念日放假办法(节选)

(1949年12月23日政务院发布　根据1999年9月18日《国务院关于修改〈全国年节及纪念日放假办法〉的决定》第一次修订　根据2007年12月14日《国务院关于修改〈全国年节及纪念日放假办法〉的决定》第二次修订　根据2013年12月11日《国务院关于修改〈全国年节及纪念日放假办法〉的决定》第三次修订)

第一条　为统一全国年节及纪念日的假期。制定本办法。

第二条　全体公民放假的节日:

(一) 新年,放假1天(1月1日);

(二) 春节,放假3天(农历正月初一、初二、初三);

(三) 清明节,放假1天(农历清明当日);

(四) 劳动节,放假1天(5月1日);

(五) 端午节,放假1天(农历端午当日);

(六) 中秋节,放假1天(农历中秋当日);

(七) 国庆节,放假3天(10月1日、2日、3日)。

(资料来源 http://www.gov.cn/flfg/2013-12/11/content_2546268.htm.)

现行《全国年节及纪念日放假办法》,注意长短假期的合理分布以及带薪假期的灵活应用,有助于国内休闲和度假类产品的消费促进旅游产业的进一步发展。"走马观花"式的旅游方式将被短住享受型旅游方式所取代,成为我国旅游业发展的主要方向。人们可以在"小长假"期间选择中短途的旅游目的地和度假村进行休闲娱乐,而在"黄金周"期间选择较远距离的目的地度假，再结合利用带薪假期，人们拥有了更多的休闲和度假旅游的机会选择。

节假日天数的增加为我国人们的出游提供了客观条件，由于充裕的时间为人们选择不同的旅游形式和时段提供了可能性，因此旅游者的假日旅游心理也发生了相应的改变。旅游已成为人们日常生活的重要组成部分之一，旅游行为发生频率增加，导致旅游市场不断扩大。地理位置距离经济相对较发达的大中型城市的景区和旅游资源地，会充分受益于国内节假日和休假制度的改革，旅游资源地的旅游资源将得到持续开发。

2018 年国内旅游人数约为 55.4 亿人次，收入约 5.13 万亿元

2019 年全国文化和旅游厅局长会议上披露的数据显示，2018 年国内旅游人数约为 55.4 亿人次，收入约 5.13 万亿元；中国公民出境旅游人数约为 1.48 亿人次，目的地有 157 个国家和地区。国家统计局发布的最新数据显示，2018 年全国居民人均消费支出中，服务性消费占比为 44.2%。其中，旅游休闲成为人们消费支出的重要组成部分。

中国旅游研究院报告称，人们更加注重体验。个性化、主题化、定制化旅游产品高速增长，私家团增长较快，占比接近 10%。以业内通行的消费水平衡量，日均消费在 20～50 美元(约折合人民币 135～338 元)的都市休闲客群人数正快速增长。2019 年“升级版”的旅游休闲需要呼唤“升级版”的旅游供给。

(资料来源：http://www.xinhuanet.com/2019-01/23/c_1124032451.htm#locat.)

3. 环境方面的因素

旅游环境作为旅游活动的基本要素之一，存在于现实的客观世界，是旅游者完成旅游行为，形成亲身体验经历的必要条件。人生活在物质和精神的体系之中，旅游心理现象的客观性，表明旅游心理受环境的影响，旅游行为是个性差异和环境刺激共同作用的结果。旅游心理学的研究认为，凡是能够形成对旅游者具有吸引力，能够培养旅游者感情的环境，能满足旅游者旅游动机的环境，都可被称为旅游环境。

(1) 硬环境和软环境

硬环境指综合环境体中的景观环境、交通环境、住宿环境、道路环境、购物环境、康乐环境以及文化环境等。软环境指旅游目的地的劳动质量与服务水平、居民文化素养与友好态度、管理与经营方针、国家政治与政策、语言文化及安全感等。

例如，西湖是全国唯一不收门票的 5A 级旅游景区。2002 年，杭州市西湖环湖南线景区整合工程刚刚结束，市政府决定对南线景区实行免费开放。这是杭州旅游景点实行门票制度以来第一次实行免费开放。整个西湖景区不设围墙、不收门票。随着西湖景区免费开放，游客在杭州逗留的时间相应延长 1 天左右，住宿、购物、交通、饮食等花销也相应增加。

2011 年，西湖景区免费第十年杭州名利双收，旅游总人数达到 7487.27 万人次，旅游总收入为 1191 亿元，是 2002 年的 4 倍。整个西湖景区免费开放公园景点及博物馆、纪念馆共 52 处，占景点总数 73%。西湖景区免费使杭州独特的历史文化、饮食文化、旅游商品等都得到了发展，真正地从旅游城市转变成为城市旅游，注重城市与旅游的共同发展，提供一种品质生活。杭州西湖景区免费开放对于旅游者而言，不仅仅是节约了门票开支，同时环西湖景点一线连通，提升了旅游体验。

据杭州市文化广电旅游局数据统计，2018 年杭州全市接待旅游总人数 18403 万人次，同比增长 13%，其中国内游客 17983 万人次，同比增长 13%；入境过夜游客 106.48 万人次，其中外国人 70.13 万人次。全市实现旅游总收入 3589 亿元，同比增长 18%；旅游外汇收入 38.3 亿美元，同比增长 8.1%。其中，涵盖“吃住行游购娱”的全产业链实现银联刷卡交易总金额 2842.39 亿元，同比增长 21.2%。在文娱、餐饮、购物、住宿、旅行社服务、交通六大板块的消费中，占比最高的是购物零售板块，达到 2146.95 亿元；文娱板块增幅最大，达到 63.29%。

(2) 物理环境和心理环境

物理环境是指旅游环境中的有形部分，在决定旅游者参与旅游活动的决策过程中起着决定性的作用。自然条件下的旅游资源的物理环境的形成，也受到利用它的人的行为方式的影响，旅游经营者对旅游资源的物理环境进行改造，达到美化景观方便游览的目的，形成更好地满足旅游业发展的需要的特色环境。

心理环境是指旅游环境中的无形部分，包括社会环境、服务特色、民俗风情、地方语言、旅游资源地居民的态度等。旅游活动中存在的旅游者、旅游工作者、旅游资源地居民之间的友好关系，旅游服务管理过程心理环境各因素的相互影响，对旅游者做出参与旅游活动的决策起着重要的作用，营造良好的心理环境能够吸引更多的旅游者。旅游活动过程中旅游者对非惯常环境特点的认知所形成旅游心理体验成为旅游者旅游经历的组成部分。

例如，北京的颐和园作为中国皇家园林的典型代表具备了亭台楼阁、小桥流水、湖光山色的物理环境，而其皇家园林艺术的宫殿建筑、长廊彩画、万寿山景观中，蕴含着中国古代文化的审美情趣，遍布全园的对联匾额、石刻碑文成为旅游者感知颐和园意境之美的心理环境。旅游者在游览颐和园的过程中，分享着颐和园的优美的物理环境和愉悦的心理环境。

旅游环境中的物理环境和心理环境在旅游产品的服务和消费过程中的作用和地位是不同的，由于旅游资源基础的物理环境同质化水平不断提高，旅游新产品的开发应以提高心理环境水平为主。旅游产品心理性服务的竞争已成为旅游市场竞争的核心。“山不在高，有仙则名。水不在深，有龙则灵。”充分说明了旅游的物理环境和心理环境之间的关系，阐明了优美的物理环境和愉悦的心理环境在旅游活动中的重要意义。

(3) 旅游环境是“有准备的环境”

“有准备的环境”是指旅游服务企业和旅游工作者为旅游者建立完成的要素齐备的环境体系。在硬环境方面，完善交通条件，提供住宿设施，美化旅游景点，满足旅游者的各种有形需要，提供良好的功能性服务；在软环境方面，提高旅游工作者的业务素质和服务水平，提供高水平心理性服务。

根据旅游者的需要，旅游工作者应特别注重旅游服务细节的完善，使旅游者感到舒适和方便，满足旅游者在物理环境和心理环境方面的需要。

在家千般好，出门万事难。细节体现旅游服务水平，“有准备的环境”使旅游者感到便利。为游览的旅游者布置明显的路标方便寻找目的地，为自由行的旅游者提供免费的旅游地图,为留言传递信息的旅游者提供笔和便笺,为下雨时使用雨伞的旅游者提供防水伞套,甚至对重点旅游者在住宿时提供其偏爱颜色的床单和窗帘,在浴室中准备防滑的拖鞋、专用的洗浴香波等特色服务,使旅游者有宾至如归的感觉。

二、旅游活动

旅游活动是人们转换生活空间伴随旅游发生的行为表现,是在旅游过程中人们离开惯常环境(第一现实)而在旅游环境(第二现实)中寻求短暂愉悦的一种生活方式。旅游活动通常被认为是人们出于休闲、参观、度假等目的,短期(历时不超过一年)离开自己的惯常环境,前往异地并在当地停留进行访问、观览等。

(一)旅游活动的定义

旅游活动是指人们出于移民和就业之外的其他目的,离开自己的常住地而外出的旅行和在外逗留。

(二)旅游活动的主要特征

在旅游活动过程中,任何类型的旅游活动共同具有旅行与逗留、异地性、暂时性、非移民或就业性等特征。

1. 旅行与逗留

旅行是指旅游者在其定居地与旅游目的地之间的往返,以及在不同旅游目的地之间往来的空间位移活动。所谓逗留,则泛指旅游者在旅游目的地停留期间所进行的各种访问和生活活动。所有旅游活动的开展都涉及旅行和逗留两个方面,呈现为旅游的位移线性运动和逗留的固定点性静止的特点,线点和动静结合的运动形式构成旅游活动。

2. 异地性

所有的旅游活动都是一种异地性的活动,即人们离开自己的惯常住地,前往旅游目的地开展的访问活动。旅游活动有别于人们在其惯常住地区域范围之内开展的各种日常性的生活、工作、休闲及社交活动,虽然人们的这些活动有其类似之处,但旅游活动的发生一定是以异地性为前提。

3. 暂时性

所有的旅游活动都是一种暂时性的活动,即外出旅游者在结束其全程旅游活动之后,最终须返回其惯常住地,在旅游目的地短期停留,不会在旅游目的地永久定居。按照国际上对入境旅游的统计惯例,旅游活动的暂时性是指境外来访者在目的国的连续停留时间不得超过12个月,否则将被视为永久移民或临时移民,而不再属于来访旅游者。至于国内旅游者在本国境内到访地区的停留时限,各国往往会有其不同的规定。

4. 非移民或非就业性

所有旅游活动都是出于移民和就业目的之外的出行和访问活动。凡是出于在目的地永久定居的移民目的的旅行,为了去异国他乡打工谋生或上任就职而发生的出游行为,都不属于旅游活动的范畴,非移民或非就业性是旅游活动的核心特征。

(三)旅游活动的要素构成

关于旅游活动的要素有不同的观点存在,为研究的便利在有些情况下,旅游活动的要素指的是旅游活动内容的构成要素;而在另外一些情况下,则指的是旅游活动的过程构成要素或者旅游活动的体系构成要素。

1. 六要素说

通常旅游活动的内容要素可概括为六个方面,即食、住、行、游、购、娱。一般旅游业中为开展工作的便利,通常称之为旅游活动六要素。所谓旅游活动六要素,实际上指的是旅游活动内容构成的基本要素。

2. 三要素说

旅游活动过程的基本要素或旅游活动的体系构成因素,其基本要素有三项,即旅游活动的主体(旅游者)、旅游活动的客体(旅游资源)和旅游活动的中介体(旅游业)。旅游理论研究中所指的旅游活动三要素,实际上指的是旅游活动体系构成的基本要素或旅游活动得以开展的基本要素。

(1) 旅游活动的主体

旅游活动的主体是旅游者,旅游者是旅游活动的发动者。在实际社会生活中并非任何个人都可以无条件地成为现实的旅游者。个体旅游需要的产生和满足方式有其特有的前提条件,只有当一个人同时具备外出旅游的主观意愿和实现这一意愿的客观条件时,才有可能形成旅游需要、激发旅游动机成为现实的旅游者,并通过参加旅游活动满足其旅游需要。旅游者是旅游活动中最重要的参与者,没有旅游者也就没有旅游业的存在,旅游者在旅游活动中的主体地位不容置疑。

(2) 旅游活动的客体

旅游活动的客体是旅游活动的对象,是旅游活动得以实现的客观条件,也就是吸引旅游者来访并使其来访目的得以实现的旅游资源。旅游资源不仅是旅游活动的对象物、旅游文化的载体、形成旅游产品的基础,而且是一个国家或地区能够吸引旅游者来访的根本原因。对于一个旅游者来说,旅游目的地的旅游吸引力的根本决定性的因素,永远是当地的旅游资源。旅游服务质量状况的好坏只能助长或削弱某一旅游目的地的吸引力,旅游者选择旅游目的地的首要因素就是旅游资源。

(3) 旅游活动的中介体

旅游活动的中介体是指帮助旅游者实现和完成其旅游经历,并为其提供相应便利服务的旅游业。旅游活动的主体和旅游活动的客体作为旅游活动中的互动作用要素,通过旅游活动的中介体的连接使旅游活动过程得以顺利实现。在现代旅游中,旅游活动的主体与旅游活动的客体,通过旅游活动的中介体共同完成旅游活动过程,旅游活动的中介体各部门功能的结合形成旅游产业。

(四) 旅游业

旅游业属于服务行业(第三产业),主要提供无形的服务产品。旅游业是社会经济发展到一定阶段的产物,也是旅游发展到一定阶段的产物,是以旅游资源为依托,通过一定的旅游设施设备为旅游活动创造便利条件,为旅游者提供所需产品和服务的综合性产业。旅游业为旅游活动的完成提供条件,成为联结旅游者和旅游资源的纽带。

1. 三大支柱

旅游业主要由旅行社、旅游饭店和旅游交通组成,人们通常将旅行社、旅游饭店和旅游交通称为旅游业的三大支柱。

旅游业以为旅游者提供服务为核心，成为联系旅游者和旅游资源的纽带，通过旅行社、旅游饭店和旅游交通等部门提供旅游产品和服务，满足旅游者食、住、行、游、购、娱的需要。遵循旅游业的发展规律，发挥旅行社、旅游饭店和旅游交通的功能共同促进旅游业发展。

旅行社在旅游业中居于中心地位、位于产业链的上游，靠出售旅游产品吸引旅游者参加旅游活动，将旅游活动全过程的业务项目整合，通过旅游饭店和旅游交通等的协同完成旅游行程。居于产业链下游的旅游饭店和旅游交通，在与旅行社的合作过程中，销售旅游服务产品获得利益。由于旅游活动的复杂性需要多种企业联合运行才能完成旅游服务的全过程，通过价值链调整各环节的利益，使得不同的旅游企业从中获利。

2. 五大部门

从国家或地区的旅游业发展及旅游目的地的市场营销角度去认识，旅游业主要由住宿接待部门、游览场所经营部门、交通运输部门、旅行业务组织部门和目的地旅游管理组织部门五个部分组成。

在同一个旅游目的地的旅游业中，住宿接待部门、游览场所经营部门、交通运输部门、旅行业务组织部门和目的地旅游管理组织部门存在着共同的目标，即通过吸引、招徕和接待外来旅游者，促进旅游目的地的经济发展。虽然旅游管理组织部门不属于以营利为目的的经济部门，但在促进和扩大其他四个商业性部门的营利方面，起着非常重要的支持作用。

（五）现代旅游活动的特点

随着现代社会信息化和网络化的发展，现代旅游活动的普及使旅游已成为人们日常生活的重要组成部分，旅游成为人们高品质生活的标志，旅游改变了现代人们的生活方式，现代社会进入了大众旅游的时代。现代旅游活动具有普及性、综合性、地理集中性和季节性四个主要特点。

1. 普及性

现代旅游活动的普及性表现为大众旅游。20 世纪 60 年代以来，大众型旅游模式形成。大众型旅游是指旅游者在旅行社的组织和安排下，消费各类旅游企业提供的产品和服务，按照事先约定的时间、行程线路和活动内容，以集体活动的方式有计划地开展和完成全程旅游活动。由于这种旅游模式非常普及且规模巨大，故称之为大众旅游，采用这种形式外出旅游的人也因此被称之为大众型旅游者。大众型旅游的普及是推动现代旅游市场迅速发展的重要原因之一。

同时，随着社会的发展，企业日益重视员工的福利，奖励旅游成为企业经常采用的激励方式之一。奖励旅游是指包括企业、社会团体和政府机构在内的各种组织为了表彰和奖励那些工作业绩突出的员工，而特别为其组织的免费旅游和度假活动。奖励旅游促进了现代旅游业的发展，旅游活动不仅是人们的一种休闲方式，而且还越来越多地被企业和组织用作激励员工的手段。

旅游业内普遍认为奖励旅游最早出现于 20 世纪 60 年代的美国。组织的管理者发现以旅游度假为手段奖励员工，所产生的激励作用比传统的金钱和物质奖励作用更大。在物质生活内容十分丰富的今天，金钱和物质奖励的刺激效用在下降，而一次富有特色的旅游经历会令人终生难忘。奖励旅游通过增进个人经历的方式使人获得满意感和成就感，其激励作用比金钱和物质奖励更明显，有更好的激励效果。

由于奖励旅游产品的消费价格较高、利润丰厚，很多旅游企业积极开拓和发展这一市场，奖励旅游迅速地发展成为旅游市场中的高端市场。奖励旅游促使旅游企业开发大量的旅游新产品以满足奖励旅游的需要，奖励旅游的普及是推动现代旅游市场迅速发展的重要原因之一。

现代旅游活动的普及性表现为旅游者的来源范围已经扩展到社会各阶层，呈现出旅游者社会分布范围的广泛性。旅游工作者通过旅游心理学的研究，设计开发适合不同目标市场的不同的旅游产品，提高旅游业功能性服务和心理性服务的水平，为旅游者提供有特色的高品质的旅游服务，满足不同社会阶层人群的需要。随着我国社会经济的不断繁荣，旅游活动在国民中也在朝着大众化的方向发展，参加旅游活动的人数年均增长为10%～20%。

2. 综合性

现代旅游活动具有综合性特点，通过旅游者的旅游动机的多重性和旅游活动内容的多样性体现出来。现代旅游活动的综合性对于旅游业的经营与管理具有多方面的实际意义。旅游业以旅游者为中心配置资源，满足旅游者食、住、行、游、购、娱的需要，因此综合性是其显著特点。

旅游者的旅游动机的多重性是经常发生的。旅游者作为消费者决策购买旅游产品和发生出游行为时，往往很少出于某一单一动机。旅游活动是一种综合性的消费过程，可满足人们的多重需要，有多方面的动机促成了旅游行为的发生。例如，人们为了探亲访友而出行，同时借机在当地游览风景名胜、了解文化习俗、采购土特产品等，表现出旅游者的动机的多重性。

现代旅游具有活动内容的多样性，旅游者在其旅游经历或旅游体验的过程中会参与多种旅游活动，不仅包括以各种形式进行的访问活动，而且还包括在目的地停留期间的生活活动。这些活动既是保证实现其旅游经历或旅游体验的手段，也是构成其旅游经历或旅游体验的具体内容。现代旅游产品中的旅游活动过程涉及食、住、行、游、购、娱等诸多方面，现代旅游活动成为涉及多方面内容的综合性活动。

旅游业涉及的社会部门多，工作内容复杂多样，旅游工作者要在研究旅游活动的综合性特点的基础上确定目标市场，设计开发新型旅游产品满足旅游者的多种需要，提高旅游产品质量，以便节约成本获得较高效益，同时必须关注旅游业内各有关部门之间协调配合的必要性和重要性。

3. 地理集中性

地理集中性是指现代旅游活动的开展在空间分布上的不均衡性特点。虽然现代旅游活动成为遍布世界各地的普遍现象，随着现代科学技术的发展和交通运输工具的改进，旅游者到达世界各地所需时间在缩短，旅游活动的地域范围不断扩展，但是，旅游活动的开展并非平均分布于各地，而是相对集中于某些地区或某些地点。

由于旅游资源地的特点导致的旅游活动的地理集中性促进了现代旅游业的发展，因此旅游工作者应合理规划和优化旅游景点和旅游设施的选址，避免旅游者高度集中，形成均衡旅游接待能力，消除旅游活动地理集中性的消极效应。

例如，人在去陌生旅游目的地访问时，会出现“羊群效应”。英国的首都伦敦世界闻名，市内的特拉法格广场、西敏寺、白金汉宫以及伦敦塔等都是著名的参观游览景点，因而也是外来旅游者活动比较集中的地方，充分体现了旅游活动的地理集中性。

曾有调查显示，在伦敦接待的入境旅游者中，大约有93%的人前往特拉法格广场游览，85%的人参观西敏寺，83%的人去白金汉宫观看皇家卫兵换岗仪式，82%的人去伦敦塔参观。访问伦敦的旅游者并非平均地分布于该市各处旅游景点完成旅游参观活动，由于旅游活动的地理集中性造成有的景点旅游者呈现人满为患的状态。

4. 季节性

旅游活动季节性是指人们外出旅游活动在时间分布上的不均衡特点。旅游活动的季节性通常表现为，旅游资源地所接待的旅游人数在全年各月份的分布情况变化，都会呈现出某些月份的接待量较大、某些月份的接待量较小这样一种规律性的运行特征。夏季旅游者享受阳光、大海和沙滩带来的乐趣，旅游人数多；冬季旅游者很少能享受到阳光、大海和沙滩带来的乐趣，导致旅游者人数少，人数的变化明显表现为季节性特点。

对于旅游资源地来说，旅游活动的季节性则表现为其游客接待量在时间分布上的不均衡，导致在旅游业经营中出现旺季、淡季和平季现象。旅游者数量在时间分布格局上的这种变化有一定的规律性，通常周末旅游人数较多便是典型的例证。出游目的对旅游活动的季节性也会产生一定的影响，以休闲为主要目的的旅游者，对旅游季节性的形成具有重大影响，而商务旅行活动不会有明显的季节性波动。

带薪假期影响旅游活动的季节性，20世纪80年代之后，英国的就业人员普遍每年有两次带薪假期，其中夏季假期为2～3周不等。据有关统计，在英国的出国旅游度假者中，在7—9月份的出游者大约占45%，4—6月份的出游者约占28%，1—3月份的出国旅游度假者只占12%，11—12月份出游者所占的比例约为15%。一个国家的社会经济发展到相当高的阶段，其国民外出旅游的季节性人数波动便会减弱。

在发达国家中，就业于制造业的员工人数减少，在全部就业人口中占据的比例较低，而第三产业的就业人数在全部就业人口中所占的比例很高。由于工作性质的不同，在制造业中，职工的带薪假期放假时间往往比较集中、季节固定，而在第三产业中，职工带薪假期的休假时间往往可以灵活选择。旅游企业认识到旅游活动季节性的特点，开发淡季旅游产品以吸引旅游者，对旅游资源地的可持续发展具有现实意义。

三、旅游活动过程

旅游活动过程是指旅游者从居住地出发参加旅游活动，到完成旅游活动返回居住地的全部经历。旅游活动过程就是旅游产品的消费过程。旅游活动过程的参与者包括旅游者、旅游工作者和旅游资源地人员。旅游产品成为现代旅游业核心因素，旅游活动的枢纽，将旅游活动的各环节和各要素整合运行，共同完成旅游销售过程和旅游产品的消费过程，形成旅游消费市场。

（一）旅游产品

旅游产品是指旅游企业借助一定的设施和设备向旅游者提供满足其特定的需要的服务项目。在现代旅游活动中旅游者成为旅游活动的主体，旅游资源成为旅游活动的客体，为旅游者提供旅游便利的旅游业成为旅游活动的中介体，所有旅游业部门或旅游活动都是由旅游产品连接在一起。

通常可将旅游产品分为实物形式和服务形式两种。实物形式的旅游产品有时是服务形式的旅游产品的载体，多数情况下表现为服务形式。旅游业属于第三产业，通常被认为是一种服务产业，旅游服务产品的特性明显地不同于其他产品。旅游服务产品是由若干不同的服务元素组成的混合体，是旅游企业经营者为旅游者提供的用以满足旅游者在旅游活动中的物质、精神综合需要的全部服务总和。

（二）旅游服务产品

旅游服务产品是无形的消费品，是不可贮存的、一次性消费的特殊劳动成果。旅游业发展过程中，旅游产品从最初的以实物形式为主，转变为以服务形式为主。旅游工作者作为提供服务产品的载体在生产服务的同时，也在销售服务。同时，旅游者必须在现场消费该服务，旅游服务产品的生产和消费具有共时空性。没有旅游者作为消费者在现场参与，就无法完成旅游产品的销售实现其价值。

1. 旅游服务产品的主要特征

大多数旅游产品是以服务形式出现的。服务形式的旅游产品具有生产、销售和消费三位一体的特性，旅游工作者生产和销售旅游产品，旅游者购买和消费旅游产品。在旅游活动过程中，旅游工作者和旅游者双方的生理和心理的状态互相作用，旅游工作者的工作态度和自身素质直接影响旅游者对服务品质的感受，而旅游工作者受旅游者的情绪状态和个性因素影响改变其服务水平和方式。旅游服务产品具有无形性、不可分离性、差异性、不可贮存性、互补性和缺乏所有权性六种基本特征。

（1）无形性

无形性又被认为是不可感知性，不可感知性是服务的最主要特征。无形性即不可感知性主要表现为：旅游服务与有形的、实物形式的旅游产品相比较，它的特质及组成元素在很多情况下都是无形无质的。旅游者购买旅游产品就是购买服务，因此旅游者在享受无形的服务之前是无法对其进行质量检验的。

旅游服务在被消费之前，很难通过感知觉感知其存在，即旅游服务产品被消费之前是看不到、听不到、闻不到、尝不到和摸不到的。旅游服务不仅是无形无质的，甚至消费服务产品后获得的利益由于存在滞后效应，当时也很难被察觉。旅游者购买并且消费了旅游服务之后，直观地感到他们是双手空空而去，事实上他们获得的是一种无形的人生经历和体验，只有亲身享用旅游服务的人才能感觉到其效用的存在。

旅游者对消费旅游服务的经历和体验而获得的心理享受可能是满意的，也可能是不满意的。旅游产品的消费者购买了旅游服务之后，不满意不可能退货或换货，由于购买并消费的是无形服务产品，只能退款或者为旅游者免费再提供一次消费该服务产品的机会。旅游服务在被购买之前，购买者不可能通过看、听、嗅、尝、触感受到服务存在，只能根据自己的心理预期做出消费决策。

在实际旅游活动中,真正百分之百具有完全不可感知性特点的服务极少存在,因为需要旅游工作者利用有形的实物,才能真正提供及完成旅游服务。例如,在饭店餐厅的服务中,不仅有厨师对食材进行加工和烹调的过程,还有服务员传递运送产品的过程,同时食材的品质等级、厨师的技术水平高低和服务员的工作态度好坏构成不同的进餐氛围,直接影响到整个饮食服务品质和消费活动过程,影响心理服务功能的实现。

(2) 不可分离性

不可分离性是指服务的生产过程与消费过程同时同地进行,即旅游服务的生产和消费发生在同一时空里。旅游服务的不可分离性强调旅游服务的生产和旅游服务的消费是同时同地进行的。旅游服务的生产与消费的共时空性要求旅游者作为消费者必须加入到旅游服务的生产过程中,与生产者合作才能最终消费到旅游服务。

在同一空间,旅游工作者为旅游者提供服务时,也正是旅游者作为消费者当场消费服务的时刻。因为服务本身是一系列的活动或操作,所以在服务实施的进程中,旅游服务产品的生产者和消费者必须直接发生联系、共处同一时空环境中,生产的过程也就是消费的过程,生产与消费同时空进行。

旅游者直接参与生产过程,并且在这一过程中同旅游工作者的沟通和互动行为充分表现了旅游服务产品的不可分离性。旅游者结束旅游活动之时,旅游产品的生产过程同时完成。

例如,旅游度假产品的生产和消费活动是同时同地发生的。旅游者进行旅游度假产品消费时,其本人必须按时到场,否则消费活动就不能发生。当旅游者对旅游度假产品的消费全部完成时,旅游度假产品的生产过程同时结束。有时,其他旅游者也变成了旅游服务产品的一部分,其行为也会影响旅游服务质量。例如,在餐厅用餐时有人大声喧哗,影响其他用餐者的正常用餐,直接影响享受美食的愉悦感受。

(3) 差异性

差异性是指旅游服务的构成成分及其质量水平经常发生变化,很难统一界定。因为提供旅游产品要涉及生产者和消费者的直接接触互动,不可避免地会受到"人的因素"的影响,旅游者与旅游工作者的不同情绪表现、期望值、态度等心理因素会影响到旅游服务产品的生产和消费过程,导致旅游服务差异性的存在。旅游服务企业的服务形象缺乏一致性,服务质量缺乏标准性,对旅游服务产品的推广有严重的负面影响。

旅游服务行业是以人为中心的产业,人的个性的不同特点的普遍存在,使得旅游服务的质量评价很难采用统一标准。旅游者作为消费者的每一项产品消费过程都是一次独特的经历和体验。同一旅游者对于消费同一个餐馆的同一道菜,享用同一个酒店提供的相同住宿设施,参观同一个旅游区的同一景点,都会由于不同的旅游工作者的行为表现或同一个旅游工作者的不同行为表现而产生不同的服务效应,得到完全不同的旅游经历和体验。

一方面,由于旅游工作者自身因素,使由同一旅游工作者所提供的服务也会有不同的水准表现。例如,旅游旺季时工作繁重,有时旅游工作者没有得到足够的休息,工作时精神不振,会直接影响服务的质量和效果。另一方面,旅游者作为消费者直接参与服务的生产和消费过程，也直接影响服务的质量和效果。一个持旅游工作者是“伺候人”的观点的旅游者，参加旅游活动时对服务质量过于挑剔，有时会引起旅游工作者的反感，最终影响到旅游服务质量。

例如，一位旅游者在烤鸭店用餐时，由于节日期间顾客众多，造成等候时间过长，其合理用餐要求不能得到满足，服务员工作量剧增不能提供周到的服务，虽然该旅游者吃到了美味的烤鸭，但由于与其预期的心理满足的差距较大，还是降低了满意度。在此过程中，虽然烤鸭品质良好，但是服务质量极差，大大异于平时的服务水平，造成旅游者满意度极低，正是旅游服务产品差异性的典型表现。

(4) 不可储存性

不可储存性是基于服务的不可感知形态以及生产与消费同时进行的特点，使得服务不可能像以实物形式表现出来的产品一样被储存起来，以备未来另行择时机出售。旅游服务不能储存或保留，只有当旅游者购买并在现场对其进行消费时，其各种资源、设施及服务的结合才能表现为产品，旅游企业才能获得收益。

如果没有旅游者消费，旅游企业就没有收益。旅游产品在时间上是不可储存的，如果酒店的客房当天没人入住，其当天的价值就浪费掉了。而且在大多数情况下，旅游者作为消费者也不能将旅游服务产品携带回家。旅游产品在空间上也是不可储存的，如果在剧院的演出当时观众没有到场观赏，没有实现同处同一空间，就不可能分享演出带来的快乐。

通常提供旅游产品服务的各种设备会提前准备好，但生产出来的服务如果不当时消费掉，就会造成损失。例如，酒店空调开放如果没有人进入消费，舒适的环境就不能产生任何价值；民航航班如果没有人乘坐，该航班也不产生任何价值。由于时间的不可回溯性和服务不能储存，旅游服务产品如果不被使用，将会永远失去。这种损失不像实物形式的产品那样明显，旅游服务产品的无形性造成其损失仅表现为机会的丧失和折旧的发生。

(5) 互补性

旅游者作为消费者购买的旅游产品，通常都是由多个相互补充的一系列旅游活动项目组成的。旅游者作为消费者在消费整体旅游产品的过程中，只要有一项服务失误或不到位就十分可能影响旅游者的整个旅游过程体验。在旅游产品的生产和消费过程中，所有旅游活动的环节都分布在旅游者作为消费者消费整体旅游产品的过程中，不同旅游部门的旅游产品带来的感受是不同的。

食、住、行、游、购、娱各环节，紧密相关结成一个整体。例如，航班延误、火车晚点会影响到旅游的正常行程，造成旅游者对整个旅游过程的不满意。旅游企业通过在食、住、游、购、娱等环节增加服务内容消除不良感受，提供弥补性服务会对旅游者的不良旅游经历有良好的心理补偿作用。

(6) 缺乏所有权

缺乏所有权是指在旅游服务的生产和消费过程中，不涉及任何所有权的转移。既然旅游服务是不可感知的，又不可储存，服务在交易完成后便消失了，旅游者作为消费者并没有实质性地拥有服务。随着无形的旅游服务被消费，旅游者也不能对服务拥有所有权。缺乏所有权会使消费者在购买旅游服务时，感受到较大的风险。

例如，参观北京的故宫博物院，旅游者边欣赏故宫景色边听导游讲解，亲身体验故宫的金碧辉煌和宏大壮观，在获得亲身经历结束参观之后，除了持有一张门票，不再拥有任何东西。旅游者在未进行参观北京的故宫博物院的旅游活动时，对即将消费的旅游服务并无任何确切的认识，而参观结束后所保留的门票只是参观过北京的故宫博物院的证明，并不是对北京的故宫博物院拥有某种所有权的证据。

在上述六个特征中，不可感知性或被称为无形性是旅游服务产品的最基本特征，其他特征都是从这一根本特征派生出来的。

2. 旅游服务的主要类别

旅游服务包括功能性服务和心理性服务。旅游服务是通过人际交往而实现的，满意的服务来源于优质的功能性服务和心理性服务。功能性服务的实现是旅游者对其消费的旅游产品有满意感。心理性服务的实现使旅游者对其消费的旅游产品不但有满意感，觉得物有所值，还会产生得到超值享受的感觉。

旅游企业依据旅游者需要的变化，通过开发多样化旅游新产品，极大地满足旅游者的个性化需要，提供优质的旅游服务取得竞争优势。旅游者对旅游产品的功能性服务和心理性服务需要的变化，如图 1-3 所示。

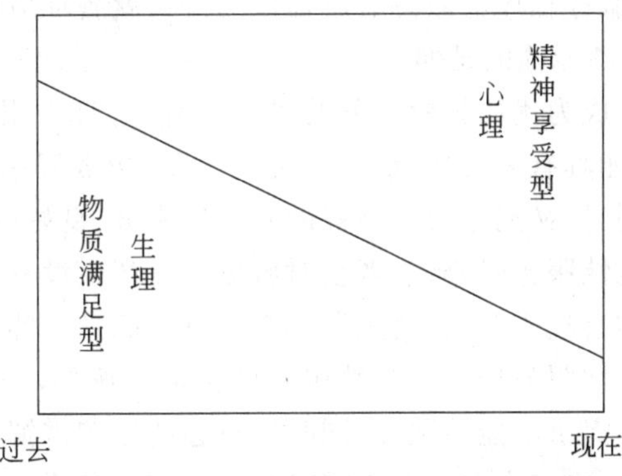

图 1-3　旅游者对旅游产品的功能性服务和心理性服务需要的变化

1. 功能性服务

功能性服务是有偿服务，是旅游者必须得到的受法律保护的有形服务，是以旅游工作者的技能和技艺为旅游者提供的有偿服务。导游服务中导游员对景点的讲解，用餐过程中餐厅提供符合品质要求饭菜的制作过程和用餐服务等，都是功能性服务。功能性服务质量的优劣，取决于旅游工作者的技能和技艺水平的高低、执行操作规范的好坏。旅游工作者通过提供符合合约条款标准的功能性服务，使旅游者感到满意觉得物有所值。

2. 心理性服务

心理性服务是指为旅游者提供功能性服务的同时，根据不同旅游者的心理需要进行的一系列没有直接报酬的活动。例如，旅游工作者在旅游服务过程中善解人意，体现对旅游者的关心和爱护，解决旅游者遇到的问题，制造轻松愉快的旅游氛围，通过提供针对性的个性化服务，使旅游者获得被重视和受尊重的感觉等。心理性服务需要旅游工作者具备良好的心理性服务能力，提供以人为本的个性化旅游服务，使旅游者感到物超所值。

3. 功能性服务与心理性服务的关系

优质服务是由优质的功能性服务与优质的心理性服务构成。功能性服务与心理性服务是相辅相成的关系，只有当优质的功能性服务与优质的心理性服务融为一体，才能为旅游者提供全面的优质服务，满足旅游者的全面需要。心理性服务所形成的超值体验存在的积极影响，会吸引旅游者再次参加新的旅游活动、消费新的旅游产品。

（1）功能性服务是心理性服务的基础

功能性服务是实现旅游服务的必要因素，功能性服务的有形性，形成对旅游者的直接吸引力。人们参加旅游活动成为旅游者，其最初的驱动力来自对功能性服务的需要，功能性服务是使旅游者消除不满意的前提条件。旅游工作者必须提供技能和技艺方面的高效优质服务，才能使旅游者感到有所收获，觉得物有所值；反之，如果旅游者看到旅游工作者技能技艺水平低、工作效果不佳，对功能性服务不满意就会产生不满意感。

旅游服务中的功能性服务成为心理性服务的基础。例如，不可口的饭菜带给旅游者生理需要的不满足，形成不满意感。不可口的饭菜带来的不满意，不可能通过旅游工作者的微笑脸庞和动听的语言弥补该功能性服务的缺失。以可口的饭菜带给旅游者生理需要的满足所形成的满意感为前提，才能使旅游工作者亲切的微笑面容、悦耳的语言声音、得体的操作动作、规范的服务程序为旅游者所提供的舒适就餐环境得以实现。

（2）心理性服务是功能性的延伸

良好的心理性服务成为优质旅游服务的主要内容，心理性服务能保持旅游产品高水平品质，使旅游服务功能具有审美性，给人以美的享受，形成吸引旅游者的魅力。旅游者在接受功能性服务的同时，又渴望得到良好的心理性服务，良好的心理性服务会提升旅游服务档次。只提供功能性服务时，旅游者会对服务质量产生没有不满意的感觉，而提供心理性服务满足旅游者的心理需要，会使旅游者产生巨大的满意感。

旅游服务中的心理性服务增加功能性服务的价值。例如，一位高水平的导游员按规范的服务程序为旅游者提供功能性服务，同时以有趣的导游讲解，满足旅游者的好奇心使旅游者心情愉悦。“江山之美全在导游之嘴”这样的说法，充分表现了导游员针对旅游者的心理需要开展讲解工作的重要性。在优质的旅游活动中，旅游者不但感受到所付费用的回报，更会在心理上有十分满意的感觉，享受到了超值服务。

4. 心理性服务是旅游服务的核心

随着现代经济和社会的发展、科学技术水平的不断提高，产品同质化已成为必然结果。旅游企业间竞争主要体现在其产品的品牌效应和差异化策略上，而旅游产品的品牌效应和差异化策略，更多地表现为为旅游者提供有特色的心理性服务上。旅游市场竞争的重心已从有形的实物产品为主转到无形的服务产品为主。旅游服务工作者的业务水平、服务技能、服务态度和服务效果由于无形性而充满了神秘感，吸引着旅游者探秘的好奇之心。

功能性服务常常以物质产品作为载体，心理性服务常常以旅游工作者为载体。由于旅游者需要的变化，心理性服务成为旅游市场竞争的核心。心理性服务的高回报的特点已引起业内人士的密切关注，旅游企业重视旅游工作者的服务技能的培训，不断强化旅游工作者的职业心理素质，提升旅游心理性服务的水平。旅游工作者学习和研究旅游心理学，成为旅游工作者做好旅游服务工作的重要基础之一，只有具备丰富的旅游心理学的知识和技能，才能为旅游者提供优质的心理性服务。

四、旅游参与者

旅游参与者包括旅游者、旅游工作者和旅游资源地人员。旅游参与者的共同活动促进了旅游业的发展。旅游活动中的旅游者、旅游工作者和旅游资源地人员居于不同地位，发挥各自的作用，使旅游业充满活力，已成为世界第一大产业。旅游已成为人类特有的生活方式之一，体现人类文明发展所达到的水平。旅游参与者作为旅游活动的实现者，构成旅游的主要内容，为人类社会的发展和提高生活水平做出巨大贡献。

（一）旅游者

旅游者是旅游活动的主体和中心。旅游者的旅游活动促成了旅游业的形成，旅游者在旅游活动中除享受物质的有形产品之外，更多的是在旅游过程中获得心理需要的满足，消费新、奇、美、特、古的旅游产品使旅游者获得巨大的心理满足。有品位的旅游活动会使旅游者获得巨大的满意感和成就感。

由有旅游需要的人，同时具有满足其旅游需要的可自由支配的收入（有钱）和可自由支配的时间（有闲）以及旅游欲望（有求）所构成的旅游市场，在社会经济发展的条件下不断得到扩大。旅游者具备了参加旅游的客观前提条件使得旅游活动发生频率逐渐提升，旅游活动范围不断拓宽，不同社会阶层的旅游者纷纷出游，形成新的时尚旅游热潮。国际旅游日益发达，国际交流日益频繁，旅游者的出游促进了旅游业的发展。

小贴士

中华人民共和国2017年国民经济和社会发展统计公报

（中华人民共和国国家统计局2018年2月28日）

2017年，全年国内游客50亿人次，比上年增长12.8%；国内旅游收入45661亿元，增长15.9%。入境游客13948万人次，增长0.8%。其中，外国人2917万人次，增长3.6%；香港、澳门和台湾同胞11032万人次，与上年持平。在入境游客中，过夜游客6074万人次，增长2.5%。国际旅游收入1234亿美元，增长2.9%。国内居民出境14273万人次，增长5.6%。其中因私出境13582万人次，增长5.7%；赴港澳台出境8698万人次，增长3.6%。

（资料来源：http://www.xinhuanet.com/fortune/2018-02/28/c_1122467973.htm.）

（二）旅游工作者

旅游工作者是旅游服务的提供者。旅行社、旅游饭店和旅游交通被称为旅游业的三大支柱，住宿接待部门、游览场所经营部门、交通运输部门、旅行业务组织部门和目的地旅游组织部门被称为旅游业的五大部门，在上述行业和部门中的从业人员均可被视为旅游工作者。

旅游工作者是旅游服务的载体，其中旅游服务人员主要指在一线具体岗位上直接参与旅游服务工作的旅游工作者；旅游管理人员主要指管理和指导在一线具体岗位上直接参与旅游服务工作的旅游服务人员的旅游工作者，其工作内容具有间接性特点。旅游工作者为旅游者提供全面的旅游服务，在食、住、行、游、购、娱各个环节安排不同的旅游活动丰富旅游者的个人经历。

（三）旅游资源地人员

旅游资源地人员通常指在旅游资源地区居住的人员。随着近年旅游业的迅速发展，旅游资源地人员对旅游活动的认识有了明显变化。旅游作为文化、经济、社会和审美活动，其规模巨大，旅游者的光顾和活动对旅游资源地人员心理产生了极大的影响。在旅游者带来的文化的冲击下，旅游资源地人员的亚文化受到震撼，发生巨大的改变，最终接受外来文化的影响，有时会导致失去特有的旅游资源。

旅游资源地人员构成了旅游产品的组成部分，不同旅游资源地的亚文化模式在外来旅游者的作用下发生了巨大的变化。旅游资源地人员力图保持其传统的努力，采取环境保护措施维持生态平衡的要求，旅游资源地人员对旅游者所持的态度和行为模式等方面，越来越引起社会各界人士的关注。

（四）旅游参与者间的关系

旅游参与者在旅游中的地位、作用、特点的不同，使他们在旅游中的表现和行为有明显的差异性。在旅游活动中旅游者消费旅游产品和服务，旅游工作者提供旅游产品和服务，旅游资源地人员接待旅游者和旅游工作者。

在旅游活动过程中，旅游参与者出于各自的角度对待旅游活动表现出不同心理状态和行为，他们互相影响，构成了旅游活动中心理服务的主要内容。旅游参与者只有正确处理彼此间的关系，在共同活动中相互合作，才能顺利完成旅游活动。

第二节　旅游心理学

旅游心理是旅游参与者在旅游活动过程中所表现出来的特有的心理活动和行为现象。旅游心理和旅游行为是密不可分的，旅游心理支配旅游行为，而旅游行为又反映旅游心理。旅游参与者在旅游活动过程中各自都有不同的心理活动，从而表现出不同的行为特征。旅游心理学是研究旅游参与者的心理活动和行为现象及其变化规律的学科。旅游心理学是心理学领域的一个新的分支，是20世纪80年代以后才出现的一门新兴学科。

一、旅游心理学的研究对象

旅游心理学是心理科学的一个分支。旅游心理学既研究在旅游过程中旅游参与者的心理活动规律，也研究在旅游活动中旅游参与者的行为现象变化规律，研究旅游参与者在旅游过程中各个环节的心理需要和服务策略。旅游心理学作为一门应用心理学科，有着自己的研究对象。

1. 旅游消费心理

旅游消费行为是在旅游消费心理支配下发生的，旅游需要是形成旅游消费行为的前提，旅游者为满足自己的需要而发生旅游行为，通过旅游活动消费旅游产品。在旅游活动中，旅游者总是把自己的那些稳定的、独特的和本质的心理特点表现出来，这些特点构成了旅游消费行为的基础。旅游消费行为还受旅游者的收入水平、家庭结构、受教育程度、社会地位和社会发展水平等因素的影响。旅游消费行为的发生，有其独特的心理规律，不同旅游消费决策模式影响着旅游市场的发展。

分析旅游者的消费心理和行为，研究旅游者的消费心理活动和行为现象的差异，目的是探索和发现在旅游消费过程中旅游者的一般心理规律。探讨旅游消费心理就是要研究旅游者的旅游行为产生的规律，认识各种社会因素对旅游者的旅游知觉、旅游动机和旅游态度的影响，了解旅游者的人格及其情感与旅游决策及旅游行为之间的相互关系等，以利于旅游工作者提供个性化的旅游服务。

在现代社会中，旅游是一种经济活动和消费行为。通过研究了解不同旅游者消费心理的发生和发展变化规律，掌握旅游者的消费心理规律，才能为针对目标市场人群开发新型旅游产品，预测和引导旅游者的消费行为，提供有针对性的服务打下基础。研究现代社会条件下的旅游消费心理，有助于旅游工作者认识当代旅游发展趋势，在旅游活动中准确理解并预测旅游者的行为，为旅游者提供优质的功能性服务和心理性服务。

2. 旅游服务心理

旅游业通常被归入第三产业，现代旅游业提供的旅游产品其主要形式是无形的服务，“顾客至上”是旅游服务中奉行的一个重要原则。旅游者在整个旅游活动过程中，消费和分享旅游企业提供的食、住、行、游、购、娱各个环节的具体旅游产品，完成预期的旅游活动内容。

随着社会的发展和旅游者个人旅游经验的积累，旅游者在现代旅游活动中对精神享受的追求比物质享受更为强烈，对旅游工作者的服务水平的期望值更高。这导致心理性服务在旅游活动中起着越来越重要的作用。具有良好业务水平和较高心理素质的旅游工作者，不但能为旅游者提供优质的功能性服务，也能在旅游服务活动中提供优质的心理性服务，满足旅游者的高层次的心理需要，最终达到消除身心紧张的目的。

旅游心理学也研究旅游工作者的心理活动特点，根据对旅游者在食、住、行、游、购、娱各环节产品的消费需要和消费心理变化规律的分析，训练和培养旅游工作者应具备的良好心理品质，以及运用优秀的职业心理品质提高旅游服务工作水平。旅游心理学研究旅游工作者在旅游服务过程中心理变化规律，帮助其在旅游服务活动中针对旅游者在各个环节的需要做好心理准备，根据旅游者的特点采取相应的服务方式和措施。

3. 旅游管理心理

旅游管理心理研究旅游企业中的个体、群体、组织、激励、领导和员工心理健康等领域。旅游企业管理者在企业管理过程中应尊重员工和善待员工，科学地培养和使用员工，充分调动员工的劳动积极性，促使员工主动地、愉快地、创造性地做好旅游服务工作，实现企业目标。旅游企业根据管理心理学的理论，运用恰当的管理制度和激励措施，最大限度地调动人的积极性，发挥员工的工作潜力创造新型旅游产品，满足旅游者的物质精神需要。

旅游工作者服务水平的高低和服务质量的优劣,直接决定着旅游企业能否生存和发展。旅游服务的质量最终是由旅游企业的管理水平决定的,现代旅游业所具有的行业特殊性,造成旅游服务这个无形产品要靠旅游工作者的个体与旅游者接触,通过面对面的交往提供服务来完成旅游产品的生产过程。同时,旅游者完成旅游产品的消费过程,由于双方的互动影响导致旅游服务产品的质量难于精确控制。

"顾客至上""员工第一"表达了旅游企业管理者对旅游企业规律特点的认识。旅游企业管理者把员工放在第一位,员工把旅游者(顾客)放在第一位,为旅游者享受旅游服务创造和谐环境,形成良性循环,实现旅游企业的经营目标。旅游企业应根据旅游企业接待服务工作的需要和特殊性,运用旅游管理心理理论,指导旅游工作者建立优秀的企业文化。高质量标准的旅游产品只能依赖高素质的员工自觉地完成,由于影响旅游服务质量的因素繁杂和不确定性很高,企业必须对旅游产品的生产过程进行严格监控。

二、旅游心理学研究的具体内容

心理现象的实质是人脑对客观事物能动的反映,心理是人脑的机能,心理现象存在于人的一切活动之中。旅游心理学是心理学基本原理在旅游领域的具体应用,具有应用心理学的特质。以历史上的心理学研究成果和已形成的心理学基本原则和基础理论为基础,旅游心理学得以建立和发展。旅游心理学涉及的主要具体研究内容包括四个方面:心理过程、心理动力、心理状态和心理特征。

(一) 心理过程

人的心理是一种动态的活动过程,也就是人脑对客观现实的反映过程,它包括认知过程、情感过程和意志过程。

1. 认知过程

认知过程是指人在认识客观事物的过程中,为了弄清客观事物的性质和规律而产生的心理现象。认知过程是个体获取知识和运用知识的过程,包括感觉、知觉、记忆、思维和语言等。旅游活动中个体通过感官得到感觉,在经验的参与下发生知觉,在知觉的基础上产生记忆、思维和语言等心理现象,这都是对客观事物的认知活动,共同存在于认知过程的心理活动之中。

2. 情感过程

情感过程是指在认识客观事物的过程中所引起的人对客观事物的某种态度的体验或感受。在旅游活动过程中,旅游者经常会产生满意或不满意、愉快或不愉快、热爱或厌恶、欣慰或遗憾等主观体验,这些主观体验形成情感过程。情感过程涉及情绪和情感两种表现形式。情绪是与生理性的需要满足与否相联系的心理活动,而情感是与社会性的需要满足与否相联系的心理活动。情绪和情感所反映的是客体对主体的关系和意义,而不是客观事物本身。

3. 意志过程

意志过程是指由认识的支持与情感的推动,使人有意识地克服内心障碍与外部困难而坚持实现目标的有序行为活动。意志过程表现为旅游者自觉地确定旅游目的，根据旅游目的自觉主动地支配和调节旅游行为，不断克服旅游过程中的困难，通过努力实现预定旅游目的的有序活动。

（二）心理动力

个性倾向性是决定个体对事物的态度和行为的内部动力系统，是具有一定的动力性和稳定性的心理成分，使每个人的心理活动有目的、有选择地对客观现实做出反应。个性倾向性是个性心理的重要组成部分，它对相关的心理活动起着支配和控制的作用。

心理动力系统决定着个体对现实世界的认知态度和对活动对象的选择。心理动力包括需要、动机、兴趣和世界观等心理成分。

1. 需要

需要是指人脑对生理需要和社会需要的反映。需要是指没有得到某些基本满足的感受状态，是个体缺乏某种东西时产生的一种主观状态，是个体对缺乏的事和物的追求。旅游心理学通过研究发现，人体内外环境的不平衡会导致旅游需要的产生，旅游动机是在旅游需要的基础之上形成发生的。旅游行为是在旅游目标诱导和旅游动机推动情况下发生，实现旅游目标，满足旅游者的需要。

2. 动机

动机是指引起并维持个体活动，并使之朝向一定目标和方向进行的内在驱动力。个体在动机的作用下产生行为，并使其指向一定目标，在行为进行过程中不断调节行为的强度、持续时间和方向，使个体最终达到实现预定的目标。通常旅游者不同的旅游动机导致不同旅游行为的发生，研究旅游动机的发生、发展变化规律，预测旅游者的行为变化趋势，指导开发旅游新产品，有利于旅游业的持续发展。

3. 兴趣

兴趣是一种对事物进行深入认知的需要，是需要的直接体现。对旅游感兴趣的人，其心理活动的积极性更多地表现在与旅游有关的事情上。旅游活动不断增强旅游者的兴趣，旅游活动的多样性和神秘性吸引众多的旅游者探求世界的秘密，促使旅游企业开发新的旅游资源，不断地扩大旅游市场的范围。旅游者不同兴趣的存在，促进旅游产品不断地开发和更新，旅游者兴趣的改变和偏爱形成旅游时尚。

4. 世界观

世界观是人们对世界的总的根本的看法。世界观对人的需要进行调节和控制，并由此确定个体对客观世界的总体看法和基本态度。旅游者的世界观影响旅游者的旅游消费决策，影响旅游活动的价值体现，影响旅游审美过程的完成。旅游者按照自己的世界观，欣赏自然景观和文化文明之美。

（三）心理特征

心理特征就是人在认知、情绪和意志活动中形成的那些稳固并且经常出现的意识特性，主要包括能力、气质和性格。

1. 能力

能力是表现在完成某种活动的潜在可能性方面的特征。能力是指人顺利完成某种活动所必须具备的心理特征,体现着个体活动效率的潜在可能性与现实性。个体在观察的深刻性、全面性方面,在记忆的敏捷性、巩固性方面,以及在思维的灵活性、迅速性方面的差异,属于能力上的差异。旅游参与者的能力差异,影响着旅游活动过程的完成,现实能力的大小与旅游活动内容难度的高低和完成的水平相联系。

2. 气质

气质是指表现在人的心理活动和行为的动力方面的特征,具有速度与强度特点、稳定性特点、指向性特点等。气质是表现在心理活动的动力方面的特征,与人的遗传生理特征密切相关。气质有时表现为内外向方面的差异,气质通常不具有社会评价意义,不同类型气质的个体在社会生活中的作用大小取决于个人的综合素质特点,气质对工作成就没有决定性的影响,气质差异会带来反应模式上的差异。

3. 性格

性格是指人对现实的稳固的态度和习惯化的行为方式。性格具有态度特征、意志特征、情绪特征和理智特征,正是这些心理特征使人与人彼此相区别,形成人如其面、各有不同。性格具有社会评价意义,不同性格的人在对待同一问题时的处理模式具有极大的不同,性格直接影响个体的行为表现,个体社会化过程中形成的性格特征影响个体的社会适应能力。

(四) 心理状态

心理状态是指心理活动在一段时间里出现的相对比较稳定的持续状态,作为背景伴随所有的心理活动过程,体现着个体的心理激活程度和大脑功能的活动水平。心理状态是心理活动的背景条件,它是不能单独存在的。在觉醒状态、注意状态或睡眠状态下,人的心理的活动规则是不同的,事实上,人的心理活动总是在觉醒状态、注意状态或睡眠状态下展开的。旅游参与者以不同的心理状态完成旅游活动过程。

1. 觉醒状态

良好的觉醒状态是保证旅游活动项目开展的前提,旅游中的游览参观活动是安排在旅游者的觉醒状态下进行。觉醒是指人能意识到自己的活动,并能有意识地调节自己的行为。觉醒状态存在不同的性质和水平,兴奋的状态使人的心理活动积极有效,疲惫的状态则相反,会使人的心理活动低效迟缓。觉醒状态保证个体的生理活动和社交活动正常进行,完成个体行为实现预定的目标。

2. 注意状态

旅游活动中旅游者的注意水平影响旅游者的旅游效果。注意是指心理活动对一定的对象的指向和集中。注意具有选择功能、保持功能,以及对活动的调节和监督的功能。注意可分为无意注意、有意注意和有意后注意。注意是一种比较紧张积极的心理状态,是意识活动的基本状态,它使人的心理活动指向和集中在一定的客观对象上,具有有选择地加工某些刺激而忽视其他刺激的倾向,使人对注意的事物进行清晰的反映。

3. 睡眠状态

良好的睡眠是保证旅游者完成旅游活动的重要方面。睡眠是指脑功能处于抑制状态,心理激活程度极低,人对自己的心理活动意识不到。在睡眠状态下的心理活动都是无意识活动，人无法进行有效的控制。在睡眠状态下做梦时，人并不能意识到自己的梦境，也无法控制梦的内容。但个体对部分梦境有回忆的能力，在觉醒时可对梦境进行描述，梦的内容对认识心理现象有意义。对睡眠的研究促进了人们对心理现象的认识，睡眠状态对个体恢复体力智力具有特殊意义。

本章小结

1. 可自由支配的收入、可自由支配的时间和旅游的愿望直接影响旅游决策。马斯洛的需要层次论说明了旅游活动产生的主观原因。

2. 现代旅游活动具有普及性、综合性、地理集中性和季节性四个主要特点，主要包括食、住、行、游、购、娱六个方面。

3. 旅游心理学是研究旅游参与者的心理活动和行为现象及其变化规律的学科。旅游心理学的研究对象主要有旅游消费心理、旅游服务心理和旅游管理心理。

复习思考题

1. 旅游心理学。

2. 现代旅游活动的特点。

3. 旅游服务产品的主要特征。

4. 旅游心理学的研究对象。

5. 旅游心理学的研究内容。

6. 根据美国著名心理学家勒温提出的行为公式：$B=f(P,E)$，说明旅游行为发生的原因。

7. 论述可自由支配的收入和时间的多少如何影响旅游者的旅游出行次数。

8. 结合实例阐述旅游服务既是功能性服务，同时也是心理性服务的特点。

实践课堂

请向10个同学进行调查访谈：“你为什么去或不去西藏旅游？”写出调查报告书。

第二章

旅游心理学研究方法

学习要点及目标

1. 掌握旅游心理学研究的主要原则和研究方法的种类；

2. 理解科学研究的客观性原则、发展性原则、系统性原则和实践性原则；

3. 了解旅游心理学科学研究的过程；

4. 认识科学研究方法在旅游心理学发展中的价值和应用。

引导案例

大学生旅游偏好调查问卷

您好！

我们正在进行有关大学生旅游偏好研究，请您如实填写本问卷。本问卷采用不记名方式。请对下列问题作出回答，您只需在所选项目上打“√”即可。本次调查的结果仅供研究之用。谢谢您的支持与合作！

1. 您获取旅游信息的主要途径有哪些？（至多可选 3 项）

 A. 报纸杂志　B. 电视广播　C. 书籍　D. 网络

 E. 旅行社　F. 朋友　G. 其他

2. 您最喜欢的出游方式？（至多可选 3 项）

 A. 独自　B. 合家　C. 参团　D. 结伴

 E. 班级　F. 其他

3. 您最喜欢的旅游目的地是？（至多可选 3 项）

 A. 名胜古迹　B. 名山大川　C. 繁华都市　D. 海滨沙滩

 E. 主题公园　F. 其他

4. 您的出游时间通常选在？

 A. 暑假　B. 寒假　C. 双休日

 D. 法定节假日　E. 其他

5. 您最喜欢的单次出游时间？

A. 1 天　　B. 2 天　　C. 2～4 天　　D. 4～6 天

E. 7～14 天　　F. 其他

6. 在您的旅游花费中，费用占的比例最大的是？

A. 交通　　B. 门票　　C. 购物　　D. 餐饮

E. 住宿　　F. 娱乐

7. 您的旅游费用来源？（至多可选 3 项）

A. 家庭支持　　B. 奖学金　　C. 兼职酬金　　D. 企业赞助

E. 研究项目　　F. 其他

8. 您最近一年旅游花费是多少？

A. 0 元　　B. 100 元到 1000 元

C. 1000 元到 5000 元　　D. 5000 元到 10000 元

E. 其他

大学生旅游偏好研究项目组

2019 年 1 月 2 日

（资料来源：作者编制。）

【点评】

问卷调查是一种常用的研究方法。设计问卷时要确定调查目的、调查对象和问卷内容，通过受调查者对问卷的回答可以在较短的时间内取得广泛的材料。问卷内容的细化易于进行分类统计，使分析结果形成量化数据。受调查者对问卷内容的理解水平往往无法确定，很难保证所取得的资料的高可靠性，一般很难对受调查者的真实观点进行比对，降低了结论的客观性。

第一节　旅游心理学研究原则和过程

旅游业已成为全球第一大产业，属于第三产业（服务业），其发展所形成的旅游市场提供了大量的就业机会，是潜力巨大的朝阳产业之一，有着极其远大的发展前景。旅游业的不断发展促进了旅游心理学研究水平的提高，旅游心理学的研究成果能够为旅游服务提供理论依据。旅游工作者通过学习旅游心理学的理论认识旅游现象，借助旅游心理学学术研究的成果指导旅游实践开发旅游新产品拓宽旅游市场。

一、旅游心理学研究的原则

研究旅游参与者在旅游过程中的心理现象，发现旅游心理现象及其行为活动的规律性，是旅游专业研究者的职责。研究旅游心理学不仅是旅游专业研究者的任务，而且也是广大旅游工作者的重要任务之一。

旅游活动过程中人的心理现象是客观存在的，有其变化的规律。根据旅游心理学的不同研究方法的特点，在不同的研究内容和领域中应用的具体研究方法有所不同。在运用各种科学方法开展旅游心理学领域课题研究时，我们都要遵守客观性原则、发展性原则、系统性原则和实践性原则四个共同的原则。

(一) 客观性原则

客观性原则是指研究者对待客观事物要采取实事求是的科学态度，按照旅游心理现象的本来面貌去反映和分析问题，而不附加任何个人主观成分。结论建立在对具体的资料和数据的科学加工的基础之上，如实反映客观事实，不能主观臆测妄下结论，不能先有结论，再找事实和资料加以印证。按照客观性原则的要求，研究者要保证获得真实的客观材料，并且保证结论的内容确实反映研究对象自身的真实状况。

旅游心理现象是一种客观存在的事实。旅游活动的产生与其外部及内部的条件密切相关，旅游活动中的要素相互联系，使得旅游心理的发生和发展过程遵循其自身的规律。我们研究旅游中的任何心理现象，都必须依据可以观察并加以检验的客观事实，严格贯彻客观性原则，不能根据主观愿望或猜测来分析旅游心理现象和活动，禁止杜撰研究结论。旅游心理学研究者从选题到得出结论的整个研究过程，都要采取实事求是的态度，以追求科学真理为己任。

旅游是一种客观存在的社会活动，旅游心理是对客观存在的反应，旅游心理及行为是旅游参与者的十分复杂的社会活动过程。旅游参与者的主观能动性调节着其心理活动，自我意识控制着行为。在自我意识调控和客观环境的作用下，旅游参与者有时言行一致，有时口是心非，表现出自我意识的差异性，而使旅游心理状态和旅游行为表现间的关系更为复杂和微妙。在旅游心理学的研究过程中，研究者通常运用逻辑方法对客观的事实和资料分析推理得出结论。

(二) 发展性原则

发展性原则是指旅游参与者的心理现象始终处在发展和变化之中。每个人在长期生活中形成的心理特点是具有一定的稳定性的，当面对外界环境变化的刺激，个体的反应会表现为某种一贯性。任何心理现象都有其客观发展的规律，在个人特点和环境的作用过程中，出现不同的变化，使心理活动表现出发展性特点。旅游参与者较稳定的个性心理特征，由于长时间各种因素的作用，也会发生改变并出现新的特点。

旅游心理学研究必须遵循发展性原则。旅游参与者的心理活动总是处于不断的变化当中，旅游工作者不仅要了解旅游心理的过去时期和现在时期的特征，而且要预测到其发展的前景，在旅游活动过程中对旅游心理发展中的各种心理现象进行考察，这有利于开展旅游业务工作和提供高水平的旅游服务。旅游参与者的收入、职位、家庭、年龄及其生活环境的变化，这些变动因素都会对旅游参与者的旅游心理活动产生影响。

研究某种心理和行为是依赖一定主客观条件的，客观对象不断发展变化，外因通过内因起作用，由于自我意识不同，即使同一外因所起的作用也会有所差别。主客观条件发生变化，个体相应的心理和行为必然随之变化。旅游参与者的各种心理和行为都有其连续的发展过程，要在活动发展过程中考察其心理和行为，既要联系历史事实，又要注重未来发展，对旅游活动中的事物持全面的发展观点。

（三）系统性原则

系统性原则是指将研究对象放在有组织的系统中进行考察，运用系统的方法，从系统的不同层次、不同侧面来分析研究对象与各个系统、各个要素的关系。旅游参与者既是生物实体，又是社会实体，生活在具有不同质的多系列系统之中。旅游参与者的角色和地位在不同的系统中总是处在变动之中，作为系统的要素参与不同系统的运行，支持系统功能的实现，完成旅游产品的生产和消费过程。

旅游参与者作为生物实体的人具有完善的生理系统，其运动系统、消化系统、呼吸系统、泌尿系统、生殖系统、内分泌系统、免疫系统、神经系统和循环系统等许多子系统构成其自身的生理系统，旅游活动的参与者体内生理系统的一系列复杂生理活动的相互作用直接影响人的心理表现。旅游参与者具有完善的生理系统感知客观世界和接收外部信息，生理是心理的物质基础，在生理功能正常发挥的同时进行心理活动。

作为社会实体的旅游参与者总是处在一定的社会系统之中，包括由其社会地位、家庭生活、思维决策等各不相同的子系统构成的社会系统，社会系统中的各子系统变化的相互作用影响人的心理表现。个体在旅游活动中，各种心理因素在系统中相互作用，导致不同旅游行为的出现。研究旅游心理现象必须在人的生理系统和社会系统中去加以考察，在对整个系统的研究中发现旅游心理规律。

研究旅游参与者的心理和行为，必须将旅游心理学研究对象置于有关的心理及行为系统中，在现实系统起制约作用的环境中去考察其行为。在旅游心理中旅游参与者的态度、信念、价值观等因素在旅游心理中起主要的或较重要的作用，家庭、群体、社会、文化传统等各种环境因素在旅游心理中起次要的或辅助性的作用，影响旅游活动的各个因素在系统中不同程度地发生作用和相互作用。在旅游心理学的研究中，我们无法对从系统中孤立出来的某一种心理或行为进行研究，探索旅游心理发展变化的原因及趋向。

（四）实践性原则

实践性原则是指旅游心理学的研究要密切结合旅游工作中的实际问题，为了解决旅游工作中存在的现实问题而开展研究，通过旅游工作的实践检验研究的结论，在总结实践经验的基础上搜集资料、分析问题、提出方案、解决问题、发展理论。旅游业的发展为旅游心理学的研究提供了广泛丰富的研究内容，同时旅游心理学的研究为旅游业的发展创新服务。旅游心理学的任务是认识旅游心理规律，为旅游的发展提供理论依据。

研究者通过研究不断发现旅游心理活动的规律性，遵循旅游活动中人的心理变化规律，设计和开发旅游新产品。实践是理论的基础和来源，旅游业的发展影响到人们的生活方式，改变着社会文化模式，促进了服务经济的发展，所以旅游心理学研究必须为发展旅游业和提高旅游服务水平提供前提和依据。将旅游心理学的研究成果所具有的前瞻性，应用到对旅游业发展的预测和制定旅游业发展规划方面，能够提高人们对行业发展的整体性认识。

研究者通过研究旅游参与者的心理和行为变化规律，发现旅游心理现象受多层次多因素的影响，表现极其复杂多样。旅游心理学中各个因素的相互联系、相互作用决定旅游参与者的心理和行为表现为不同水平（从无意识到意识的水平）、不同侧面（从稍纵即逝的心理过程到稳定的个性心理）、不同发展层次（从生理需要到自我实现的需要）和不同序列（从智商到情商）的复杂性。

科学研究中的客观性原则、发展性原则、系统性和实践性原则相互联系，缺一不可，是研究旅游心理学所必须遵循的基本原则。此外，我们还应遵循伦理性原则、科学性原则、有效性原则等一般原则。

二、研究的基本过程

进行旅游心理学研究，首先是选择和确定研究的问题和对象；其次是制订研究计划；再次是收集和整理研究材料；最后分析材料，从中得出科学结论。为认识旅游心理学的规律，我们在研究旅游心理学的行为和现象时，通常可采用观察与实验、分析与假说、预测与推断和检查与验证四个步骤。研究过程四个步骤图，如图 2-1 所示。

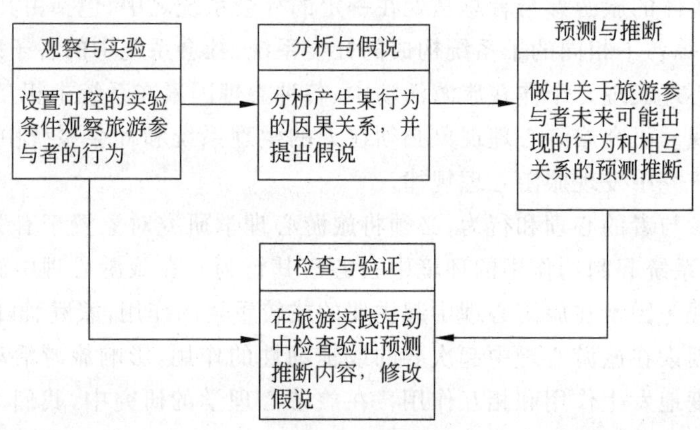

图 2-1　研究过程四个步骤

（一）观察与实验

旅游心理学研究旅游参与者的心理和行为的规律性，必须经过观察和实验，在观察和实验的过程中如实记录影响旅游参与者行为的因素、对环境的行为反应和相关的数据资料。通过大量的观察与实验积累丰富的研究素材，为下一步研究的进行奠定基础，使旅游活动中存在的心理现象和行为活动，经过筛选而成为旅游心理学的具体研究对象。

（二）分析和评价

对收集到的客观数据资料进行分析和评价，了解旅游参与者的行为和环境的相互关系，进而做出有关因果关系的结论，在系统地进行归纳综合的基础上提出假说。采用不同的方法进行分析，获得的不同的假说，在以后的研究环节中对不同的假说进行检验，减少不确定性，最终形成理论。理论是有关原因和结果关系的一种假定。

（三）预测和推断

对观察和实验得到的资料，研究者通过系统分析和评价得到结论，根据其规律性进行推断，预测旅游参与者在未来相同或相似的环境下可能发生的行为，预先对旅游活动作出安排，判断旅游参与者在不同环境状态下的反应模式，做好预案保证旅游活动的顺利进行。根据研究得到的因果关系往往具有局限性，因此在对旅游参与者在不同环境状态下的行为的预测和推断，必须在旅游实践中进行检验。

（四）检查与验证

检查预测与推断旅游参与者行为表现与事先的计划安排的符合程度，验证预测与推断是否准确，根据实施过程中的新的数据资料，对原来的计划安排进行修正，制定新的预案。旅游活动持续变化，影响旅游参与者心理因素的新颖性，直接导致行为表现的复杂性，针对不同旅游现象不断调整旅游心理学研究的内容和方法，根据新情况开展新的研究，旅游参与者行为表现多样，影响人的行为和对事件感知的因素众多。通过旅游实践检验假说，进一步发现旅游心理活动规律。

第二节　旅游心理学研究的方法

旅游心理学的研究方法主要有观察法、实验法、谈话法、问卷法、心理测验法、个案法和活动产品分析法。

一、观察法

观察法是有目的、有计划地观察旅游参与者在一定条件下言行表现的变化，做出详尽的记录，然后进行分析处理，从而分析心理活动和行为规律，判断他们的心理活动的一种方法。有时可以借助摄影机、录像机、录音机、闭路电视等先进技术，来协助观察。运用观察法在记录事实的基础上，客观地解释这些事实以及它们产生的条件和原因。

观察是一种专门的技术。要想成功地应用观察法来研究人的心理，观察者必须做到：首先，明确观察的目的和要求；其次，在客观的（或自然的）情境中进行观察；再次，要对被试的外部条件、身体变化、表情动作等做详细的记录；最后，正确地说明和理解被观察者的各种外显行为，对他们的心理活动作出确切的和科学的解释。现代化仪器设备在观察中具有重要作用，它们被用来把观察的资料记录下来，供事后分析研究和收集数据使用。

观察法，可分为自然观察法、控制观察法、参与观察法、非参与观察法、直接观察法和间接观察法六种。

1. 自然观察法

自然观察法是在完全自然状态下所进行的观察，对被观察者不加干预和控制，被观察者一般不知道自己正处于被观察之中，保持在日常生活中真实一般的行为表现。例如，要了解某位旅游者的满意水平，可以观察其在食、住、行、游、购、娱诸方面的不同场合的行为表现，加以记录，然后分析和判断其对旅游活动的满意程度。

2. 控制观察法

控制观察法是在限定的条件下进行观察，被观察者可能知道，也可能不了解自己处在被观察者地位。例如，为了了解旅游者的从众行为，观察者需要系统地观察旅游者在旅游团队中的行为决策模式。真正的被试往往并不了解其他参与实验研究的人员的真实情况，也并不知道自己处于被观察的地位，这保证了实验结果的客观性。

3. 参与观察法

参与观察法是观察者直接参与被观察者的活动，并在共同的活动中进行观察的方法。例如，观察者参加旅游团与同团其他旅游者共同活动，边游览边观察同团旅游者的情绪变化，记录下同团旅游者在参观游览过程中的不同情绪表现，积累资料，研究发现旅游过程中旅游者的情绪变化规律，为旅游工作者预测旅游者的情绪变化提供依据。

4. 非参与观察法

非参与观察法是观察者不参与被观察者的活动，以旁观者的身份所进行的观察。例如，暗中观察旅游者用餐时的行为，记录用餐情况，收集资料，分析研究旅游者的饮食偏好。观察者根据所剩余饭菜的种类和多少，分析研究不同主食和菜品受欢迎的程度，帮助餐厅调整菜谱内容，促进销售，提高旅游者对餐饮服务的满意度。

5. 直接观察法

直接观察法是指不借助仪器设备通过感官直接进行观察的研究手段。有时，直接观察也可以在隐蔽处通过纱屏、单向透光玻璃进行。在观察过程中，观察者可以作为其中一员参与活动，在群体活动中进行观察；也可以跟被观察者进行谈话，以了解他的心理活动，并观察其谈话时的行为表现。例如，为研究旅游者的旅游动机，观察者与旅游者一同参加旅游团队的旅游活动，通过一起参观、娱乐、购物和交谈等，了解旅游者的愿望和需要及旅游者的旅游动机。

6. 间接观察法

间接观察法是指借助仪器设备，记录被观察者的各种心理活动和行为表现的研究手段。通过录像、录音等方式直接对被观察者的行为表现进行记录，然后进行观察分析。

例如，为研究优秀导游员的工作特点和服务技能，对其工作过程进行全程录像，再由行业专家对其工作的过程和服务技能进行分析研究，为培养新导游员提供可供借鉴的资料，提高导游员的服务水平，最终达到旅游服务的标准化，形成完整的导游员职业技能标准要求。

观察法的优点在于保持了被观察者心理表现的自然性而不附加人为的影响，观察过程的进行一般不让被观察者知晓。观察必须按科学研究的客观化原则来进行，对观察过程的解释要避免观察者的臆测或偏见。观察法由于目的明确，方法简便易行，所得的第一手资料又比较系统，因此应用范围广泛。不过观察法通常只能了解大量旅游参与者的一般行为表现和表面现象，很难了解复杂心理现象的本质特征，只有与其他研究方法结合使用进行研究，效果收益才会更加深入明显。

二、实验法

实验法是指研究者按照研究目的有计划地严格控制或创设条件，诱发被试者产生某种心理现象，从而进行分析研究的客观方法。因为实验法可以反复进行实验和验证，可以省时和省力地获得准确资料，所以它是心理学工作者揭示心理现象背后的规律的常用方法。实验法为旅游心理学的研究提供有效的研究工具和方法，是进行旅游心理学的研究的主要手段之一。

实验法的最大特点在于人为地控制和改变某些条件，引出所要研究的某种心理现象，以得到关于这一现象发生或起作用的规律性的结论。通常实验者对研究主题有一个预期的结果，按照这个预期的结果作出假设，再根据假设，设计实验条件控制，通过这样的控制条件进行实验的过程，就可得到或证实在这样的条件控制下，对所引起的心理现象的影响或它们之间的关系。

旅游心理学使用的实验法有两种，即实验室实验法和自然实验法。

1. 实验室实验法

实验室实验法，通常是在特设的实验室中，借助各种仪器设备，严格控制各种条件来进行的方法。利用实验室封闭状态保持实验环境的稳定性，有计划、有目的地创设实验条件，借助仪器设备取得数据。实验室实验法具有控制条件严格和可以反复验证等特点。实验室实验法较多地运用于对心理现象的生理机制的研究。

例如，在心理实验室模拟各种环境条件，研究环境条件与旅游者舒适度的关系，通过模拟飞机机舱、轮船船舱、酒店餐厅、宾馆客房、火车车厢和汽车车厢等，研究旅游者在这些环境条件下的心理感受，研究温度、湿度、噪声对旅游者舒适度的影响，获得温度、湿度、噪声条件变化与旅游者舒适度高低效果之间的对应关系，探讨其变化规律，为改善环境提供优质旅游服务提供科学的依据。

2. 自然实验法

自然实验法通常是在日常生活的条件下，实验者有目的地对某些条件加以控制或改变，以研究人的心理活动的方法。它既可以用于研究一些简单的心理现象，又可以用于研究人的个性心理特征和群体心理。自然实验法也是广大旅游工作者在旅游活动和旅游工作过程中研究旅游心理活动常用的方法。自然实验法一般都对环境条件进行适当控制，研究者可以积极干预被试者的活动。

自然实验法是在自然条件下(即在正常的旅游活动、社会生活中)，严格控制影响心理活动的因素(即控制自变量)，尽量排除无关因素使自变量尽量单一化，引起相应的行为改变(即因变量)的情况。现场实验能把对情境条件的适当控制与实际旅游活动的正常进行有机地结合起来，因此具有较大的现实意义。

例如，同一导游员对同一旅游景点在同样长的时间内，为条件大致相同的不同的旅游团进行导游服务时，采用平铺直叙式、故事悬念式或说明评价式等不同的讲解方式进行同一内容讲解。旅游者听完讲解后用选择笑脸图案表示满意。研究者通过获得的笑脸图案数的多少，来分析不同的讲解方式对旅游者满意度的影响。不同组被试者所接受的讲解是实验设计中确定的，称为自变量，不同组被试者所显示的满意度为因变量。

许多问题经过反复的实验和结果的积累，即可揭示所要探知的某些问题的规律。自然实验法的特点是简便易行，而且把科学研究跟人们经常进行的社会性活动结合起来，所得结果符合实际情况，具有实践意义。但是，在自然实验的设计中必须注意使实验组和控制组的年龄、性别、教育程度、家庭、社会等方面的条件大致相同，人数相等，控制质量和实验顺序的影响，实验的结果要作统计处理，以揭示实验结果的意义。

总之,实验法也有其缺陷或不足。一方面,有些问题可能由于涉及伦理、道德或难于直接控制,无法使用实验法,如投诉对旅游工作者的心理的影响。另一方面,由于实验法中严格控制了变量和条件,与现实生活总不免有一定的差距,在推广应用实验结论时会受到一定的限制。例如,导游员的讲解的语言速度快慢,与旅游者的满意度高低的相关性。

三、谈话法

谈话法是研究者通过与对象面对面的谈话,在口头信息沟通的过程中了解对象心理状态的方法。

按照谈话过程中结构模式的差异,可以把谈话法分为结构化谈话和非结构化谈话。

1. 结构化谈话

结构化谈话是指主试者根据事先拟定的提纲提出问题,被试者针对所提出的问题进行回答。有组织谈话的结构严密、层次分明,具有固定的谈话模式,可以事先设计成口头问卷。例如,在旅游咨询中的首次接待谈话,旅游工作者通过结构化谈话获得旅游咨询者的年龄、性别、职业、旅游动机等信息资料。

2. 非结构化谈话

非结构化谈话是指没有一个固定模式,主试者只提出一个范围较大的问题,被试者可以根据自己的想法,主动性、创造性地进行回答。非结构化谈话的结构较为松散,层次交错,气氛活跃。通过非结构化谈话方法,双方不仅交换了意见,也交流了感情,能够获得较多的第一手资料。例如,在长城游览过程中,导游员向旅游者提出为什么要建长城的问题,和旅游者一起探讨修筑长城的原因,互相交流信息提高游览兴趣。

谈话法的运用既要有明确目标,又要讲究方式方法,对谈话内容进行有效的控制和引导,同时保持轻松愉快的气氛。谈话法的优点是简单易行,便于迅速取得第一手资料,因而使用较为广泛。但关于被试者心理特点的结论,只能从被试者的回答中去分析寻找,所以谈话法具有较大的局限性。

四、问卷法

问卷法是指运用内容明确、表达简练的问卷,让被试者自己填写,然后进行统计分析的方法。问卷法采用的是问卷量表的形式。常用的问卷量表有四种格式:是非法、选择法、等级排列法和自由回答法。

1. 是非法

是非法(二项选择法)是指对每个试题做出"是"与"否"的回答的问卷方法,要求回答不能模棱两可或不作回答。

例如:你喜欢去北京旅游吗?　是　否

2. 选择法

选择法(多项选择法)是指列出一些有多种并列答案的问题,让被选择者任选一个或几个答案的问卷方法。

例如:我参加旅游活动的原因是(请选择一个答案)(　)

A. 丰富我的人生经历。

B. 有了多余可支配的钱。

C. 为了炫耀。

D. 旅游是时尚的标志。

E. 增加知识。

3. 等级排列法

等级排列法(顺位题)指列出可供选择的多种方案,被试者按其对自己的重要性的次序予以排列的问卷法。

例如:按照个人的偏爱程度给下列的旅游方式排序:观光游、探险游、休闲游、度假游、生态游。

我最喜欢的旅游方式的排序是:( )>( )>( )>( )>( )

4. 自由回答法

自由回答法即对所调查的项目,让被调查者自由回答,不受任何约束。

例如:请写出你对去西藏旅游的看法。

问卷法的优点是可以在较短的时间内取得广泛的材料,易于分类统计并使结果尽可能量化。问卷法的缺点是所取得的材料一般很难进行质量分析,因而无法把所得结论直接与被试者的实际行为进行比较。

五、心理测验法

心理测验法是运用具有一定的信度和效度的标准化量表(或问卷)对人的心理特征进行测量和评定的方法。第一个制定这种测验量表的是英国的高尔顿(F.Galton),他当时的目的是研究优生学和个别差异等问题。

20世纪初,法国心理学家比奈(A.Binet)为鉴别低能儿编制了智力量表,以后又有许多心理学家编制了测定人的情绪、人格的量表。这些科学量表的制定,使人的心理特征可以用客观的工具来衡量,并加以数量化。

心理测验法通常是用来研究那些难以确定自变量和因变量关系的问题,更多地使用于复杂的社会心理方面的研究。心理测验法是针对所要研究的问题,首先制定一个可供测量的量表或问卷,被试者按照量表或问卷上的项目或题目做出回答,可得到所研究问题的资料。为了求得被试者回答的准确性和客观性,量表或问卷本身的制定就是科学研究的问题和过程。

心理测验法可用于一般智力、特殊能力、人格特性、职业人员选拔等方面的测量。心理测验法的优点在于,一个心理测验的量表一旦确立,就可在它所规定的问题上和所规定的人群范围内的大量人群中使用,成为了解这一人群在这个量表所规定的范围内的测量工具。通过心理测量确定人的不同心理水平,为做好旅游服务工作提供依据。

心理测量可以采用多种形式,也有不同的分类方式:根据参加测验的人数的多少,可以把心理测量分为个别测量与集体测量;根据测量时间是否限定,可以将其分为速度测量与难度测量;根据测验的内容不同,可以将其分为能力测量与个性测量(人格测量);根据测量的形式不同,可以将其分为书面测量与操作测量。

例如,用智力测量表可以测定旅游参与者的智力和特殊能力状况,用个性测量表可以测定旅游参与者的性格特征,用问卷与评定量表可以测定旅游参与者的动机、在团体中的人际关系或组织绩效状态等,用职业兴趣测量表可以测定旅游工作者的职业兴趣方向。

采用心理测验法要特别重视测验本身的信度和效度因素。信度是指测量的可靠性或准确性。效度是指测验的有效性。按照国际通用的测验量表的标准:信度系数必须达到或超过0.8,效度系数必须达到或超过0.6。

六、个案法

个案法是指对某一个体、某一群体或某一组织,在较长的时间里,运用各种调查研究方法,进行连续、全面、系统的调查研究,探索其心理发展变化的全过程。个案研究的材料来自于自然观察、访谈、心理测验和档案记录等。

例如,研究者对某一著名的旅游探险者进行跟踪记录,用较长的时间记录其活动的内容和方式,积累素材,进行深入分析研究,整理出能反映这一旅游探险者的详尽材料。同时,个案产生的全过程就被称为个案研究过程。个案研究的时间跨度往往较大,个体的状态成为时代的代表,完整而典型的个案研究的花费成本十分巨大。

个案研究的优点在于揭示行为产生的原因,研究非常罕见的心理现象,质疑某些理论假说,支持某些心理学理论,探索补充行为规律。个案研究的缺点在于信度和效度较差,很难得到因果关系的结论,容易出现解释偏差,数据收集可能存在误差,个案研究的结果有特殊性,往往不能从一个个体推广到总体。

七、活动产品分析法

活动产品分析法是一种根据被试者的活动成果来研究其心理特点或心理规律的方法。人的心理特点总会在活动中表现出来,活动产品是人的心理的物化结果,带有个体的心理印迹。例如,中国古代就有"文如其人"的说法。旅游参与者书写的字体、交流的方式、决策的模式和服饰的风格等都属于活动产品,表现出个人的心理特点。通过分析这些活动产品能够了解旅游参与者的态度动机、人格特征和智力水平等。

1. 在进行旅游心理学研究时,要遵守客观性原则、发展性原则、系统性原则和实践性原则四个共同的原则。

2. 旅游心理学的研究方法主要有观察法、实验法、谈话法、问卷法、心理测验法、个案法、活动产品分析法。

1. 旅游心理学研究的客观性原则、发展性原则、系统性原则和实践性原则的内容。

2. 旅游心理学研究过程的主要步骤。

3. 旅游心理学研究中采用观察法、实验法、谈话法、问卷法、心理测验法、个案法、活动产品分析法的意义。

4. 旅游心理学不同研究方法的适用范围。

实践课堂

表 2-1 不同年龄旅游群体的行为特点

群体特征	年龄构成	主要心理特征	主要出行目的	感兴趣的旅游项目	对旅游服务的要求
少年儿童	0～14 岁	好奇、冲动、自制力差	满足好奇心、求知	知识性、参与性、娱乐性	更多的安全保障
中青年	18～60 岁	需要层次复杂，社会角色多样	求职、度假、购物、探亲、商务及其他	观赏性、娱乐性、知识性、文化性、参与性、探险性	要求较为周到的服务
老年	60 岁以上	寂寞、怀旧、安度晚年	愉悦心情、增进健康	观赏性、娱乐性、纪念性	要求各方面的接待符合老年人的习惯

（资料来源：秦明.旅游心理学[M].北京：北京大学出版社，2005.）

结合不同年龄旅游群体的行为特点分析大学生旅游群体的特点。

第三章

旅游参与者的个性心理特征

学习要点及目标

1. 掌握旅游参与者的个性心理特征和行为表现规律；
2. 了解能力在旅游企业经营管理活动中的作用；
3. 运用不同气质规律预测旅游行为的发展趋向；
4. 认识不同性格特点，提高旅游服务水平；
5. 结合案例认识旅游参与者的个性心理特征。

引导案例

因人而异做好旅游服务工作

工作5年的导游小李根据自己的工作经验将旅游者分为顺从型和独立型两类，然后按照两类人的各自心理特点开展旅游服务工作。顺从型旅游者往往按导游的要求进行旅游活动，爱听导游讲解，旅游次数少；独立型旅游者往往按自己的想法活动，在导游员讲解景点时爱提问题，旅游次数多。

在旅游服务工作中，小李会主动了解旅游者的学历、职业、地区、年龄等信息，注意观察每个旅游者的性格特点，针对每个旅游者的情况采取不同的工作方式。对于顺从型旅游者采用精心细致地说明旅游行程提醒注意事项的做法；对于独立型旅游者，采用协商的方式进行沟通，确认行程内容和注意事项的做法。

小李的两分法因人而异，注重旅游服务获得实效，做到旅游前询问、说明、提醒，旅游中细心、热心、耐心，旅游后评价、分享、深化。小李与旅游者建立了良好的人际关系，使旅游者认同旅游活动的规则，讲清利害关系，做事有理有据，小李和旅游者因而顺利完成旅游行程并留下美好的记忆。

(资料来源：本章作者编写。)

【点评】

旅游工作者善于总结工作经验，运用心理学原理指导工作会取得良好的效果，提高旅游服务水平。案例中的小李针对不同的旅游者，采用他们乐于接受的方式开展工作，为旅游者提供高水平的旅游服务，得到旅游者的尊重和合作，共同分享到旅游的快乐。旅游工作者不断提高业务水平，进行有针对性的个性化心理服务，确保了旅游服务质量，提高了旅游者的满意度。

第一节　能　　力

能力是指个体顺利完成某种活动所必备的个性心理特征。旅游参与者由于各自的身份地位的不同而能力各异，同一个人在不同的环境下也会产生不同的心理反应。

不同的人在相同的环境下往往有相同或相似的心理反应。研究在旅游中旅游参与者的不同能力水平，了解每个人的能力种类和特点，根据其能力水平和特点预测旅游参与者的行为反应模式，采取适当的措施和方法完成旅游活动，在旅游服务工作中有着十分重要的意义。

一、能力的定义

能力是指人顺利完成某一活动所必须具备的心理特征，体现着个体活动效率的潜在可能性与现实性，是个体在完成一项任务时所具备或体现出来的综合心理素质。每个个体在完成任务的活动中表现出来的能力有所不同，在观察的深刻性和全面性方面，在记忆的敏捷性和巩固性方面，以及在思维的灵活性和迅速性方面的差异，均属于能力上的差异。

能力直接影响活动效率总是和个体完成一定的活动联系在一起的，通常是指个体从事一定社会实践活动的本领。离开了具体活动既不能表现人的能力，也不能发展人的能力。但是，不能认为凡是与活动有关的，并在活动中表现出来的心理特征都是能力。只有那些完成活动所必需的、直接影响活动效率的并能使活动顺利进行的心理特征才是能力。

例如，旅游参与者的体能强弱或知识水平高低，以及人是暴躁易怒或活泼可爱，虽然对旅游活动有一定影响，但是不直接影响活动效率，不是顺利完成旅游活动最直接、最基本的心理特征。因此，此类的心理特征对旅游者的旅游活动进行和完成并无实质性影响，并不能称之为能力。

事实上，人们往往以某种活动的效果来考察一个人的能力（不论是思维的还是具体操作的）。比如，熟练地进行操作，保质、保量、按期完成烹饪任务，是厨师应具备的能力；用生动、形象的语言讲述旅游景点的独特的人文典故、自然风貌、历史沿革，让旅游者领略当地的独特魅力是导游员应具备的能力；为旅游者用餐提供服务的餐厅服务员，必须具备上水送菜、示范食用方法、说明菜肴烹制的技术和过程的能力。

能力与大脑的机能有关，是在运用智力、知识、技能的过程中，经过反复训练而获得的。不同能力的差异主要表现在人们从事活动所必需的智力、知识、技能和熟练程度上，即在训练条件、所用时间长短相同的情况下，掌握某种知识、技能过程中所表现出的明显差别，体现在速度的快慢、程度的深浅、操作的难易及巩固程度上。

例如，在相同的学习条件下（同一时间、同一教室、同一教师），旅游服务人员表现出的学习能力却不尽相同，有的接受得快，有的接受得慢；有的能较深地理解，有的仅是浅尝辄止；在难易程度及知识的巩固程度上，也存在明显的差异，并体现在最后考核的测量结果上。最终形成了不同旅游服务人员的职业能力水平的差异。

旅游活动或旅游工作的完成，并非是由某一种能力所支持，而是需要多种能力共同发挥作用。因此，心理学上把完成工作和任务所必须具备的各种能力的组合叫作才能。通常要想顺利地、成功地、保质保量地完成一项工作，人们需要在主观方面具有高度的观察力、良好的记忆力、准确的表达能力、丰富的想象力，与记忆的精确性、思维的敏捷性及意志的果断性等相结合，多种能力的有效组合是对人才的基本要求。

二、能力的分类

能力可以从多种角度予以划分，根据不同的标准划分出不同的能力种类。

（一）一般能力和特殊能力

按能力的倾向划分，有一般能力和特殊能力。旅游工作者从事旅游服务活动既需要一般能力，也需要特殊能力，二者的发展也是相互促进的。

1. 一般能力

一般能力是指普遍地在各种活动中都会表现出来的、带共通性的基本能力，是能力中最主要、最一般的部分。一般能力包括记忆力、观察力、逻辑思维能力、抽象概括能力、分析综合能力及语言表达能力等，除此之外，还包括自学能力、抑制冲动的能力。人们也把一般能力称为“智力”。智力指人们运用知识技能的能力，抽象概括能力是智力的核心部分。

2. 特殊能力

特殊能力是指人们从事特殊职业或专业所需要的能力，只适合于某种狭窄活动范围的要求，为某些特殊活动所需要。例如，交际能力指旅游活动中人与人之间的相互认识和理解的人际关系的社会知觉，说服能力指利用态度改变规律使人改变自己的原有意见。技术性能力、管理能力、合作能力、沟通能力、学习能力等都是特定活动中需要的特殊能力，也包括专业技术能力和具体操作能力。

3. 一般能力与特殊能力的关系

一般能力和特殊能力二者是辩证统一的，即相互联系、相互依存、相互促进和相互转化的关系。

一方面，某项或者某几项一般能力在某一方面特殊发展以后，就可能转化为特殊能力。例如，交际是一种特殊能力，需要社会认知和个人经验构成的认知能力。在人的社会化过程中，人的社会知觉得到不断的强化和高度发展后会产生特殊的表现，从而可以转化为交际能力。另一方面，在发展和强化特殊能力的同时，一般能力也会随之发展。交际能力是一种特殊能力，掌握了这种能力的人，会在生活中养成善于观察、缜密思维的习惯，从而使社会认知和分析综合等一般能力得到发展。

（二）实际能力与潜在能力

从能力测验的观点看，有实际能力和潜在能力之分。

1. 实际能力

实际能力是指实际作业已能熟练到某种程度。实际能力可以通过成就测验来评定，即根据个人在知识和技能方面所达到的成就，断定其水平高低。在旅游服务工作中，对旅游工作者实行岗位职业能力测评，分等定级就是对其实际工作能力水平进行评价。根据旅游工作者的实际能力安排相应的岗位工作。

2. 潜在能力

潜在能力即潜能，是指人将来有机会学习和接受训练时，可能达到的程度。潜在能力多采用性向测验来预测或估计。通常认为，正常工作条件下，旅游工作者只发挥了潜能的十分之一或者更少。因此，通过严格进行职业训练和在旅游服务工作中创设相应条件，为旅游工作者提供职业发展的平台，采用适当的激励方式能有效地发挥每一个员工的潜能。

三、能力不同造成旅游行为的差异

能力差异是指人与人之间在智力、体力及工作能力等方面的不同。就像世界上没有完全相同的两个人一样，每个人的能力也是有差异的。现实生活中，由于个人的先天素质不同，环境和教育以及社会实践活动不同，使得人与人之间在能力发展上所存在的差异，主要表现在能力发展水平的差异和能力类型的差异等方面。

（一）能力不同造成旅游认知的差异

由于能力的差异，导致了旅游认知的差异。在旅游过程中，不同能力的旅游者对同一酒店提供的服务认知不同，形成不同的行为方式。酒店的一些服务项目是免费的，还有一些服务项目是酒店按付费的水平提供的相应服务，有的旅游者误以为只要付费住在酒店就可以享受全部的服务项目，向服务员提出额外的要求，导致发生矛盾冲突。

（二）能力不同造成旅游适应的差异

在家千般好，出门万事难。旅游业高度发达，提供了大量的、全面的服务，力图使旅游者产生宾至如归的感觉。但是，旅游者的身体健康情况、生活自理和适应新环境等能力差异，都会影响旅游者的旅游适应，所以出现了旅游行为的差异。环境变动不能获得高质量的睡眠，直接影响旅游者完成旅游行程和旅游活动质量。运动能力差的旅游者，不能从有惊无险的旅游活动中获得快乐。

四、旅游工作者的职业能力

旅游行业属于第三产业，旅游工作者是旅游服务产品的载体，旅游工作者的职业能力是做好旅游服务工作的基础。旅游服务具有无形性、不可分离性、差异性、不可贮存性、互补性和缺乏所有权性等特点，对旅游工作者的主动性、积极性、创造性和适应性提出了更高的要求。有了优质的旅游工作者，才能提供优质的旅游服务，提高旅游者的满意度。

（一）旅游工作者应具备的能力

旅游工作者只有具备交际能力、合作能力、学习能力、说服能力、操作能力和管理能力等才能胜任岗位工作，并且不断提高职业素质水平。旅游工作者的服务具有无形性的特点，所形成的旅游环境氛围，为旅游者形成美好的心理预期和享受旅游服务奠定了基础，有助于在旅游过程中与旅游者一起顺利完成旅游活动。

1. 交际能力

交际能力是旅游工作者应具备的首要能力。做好旅游服务工作的前提是旅游工作者具备正确的服务意识和服务态度，这也是旅游工作者与旅游者建立良好关系的前提。旅游工作者必须具备与旅游者接触、建立及维持相互之间关系的能力，要注意倾听和获取别人的意见，同时要能够准确表达自己的想法和意见，能使用对方能够理解和接受的方式进行信息的沟通，能不断调整旅游工作者和旅游者间的关系，形成双方的愉快合作。

在具备交际能力的基础上，旅游工作者还应掌握人际交往艺术和技能，针对不同性格、不同年龄、不同个性、不同文化背景的旅游者采取不同的交往方式，营造良好的人际交往的氛围，在旅游服务过程中，使每位旅游者得到优质满意的服务。旅游工作者要在旅游服务工作中积累经验，不断提高各项技能，丰富交际能力和交际技术。

2. 合作能力

旅游服务工作过程不像物质产品生产企业那样工序分明，旅游产品涉及多个部门的合作，无论是直接面对客户的还是做后台支持工作的旅游工作者，工作之间的衔接都需要合作与默契。上下级之间、部门与部门之间、工作团队之间、旅游工作者与旅游者之间、旅游企业与供应商之间等都需要合作。旅游工作者的合作能力表现在为旅游者提供服务的全过程中。

旅游工作者应具有全局的观念，与提供旅游服务各方共同合作，使食、住、行、游、购、娱各个部门充分发挥不同的作用。在旅游者消费功能性服务产生满意感的基础上，旅游者享受心理性服务主要通过旅游过程中人与人的交际，旅游参与者的相互合作来实现。旅游参与者的合作能力的提高，为开发旅游新产品、促进旅游业的发展建立了平台，使旅游业的各部门形成多方共赢的局面。

3. 学习能力

学习能力是任何行业工作人员都需要具备的能力。旅游工作者的学习能力体现在旅游工作者掌握旅游者消费行为特点和心理特点，从而根据旅游者的需要或期望，结合企业本身的特点，确立有针对性的服务方式。旅游工作者应具备一定的文化内涵，才能够与旅游者更融洽、更有效地沟通。具备广博的知识和良好的精神面貌，无疑将有利于旅游工作者与旅游者之间的感情交流，使旅游者享受到良好的功能性服务和心理性服务。

旅游者的学习能力十分强大，在多次参加旅游活动后，会形成对旅游业的比较全面的认识。一方面，旅游经验的积累，使旅游者公正而又理性地对待旅游活动；另一方面，旅游经验的丰富，使旅游者对旅游服务提出了更高的要求。旅游者的学习能力还表现在与旅游工作者的交往上，旅游工作者的交际能力和合作能力直接影响旅游者的行为表现，旅游者向旅游工作者学习交际技巧共同促进旅游活动顺利进行。

4. 说服能力

说服能力是人通过信息交流改变态度的能力。人际沟通过程中，旅游工作者发挥说服能力，为缺乏消费经验和足够知识的旅游者提供大量的专业信息，通过信息交流改变他们的态度，促进旅游者的消费决策。旅游工作者语言表达应准确生动，具备通过语言吸引人、打动人、说服人的能力，要能够清晰、简捷、准确地表达自己的观点，为旅游者提供准确、简练、易懂的信息。旅游服务的过程是一个信息沟通的过程，旅游工作者的说服能力直接影响到沟通的结果。

旅游活动中存在的许多不确定的因素，在旅游行程中情况改变不能按计划执行的事时有发生，有时是旅游者的消费意愿改变，有时是客观因素导致的变化。解决旅游活动过程中遇到的问题往往需要通过说服的方式，旅游工作者须注意信息提供的方式，确定所提供信息的内容，采取恰当的信息送达渠道，增加共同活动，寻找相似背景等以提高说服的效果。

5. 操作能力

操作能力是指控制自己的行为、顺利完成某一具体旅游服务活动所需要的本领。旅游企业通过培训旅游工作者的操作能力，使他们学会循序操作，掌握一定的操作程序，按要求完成服务任务。旅游工作者具备岗位操作能力，是开展旅游工作最基本的要求，娴熟规范的操作能够保证提供优质的旅游产品。“专业的事由专业的人来做”，精益求精，不断强化旅游工作者的操作能力，提高服务水平，有利于获得经济效益和社会效益。

例如，导游员的景点讲解、厨师的烹调制作、司机的安全驾驶和操作员的机器设备使用，都是旅游工作者操作能力在旅游服务中的具体表现。旅游工作者所具备的不同操作能力为旅游者提供多种多样的旅游产品，丰富了旅游者的感受。厨师的刀工、烹制、摆盘操作，导游员现场解说景点，司机驾驶旅游车的技巧和操作员运行机器设备等体现了不同岗位的专业操作能力。旅游工作者具备高水平操作能力才能保证顺利完成旅游产品的生产，提供旅游者满意的服务。

6. 管理能力

旅游工作者在旅游服务过程中，需要与别人建立联系，旅游服务过程就是管理的过程。通过管理技术激励别人、处理冲突、控制情绪等，实现旅游产品的正常生产，这一切都需要旅游工作者具有管理能力。旅游服务工作过程中物理因素和心理因素混合在一起，只有通过到位的管理才能保持正常的工作秩序，对食、住、行、游、购、娱各环节产品进行质量的监控，需要旅游工作者具备良好的管理能力。

在旅游服务活动过程中，存在许多突发性和不确定性的因素，在市场导向的管理体制中减少中间环节，根据旅游服务工作的特殊性，使决策权从管理部门和职能部门转移到服务工作第一线，使每位旅游工作者都成为旅游服务工作的现场决策者，执行管理的职能完成管理任务，才能为旅游者提供优质的服务。

（二）提高旅游工作者自身能力的途径

旅游企业通过正式的有组织的员工培训，使旅游工作者获得与工作岗位要求相关的知识和技能。旅游工作者职业能力的形成，在接受短期内部的培训基础上，还需要个人的自我完善和自我提高,需要通过学习实践不断提高职业能力。旅游工作者培养自身业务能力的途径有很多种。

1. 建立和维持人际网络

旅游工作者通过与周围的同事、同行、旅游者、供应商等建立关系,从而形成个人人际交往网络,充分利用社交群体,在提供、交换、分享彼此信息的过程中,增长见识,丰富知识,提高自己的旅游服务的职业能力,提高专业服务技能。旅游工作者能够利用人际网络解决实际工作中的问题,积累工作经验,互相帮助,维持稳定的人际网络。

2. 解决工作难题,提高水平

旅游工作者通过设法解决工作中碰到的各种各样的困难,不断挖掘自我潜力,培养自己的洞察力、分析能力、创造能力,不断地进行总结、积累经验,提高交际能力、合作能力、学习能力、说服能力、操作能力、管理能力等。职业能力只能在旅游工作实践之中形成,通过旅游工作实践解决工作中遇到的难题,训练和培养专业能力,提高业务水平,提高旅游服务工作水平。

3. 承担责任,具备应变能力

由于旅游服务面对面进行的特点,因此旅游工作者与旅游者接触频繁,必须承担更多责任,既形成工作压力,也成为工作动力。在应对突发事件克服困难的过程中,提高应变能力在新的工作领域获得突破,达到更高的工作要求标准,旅游工作者个人职业能力也能得到不断的提高。

4. 适应职位,发现潜能

在旅游业中,多岗位间进行轮换工作,从一个岗位转到另一个岗位,旅游工作者在流动过程中可以发现自己的专长和不足之处,提高对工作的适应性。旅游工作者通过多岗位轮换工作,丰富旅游服务工作内容,全面增长职业工作能力,这是一种有效的学习途径。员工职业生涯的发展,目的在于寻找发挥自己潜能的工作机会,创造更大的价值。

5. 以优秀的员工为榜样

旅游工作者应在旅游服务工作中以优秀的员工为榜样,在模仿中提高自己的职业能力。以同事中的优秀员工为模仿的对象,自觉向目标对象学习,利用工作性质相近的特点,模仿他们的工作行为方式,在模仿中确立自己的目标。由于工作标准要求一致,通过模仿无疑对提高自身职业能力十分有益。此外,榜样也可以是上级管理者以及旅游者等人员,向他们学习也能促进自身职业能力的提高。

6. 请教和咨询业务问题

旅游工作者通过学习业务知识和技能,克服困难和解决难题,通过受训和模仿逐渐掌握职业能力。此外,向同事、上级、专家请教和咨询,得到有价值的指导,获取建设性的意见,也是旅游工作者提高处理问题和解决问题能力的主要途径之一。旅游企业的管理人员需要做好员工相应的咨询或指导工作,不断对旅游工作者专业知识技能提出更高的要求,提高旅游工作者的业务能力,为旅游者提供优质的服务。

(三) 旅游企业培养员工的职业能力的方式

旅游工作者的职业能力是做好旅游服务工作的基础,旅游企业应利用已有的员工能力培养途径，培养发挥员工个人的创造性，同时也应对职业能力培养的途径加以规划组织，制定员工的职业生涯发展计划，激励员工提高业务水平和职业能力，促进员工通过发挥职业能力水平提高旅游服务质量。

1. 加强内部沟通

在旅游企业内部营造一种有利于非正式沟通的自由轻松的气氛，保持畅通的内部沟通，对于发挥员工的创造性无疑是十分重要的。旅游企业经营管理者应在企业内部，建立开放、合作的人际关系，使员工之间、群体之间乐于交流，分享彼此的知识与经验，探讨新出现的问题，使员工之间相互影响和相互促进的工作氛围，使个人职业能力的开发与企业竞争能力的提升同步进行。

2. 推广"角色模型"

针对员工的模仿心理，旅游企业可按照企业的需求有意塑造和树立模仿角色。通过选拔那些能体现企业文化价值的人员作为模范人物，进行塑造，为员工提供"角色模型"，使"角色模型"成为员工追求的目标，引导员工模仿"角色模型"，在模仿中提高自己的职业能力，把个人追求的目标与企业追求的价值结合在一起。

3. 开展全面授权

旅游服务工作中需要随机应变地进行现场决策的事件频繁发生，而高层管理人员往往远离服务工作第一线，很难为服务工作做出正确和及时的决策，因此需要一线员工能够针对旅游者的不同需要，现场迅速做出有针对性的服务工作决策以满足旅游者的需求。因此，管理人员应全面授予一线员工必要的服务工作决策权，全面授权既是有效工作的需要，也可以提高一线员工的工作积极性，提高旅游企业的旅游服务质量。

4. 进行岗位轮换

旅游工作者往往会对日复一日、一成不变的工作环境和固定的工作程序产生厌倦感。旅游企业应对员工角色重新进行设计，重新确定工作内容，使工作内容丰富化，使工作岗位更有竞争性和挑战性，更有吸引力，让员工有更多的机会从事不同的岗位工作、表现自己的才能、了解管理原则、形成整体观念，形成员工间相互默契、协调配合的职业能力。旅游工作者可以通过适当地岗位轮换，在不同岗位中积累经验，寻找适合个人发展的位置。

5. 外出进修交流

旅游企业要针对员工的心理特点，结合工作需要，提供外出进修交流的机会，引进先进的服务理念和服务技术，改善提高旅游服务质量。旅游企业要按照员工的职业生涯计划提供提高员工职业能力的培训，通过系统的培训强化其职业能力，提高职业技能，从而为旅游者提供优质服务，发挥员工个人的积极性和创造性做好旅游服务工作，塑造良好企业形象。

第二节　气　　质

气质是人的个性心理特征的重要内容之一。气质是指表现在人的心理活动和行为动力方面的特征，具有速度、强度、稳定性、指向性等特点，还与人的遗传生理特征密切相关。

旅游参与者各自具有不同的气质类型，不同的气质类型带来反应模式上的差异，但对工作成就没有决定性的影响。气质通常不具有社会评价意义，不同类型气质的个体在旅游中的作用大小取决于个人的综合素质特点。

一、气质的定义

气质是指人的高级神经活动类型特点在行为方式上的表现，它是个人心理活动的动力特征，常常表现为影响人的心理活动的速度、强度、稳定性和指向性等。例如，气质知觉的速度、反应的灵敏度和注意力集中时间的长度。

气质主要是由人的先天素质决定的，与人的生理解剖特点相关，是自己无法选择的一种神经活动类型。一个人的气质具有较大的稳定性，比较早就会在一个人身上固定，显示出稳定的一贯性的特征。气质在各种各样的活动中都有同样的表现，不会因活动的内容、目的、动机而改变，能使一个人的全部活动都带有其个人独特的心理活动特征的色彩，表现出一个人生来就有的自然特征。

气质并非一成不变，在环境和教育的影响下，气质也会发生某些缓慢的变化。气质一般在童年时期表现会较为明显，人到了成年后，由于生活环境对其影响，在社会化的过程中，需要处理的人际关系越来越复杂，受到社会规范的约束越来越严格，特别是在重大事件的作用下，某些气质特点就会被后天所获得的特性所掩饰。

二、气质的类型和特点

气质直接影响人的行为，不同气质类型的人身处于同一情景会出现不同的行为表现。旅游参与者所具有的各自的气质特点，既受遗传因素的影响，也受环境因素的约束，主要由生理解剖特点所决定。在旅游活动过程中，不同气质类型的人在处理人际关系和具体事务时，会表现出不同的方式。研究气质类型与行为的关系，有助于旅游工作者预期旅游中的行为，针对不同气质类型的旅游者采取不同的服务策略，做好旅游服务工作。

（一）气质分类的多样性

古希腊的医生希波克拉底根据日常观察，认为人体内有四种体液——血液、黏液、黄胆汁和黑胆汁存在，并根据每种体液在人身体中体液的所占的比例不同，将人的气质分为四种类型，即胆汁质、多血质、黏液质和抑郁质。

现代科学证明，气质的生理基础是高级神经活动类型。巴甫洛夫根据高等动物大脑皮层高级神经活动的三个基本特征——强度、平衡性、灵活性，划分出神经活动的四个基本类型，即不可抑制型、活泼型、安静型和弱型。

（二）不同气质的特点

虽然用体液说来解释气质类型是经验概括，但在解释人的情感和行为多样性方面容易被人们接受，所以一直沿用至今，也成为气质的权威分类方式之一。

1. 胆汁质

胆汁质气质类型的人的各种心理活动和外部动作都相当敏捷而且强烈，特征表现为好冲动，情感发生快、强烈而持久，动作迅速而猛烈。这种气质类型的人对自己的言行不能控制，反应速度快，但不灵活；在情绪反应上容易受到感动，情感一旦发生就会很强烈，久久不易得到平静；心境变化剧烈，易变，具有明显的外倾性格，并且态度直率，不拐弯抹角，不善掩饰。胆汁质气质类型的人有一定的攻击性。

胆汁质类型的人在旅游过程中积极性高、意志力强、积极主动、痛快淋漓、大刀阔斧、有创新精神，心理呈明显的周期性，可以做到以极大的热情投身于旅游，能竭力克服通往目标上的障碍和困难。胆汁质类型的人精力一旦耗尽，顿时会变得沮丧，对自己失去信心。胆汁质类型的人不好相处，容易冲动，与人交际易得罪人，但情绪变动快，发泄完就复原。

这类人的优点是有毅力，大多热情果敢，精力旺盛，积极进取，有独创性。其不良表现是性情暴躁，易怒，易激动，缺乏自制力，好对人发脾气，且粗枝大叶。这类人要注意耐心、沉着和自制力等方面的心理修养。

2. 多血质

多血质气质类型的人的各种心理活动和外部动作都非常敏感又极易发生变动，其特征为情绪不稳定，情感发生迅速，变化大，但不强烈。这种气质类型的人情绪外露，喜怒形于色，强度比较温和；情感体验不深，对各种事物都会形成生动的印象，但往往肤浅而不深刻；有高度灵活性、对新生事物接受快，思维语言迅速而敏捷、智商较高，学习上领会能力强。

多血质类型的人在旅游活动过程中热诚，有显著工作效能，在旅游团中常能扮演引起愉快的核心人物，可以长期保持精神愉悦和朝气蓬勃的乐观精神，能消解别人的烦恼，给人带来欢声笑语。这类人愿意从事交际一类的事项，但缺乏踏实和耐性。当从事自己喜爱的旅游活动时，能投入很大的热情，从事自己不喜爱的旅游活动时热情就会减弱，会给旅游活动带来不必要的麻烦。多血质气质类型的人从事多变或多样化的工作时，往往能随机应变，使业绩提高。

这类人的优点是在行为方面活泼好动，机敏，不甘寂寞，好交际，善于适应环境，待人热情，喜爱参加各种旅游活动。其不良表现为经常有始无终，办事欠考虑，缺乏耐力，兴趣容易转移，不会长久迷恋一件事，有时好大喜功，行动表现浮躁和浅薄，有时爱要小聪明，表现出自以为是，对企业或他人不忠诚。

3. 黏液质

黏液质气质类型的人的各种心理活动和外部动作迟缓而又稳健，其特征为性情沉静，情感发生缓慢而微弱，沉默寡言，动作迟缓，善于忍耐，善于克制情感的抒发和宣泄，较少冲动，表情单一。这种气质类型的人情绪表现方面为平静、沉着、迟缓，反应速度慢，情绪稳定，心境平和，不易激动，很少发脾气，具有内倾性，平凡、坚定、顽强，讲求实效。

黏液质类型的人在旅游过程中从不白白耗费自己的精力，在对自己的能力做好评估后，就会把事情一干到底，认真负责，一丝不苟，能够严格恪守规章制度，长时间地从事紧张的旅游活动。他们旅游活动中行为表现为有条不紊，深思熟虑，坚忍不拔，交际适度，不爱作空泛的交谈，具有耐心，情绪稳定，遵守约定，按旅游日程进行旅游活动。

这类人的优点表现为态度稳重，自制力强，胸怀宽广，不计小事，能委曲求全。其不良表现为萎靡、迟钝、怠惰等，对急剧的变化适应不良，缺乏灵活性，思想刻板守旧，对新事物接受较慢，坚持自身原则，在处理问题时不易做出让步。黏液质气质类型的人喜欢去自己熟悉的地方旅游，对旅游的行程施行控制，建立安全感。

4. 抑郁质

抑郁质又被称为忧郁质。抑郁质气质类型的人的各种心理活动和外部动作迟缓而又柔弱，其特征为性情脆弱，情感发生缓慢而持久，动作迟钝，易于疲劳，敏感多疑。这种气质类型的人情绪比较平静，不易动情，情感脆弱，易神经过敏，情绪兴奋点高，而且体验深刻，容易孤僻，具有严重的内倾性，具有伤感、沮丧、犹豫、深沉、悲观等不良品质。

抑郁质类型的人在旅游过程中，动作迟缓，胆小，不喜欢抛头露面，愿独处，反应速度慢，并且优柔寡断，常常左顾右盼、瞻前顾后、犹犹豫豫，决策过程缓慢。这类人的优点是在习惯、熟悉的工作环境中，或在和谐友爱的群体里，往往较容易相处的，特别能胜任被委托重要的工作，能认真负责地完成所承担的工作。其不良表现为工作中不善于与人打交道，疑心较重对工作业绩好坏敏感，易受环境的影响产生情绪变化。他们在旅游活动中希望得到细致和全面的照顾。

四种气质类型虽有一定的代表性，但实际上，人的气质呈现出来的特点复杂多样。旅游心理学家研究认为，具有上述四种气质类型之中两种或两种以上者被称为“混合型”或“中间型”。大多数人往往不具有某种典型的气质类型的特点，而会同时具有两种以上的基本类型的特点，属于混合型或中间型。旅游心理学的研究者认为可通过测定一个人的气质特征和神经过程的基本特性，来预测一个人的行为表现。

三、气质类型不具有社会评价意义

气质类型不具有社会评价意义，气质类型是没有好坏之分的，只是不同的个体特点的倾向性表现。气质是心理活动的动力特征，使个体带有独特的色彩，但并不决定具体个性特征的内容好坏。气质类型一般只影响心理活动的表现形式，不会涉及个体心理活动的方向和内容，不决定人的价值和成就大小。每个人，无论是具有哪种气质类型，都会有对个体造成积极影响的一面，也会有造成消极影响的一面。

胆汁质型的人积极、热情、开朗、反应快、效率高，但同时暴躁、任性、感情用事、自我控制能力差；多血质型的人活泼、善交际、灵活、机敏、反应迅速，但又轻浮、情绪多变、稳定性差；黏液质型的人沉着、冷静、坚毅、踏实，却又冷漠、缺乏活力、反应较迟钝；抑郁质型的人感觉敏锐、感情体验深刻、办事谨慎，但多疑、羞怯、孤僻、耐受力差、易疲劳。

在现实生活中，各种气质类型的人都有可能具有创造才能，并能取得较高的成就。气质类型不能决定一个人的社会价值和事业成就的高低。旅游参与者了解自身及他人的气质类型和特点，是为了更好地利用其气质中的积极有利的特点，从而控制和避免其不利的特点，促进旅游活动的成功。气质类型主要取决于遗传因素，个人的世界观、信仰、道德品质、兴趣和爱好等不决定个体的气质类型。

四、气质理论在旅游活动中的作用

了解和掌握旅游工作者的不同气质，有利于旅游企业管理者掌握旅游工作者气质类型，针对不同工作职位安排工作，有效地利用其长处和适应性，提高工作效率，同时还可以对不同气质类型的旅游工作者采用不同的管理手段，达到管理目的。

（一）关注旅游工作者的气质特点

旅游工作者自身的气质特征直接影响旅游服务工作质量，不同气质类型旅游工作者在工作中表现出不同的行为，了解自己的气质类型有利于做好旅游工作。旅游工作者在工作中要与不同的旅游参与者接触，了解其他旅游参与者的气质类型特点，因人而异地采取不同工作方法，才能共同合作顺利完成旅游服务工作。

1. 因人而异，人事相宜

旅游工作者具有的不同气质对个体工作效率影响明显。对不同的工作，由相应气质类型的人来承担，往往能取得事半功倍的效果。例如，多血质或者胆汁质类型的人可以去从事一些要求动作反应迅速、思维机敏灵活的工作，如销售、前台、导游、司机等，而黏液质和抑郁质类型的人则较难适应；黏液质或抑郁质类型的人更适合从事持久细致的工作，如财务、记账、售后服务等，而多血质和胆汁质类型的人则较难适应。

旅游企业管理者在招聘相应工作岗位的员工或者在安排员工工作时，有必要考虑每个人的气质差异，以扬长避短，而且有必要对现有工作中不合适的员工安排进行适应性的调整，尽可能地使工作和个体的气质特点保持协调，从而有效地激发员工的潜力，发挥员工的积极性和创造性，保证旅游工作的质量，提高工作效率。

2. 合理搭配，提高效率

不同气质类型的人所组成的群体，可以长短互补，有助于活跃群体气氛，协调人际关系。如果一个群体全部都是由多血质和胆汁质类型的人组成，虽然他们共同语言多，但极易出现相互对立、矛盾摩擦无休止的现象；若一个群体都是黏液质和抑郁质类型的人，则这个群体必然缺乏朝气，适应性差，工作效率低下。

旅游企业管理者在组织工作群体时，将不同气质类型的旅游工作者予以组合，使其气质类型特征互补，形成平衡全面的工作群体，有助于减少工作中的失误和矛盾，提高工作效率，为旅游者提供优质的服务。管理者在安排组织中的群体结构时，适当考虑旅游工作者的气质类型，合理搭配不同气质类型的人员，为旅游产品的生产和销售形成坚实的人员基础。

3. 管理方式因人而异

不同气质类型的人都有自己的性情特点，旅游企业管理者应结合员工的不同气质类型特征，在管理和教育中针对不同气质类型的人，采取不同的方式，“一把钥匙开一把锁”，才能保证获得良好的管理效果。

对胆汁质类型的员工，由于他们工作有热情、精力充沛、动作麻利、完成任务快、应多给予鼓励，但他们暴躁易怒、忍耐力差，在工作中应多进行提醒和指正。同时，在教育方式上，管理者应注意到他们容易冲动、推理简单的特点。因此，最好采取对其缺点严厉批评和“冷处理”的办法，约束其不良行为，给他们一定的时间冷静下来，再进行说服教育，使其认识不良行为的危害，这有利于他们改正缺点，避免消极结果。

对多血质类型的员工，由于他们在工作中常表现出热情、有朝气、脑子灵活、动作迅速、善于处理人际关系等特点，要给予表扬和鼓励；但他们的注意力和兴趣容易转移，容易对取得的成绩沾沾自喜，待人处事不够稳重，对于原则性问题仅靠含蓄提醒难以引起他们的注意，必须明确要求，量化管理。同时，管理者要采取多种方法增强其自制力，提高注意的稳定性，开展细致、耐心等品质方面的训练。

对于黏液质类型的员工，由于他们在工作中常表现出考虑问题细密周到、做事认真细致的优点，应给予表扬和鼓励；但由于他们缺乏灵活性、主动性、反应缓慢、内向，管理者平时应多关心他们的工作，多与他们交流，以取得他们的信任，掌握他们的思想状态。在提出要求时，管理者应给予他们充足的考虑问题的时间，不能立即要求他们表态，还应多给他们工作的机会，增强其自信心，提高业务能力。

对抑郁质类型的员工，由于他们易受挫折，在管理上要格外注意方式方法。管理者对他们在工作中取得的成绩，应充分肯定以增强其工作的勇气和信心；对他们进行批评时，不能态度粗暴、不能语气强硬，应尽可能做到热情、平等、自然，要耐心细致的开导，避免公开指责和强烈的制裁手段。管理者应多鼓励和引导抑郁质类型的员工参加集体活动，使他们感受到集体的温暖，建立良好的情感体验，帮助他们克服抑郁、猜疑、孤僻等消极心理。

（二）关注旅游者的不同气质特点

旅游者是旅游企业的服务对象，是一切工作的核心。为了保证旅游者的满意度，作为旅游企业的管理者和员工，应有意识地培养和锻炼自己识别不同人的气质类型的能力，在旅游服务工作中，能够根据不同旅游者的气质类型，有针对性地提供服务，以更好地满足旅游者的需求，避免消极事件的发生。

1. 急躁型旅游者

急躁型相当于胆汁质型。急躁型旅游者喜欢新奇的、场面热闹且富于刺激性的旅游活动项目。这类人对人热情、说话快、好争辩，不喜欢等待，较粗心易丢失东西，购物时比较冲动，不愿意细心挑选，一旦被激怒很难在短时间内平静下来。

旅游工作者在旅游服务过程中不要主动刺激急躁型旅游者，不要计较他们一时不顾后果的冲动言语，不要与他们争辩是非对错，当发生冲突时应当避其锋芒，待其平静后再对问题进行处理，在为他们办事时应尽可能迅速，在必要时提醒他们不要遗忘自己的财物。

2. 活泼型旅游者

活泼型相当于多血质型。活泼型的旅游者活泼好动，喜欢参与变化大、花样多的旅游活动项目，内心的各种体验都会在面部表情和眼神中明显地反映出来。这类人乐于和人交往，乐观愉快，总是笑声不断；易激动，但情绪并不强烈；容易与人交上朋友，但友谊不深刻；与人交际时话题有趣，但坐姿常变换；购物时会很快拿定主意，但改变主意也快。

在旅游服务过程中，旅游工作者为活泼型的旅游者提供服务时，不仅要热情大方、办事迅速、说话简捷，而且应尽可能主动交往、提供信息、介绍类型多样的旅游产品，吸引他们的注意，通过沟通信息主动为他们提供多样化的服务，丰富其旅游活动内容。尤其当他们购了物又改变主意或要求退货时，应尽量做好解释工作并给予妥善解决。

3. 稳重型旅游者

稳重型相当于黏液质型。稳重型旅游者进入新的环境常感到有些不自在，旅游活动中的语言和行动都较迟缓，即使遇到精彩场面也不易激动，情感很少外露，面部表情单一。这类人反应慢，在听导游讲解时，总希望把话说得慢点，用不同方式多重复同一内容。他们的注意力稳定，不易转移，喜欢吃熟悉的食物，购物时决策缓慢，喜欢自己独自挑选，只有遇到重大问题时才进行询问，往往对新产品持怀疑的态度。

旅游工作者为稳重型旅游者提供服务时，说话语速要适当放慢，重点之处要重复强调，但不宜与他们过多交谈，也不宜太主动，住宿与就餐尽量安排在僻静的环境，旅游服务过程中尽量满足他们“怀旧”的需求，购物时不可催促，要让他们深思熟虑后再作决定。

4. 忧郁型旅游者

以抑郁质为主的忧郁型旅游者，不喜欢热闹、竞争性强的旅游活动，喜欢能表现深刻情感、品味优雅的旅游项目内容，喜欢个人行动独处体验内心感受，在任何活动中都很少表现自己。这类人身心易疲劳，动作缓慢，总是闷闷不乐的样子，讲话慢且啰唆，容易神经兴奋，情感体验敏感深刻，对环境变化给予强烈的关注，购物时千思万虑、挑选细致，不愿向服务人员咨询，给人一种多疑、一丝不苟的印象。

为抑郁质气质类型的旅游者提供服时，旅游工作者特别要注意尊重他们，要有耐心，多关照，尽量提供有深刻文化内涵和品位优雅的旅游产品，不宜与他们说无关的话，更不要开玩笑，在细节安排上要全面周到，使他们得到安全感和满意感，食宿尽量安排在清静环境，购物时应让其自由挑选，不可催促。

第三节　性　　格

性格是具有核心意义的个性心理特征。个性特征方面的差异首先表现为性格的不同。性格是指人对现实的稳固的态度和习惯化的行为方式。性格具有社会评价的意义，不同性格的人在对待同一问题时的处理模式具有极大的不同。性格直接影响个体的行为表现，个体社会化过程中形成的性格特征影响个体的社会适应能力。根据人的不同性格特点，可以预测其行为表现。

一、性格的概念

性格作为人对现实的稳固的态度和习惯化的行为方式，直接表现在人的行为中，不同性格人的行为具有规律性。人的性格主要是后天习得的，是人的社会化过程的结果，具有广泛的社会评价意义。性格的形成受多种因素的影响，会在环境的作用下发生改变，不同性格的人在社会生活中有着特定的表现。

（一）性格的定义

性格指一个人表现在态度和行为方面的比较稳定的个性心理特征。性格是组成个性的核心心理特征。区别人的个性的主要心理标志就是性格。性格是行为方式和现实态度的统一体,往往反映了人的某种本质特征,从而给我们提供了判断人的心理的依据。性格是表现在完成活动的态度和行为方式方面的特征,具有态度特征、意志特征、情绪特征和理智特征,使人与人彼此相区别,形成人如其面,各有不同的结果。

性格反映在人的行为方式上,通过外在行为表现出来。例如,从一个人的笑声中,可推断出一个人的性格是开朗,还是拘谨。性格能够反映出一个人的动机和态度。例如,一个小气的人与一个勤俭的人,在行为方式上可能很相近,但动机和态度却迥然不同。人的性格受其思想、意识、信仰和世界观的制约。例如,拘谨端庄的女士更受男士的喜爱。女士的拘谨端庄的性格特点,就反映出女性这种行为方式的现代社会价值。

(二) 性格形成的主要影响因素

性格的形成有先天的因素作用,受一定的生理因素的影响,但更主要的是在社会实践活动中逐渐养成的,即个体通过家庭环境、受教育的水平和社会关系的作用等影响完成的。由于遗传、家庭、环境和学习等因素的影响,才使一个人的性格显出千差万别的特性来。性格的形成和发展受生理和环境因素的影响,性格是在一个人生理素质的基础上形成的,在社会活动中发展和发生变化。

1. 生理性因素

(1) 遗传

性格的形成主要受气质的影响,人体生理解剖的差异也会对性格的形成产生影响。气质是自己无法选择的一种神经活动类型,一个人的气质具有较大的稳定性,表现出一个人生来就有的自然特征,对性格的形成产生影响,带有其独特的色彩。

(2) 体格与体型

外表形象的美丑、体格健壮与瘦弱、营养状况、食谱构成影响到躯体的发育水平。性格形成与人的生理解剖特点相关,身体有残疾的人易形成自卑感,体型魁伟的人往往更自信。

(3) 性别

受激素水平的控制、男女身体结构的不同、男女生理差异影响,性格会形成不同特点。性别差异造成的不同社会角色的任务,形成不同的行为方式,对性格的养成起作用。

2. 环境因素

(1) 家庭

儿童成长期间是性格发展的主要阶段,家庭是培育个人性格的摇篮。人生活在家庭成员之中,学习社会规则与人际交往,言传身教的熏陶使其性格具有家庭背景特色。

(2) 学校

学校教育对青少年性格发展具有十分重要的影响。人在校学习期间逐步完成社会化过程,在学校里,人们学习知识,学会交往,建立人际交往的模式,形成自己的价值观。

(3) 社会文化

历史渊源、政治经济制度、宗教信仰、社会风俗等对个人性格形成有其重要的影响。

① 地区性格。地理环境、社会风俗和生活习惯造成人的地区性格。中国南方人与北方人的性格差异明显。中国南方人多具有委婉细致的性格特点，北方人多具有慷慨豪迈的性格特点。地理因素影响人的性格，居住在不同地域的人的性格差异，形成不同特点的地区性格。

② 群体性格。不同社会群体在社会中居于一定的社会地位，造成某个特定群体形成群体性格。中等收入的人多对生活易满足，具有较强的幸福感，能够理性对待事物。高收入的人多善于利用钱财，具有一定的冒险精神，喜欢参加新的旅游项目。低收入者多具有广泛的同情心，量入为出，节俭勤奋，在旅游活动中积极性高易合作。

③ 民族性格。由于民族文化习俗的不同，在传统和环境的影响下会形成某个民族特有的性格。

(4) 职业

长期从事某种职业的人，会逐渐被工作环境同化而养成的一种职业性格——“职业病”。这种职业性格表现在其日常生活中，影响其行为模式。

二、性格的特征和类型

根据不同的标准可以将性格分为不同的类别，便于对不同的性格的人群进行研究，通过对不同性格人群的研究发现规律，为预测、引导和控制其行为提供依据。典型性格人群具有典型的行为方式，旅游工作者在旅游服务中针对不同性格的旅游者，采用不同的交往方式能够收到事半功倍的效果。在解决投诉或其他问题时，旅游工作者对不同性格的旅游者应用不同的解决途径，能够减少误解、增进共识，争取双赢的结果。

(一) 性格的特征

性格是一个十分复杂的心理特征，有多个侧面，包含多种多样的心理特征。这些特征在每一个个体身上都以一定的独特性结合为有机的整体。例如，意志坚强的人，性格具有确定性、持久性、独立性和顽强性的特征。性格特点往往能补偿某方面能力的弱点，如我们常说的“勤能补拙”。性格具有社会评价意义，不同性格特点的人在社会生活中表现不同。

1. 性格的态度特征

性格的态度特征主要是一个人在处理各种社会关系方面表现出来的性格特征。

(1) 表现在对待社会、集体、他人的态度上，主要有富有同情心，为人正直、诚实等。

(2) 表现在对待劳动、工作、学习的态度上，包括勤劳与懒惰、认真与马虎、细致与粗心、首创精神和墨守成规、节约与浮华等。

(3) 表现在对自己的态度上，主要有谦虚与傲慢、自信与自卑等。

2. 性格的意志特征

性格的意志特征主要表现在人对自己行动自觉调节的方式和水平方面的心理特征。

(1) 对行为目的明确程度的意志特征

属于这方面的特征主要有：独立性、目的性、组织性、纪律性、冲动性、盲目性、散漫性等。

(2) 对行为自觉控制的水平的意志特征

属于这方面的特征主要有:主动性或被动性、自制力或冲动性等。

(3) 在处于紧急或困难情况下表现出来的意志特征

属于这方面的特征主要有:镇定或慌张、勇敢或怯懦、果断或犹疑、顽强或屈服等。

(4) 对待长期学习或工作的意志特征

属于这方面的特征主要有:恒心、坚韧性等。

3. 性格的情绪特征

人的情绪对人的活动的影响,或人对情绪的控制具有某种稳定的、经常的表现特点,便构成了性格的情绪特征。

性格的情绪特征主要表现在强度特征(受情绪支配和感染的程度)、稳定性特征(情绪起伏波动的特征)、主导心境特征(不同的主导心境在一个人身上表现出来的稳定程度)等方面。

4. 性格的理智特征

性格的理智特征主要表现在感知、记忆、想象、思维等方面。

(1) 感知方面

有主动观察型和被动观察型、详细型与概括性的区别。

(2) 记忆方面

有主动记忆与被动记忆、形象记忆与逻辑记忆的区别,以及记忆的快慢、保持得是否持久的差别。

(3) 想象方面

有幻想的理想主义与冷静的现实主义、有出于现实的幻想与脱离实际的幻想的分别;还有主动幻想型与被动幻想型之分。

(4) 思维方面

有善于提出问题与回避问题、企求现成答案与研究探索答案、独立型与依赖型、分析型与综合型的区别。

(二) 性格的类型

性格类型是指在某一类人身上所共有的性格特征。

1. 心理机能类型

按理智、意志和情绪在性格中哪一种占优势来划分,有理智型、意志型和情绪型。

(1) 理智型

理智型是指用理智的尺度来衡量一切,具有冷静、沉稳、谨慎、律己、现实等特征。

(2) 意志型

意志型是指有明确的目标,具有行为主动、上进心强、有独立性等特征。

(3) 情绪型

情绪型是指情绪体验深刻,行动举止易受情绪支配,具有多愁善感、富于幻想、感情脆弱或性情暴躁、缺乏自制力等特征。

以上三种是日常生活中极典型的性格特征类型,实际上大多数人都是混合类型。

2. 心理倾向类型

按个人心理倾向于外部世界或内部世界作为划分的依据，性格可分为外向型、内向型和中间型。

(1) 外向型

外向型性格的人重视外在世界，性情开朗、活泼，好活动，喜交往，爱讲笑话，达观，无忧无虑，往往会提出些纠缠不清的问题。这类人易急躁，不能严格控制自己的情绪和情感，有时有侵犯性行为，一般能得到别人的信任，属高级神经活动强型，就气质而言，属多血质和胆汁质。

(2) 内向型

内向型性格的人重视主观世界，常沉浸于自我欣赏和幻想之中，抑制外部世界的影响，在同他人和外界接触中缺乏自信，而且孤僻和害羞。这类人一般能审慎地接受一些决定，能控制自己的情绪，很少表现出侵犯性行为，喜欢有条理，有时悲观，很重视伦理道德，情感稳定，有信心，属高级神经活动弱型，多属黏液质和抑郁质。

(3) 中间型

中间型兼有外倾和内倾的特征，事实上绝对的外向型和内向型的人在生活中并不常见，只是有些人外倾性强些，有些人内倾性强些。大多数人常常在做某一件事情时表现出外倾性，而做另一件事时却表现出内倾性。据心理学家研究，外向的程度与性别有关，女性一般外向的程度要高于男性。

外向型和内向型各有所长，不能说哪种倾向就比另一种倾向更优越。它们与智力无关，不能作为评价人的事业成就和社会价值的标准。

（三）内控型与外控型

内控型的个体，独立性强，不易因受外界影响而改变自我的行为，认定自己才是自我命运的主宰者。这种人从不怨天尤人。外控型的个体则相反，偏向外控型的人往往认为一切事情都是命运主宰的，自己处于被动的地位，经常将成败归为外力作用的结果。

在中国，由于社会传统文化的影响，外控型人的居多，重视天时、地利、人和之类的因素，而对自身的角色作用不十分重视。在西方，人文主义影响了西方人的价值观，西方人内控型居多，多主张以个人作为衡量一切事物的尺度，重视人自身的价值。

在旅游活动中，内控型的人更容易成为易合作的旅游者或优秀的旅游工作者，他们具有自信心强，有主动性，能顺利进行人际沟通交流，在人际交往过程中注意遵守规则。内控型的人在遇到问题时，不相互指责抱怨，以顺利完成旅游活动为目的。外控型的人主要受环境状况制约，注意个体行为与环境的适应，约束自己。在旅游活动中遇到问题时，他们易发生冲突，导致矛盾激化，营造良好的旅游氛围是使外控型的人顺利完成旅游活动的最佳措施。

（四）自卑型与自尊型

自卑型的个体，往往认为自己软弱无能，对自己评价偏低；自尊型的个体则相反，他们自视清高，认为自己了不起，对自己估计过高。适当的自卑能使人产生追求卓越的力量，而过分的自卑能摧毁一个人，导致一事无成。同样，适度的自尊是必要的，是维护个体心理的统一性和保持心理健康的重要前提。而当一个人优越感过强、自视太高，就可能变成专横跋扈、自吹自擂、傲慢无理的人。

对于旅游参与者来说，拥有适度的自卑感和自尊感对顺利完成旅游活动而言极具现实意义。过度自卑往往使人表现得过于敏感、脆弱、攻击性强，容易与他人发生冲突。自卑感强的人在旅游活动中，往往感觉到被他人伤害而采取防卫过度的心理对待旅游活动过程中发生的事情，容易激化人际矛盾。因而，一个人具备适度的自尊感，在与人交往时表现出愿意接受他人帮助的状态是必要的。合理的自尊感是维持一个人与他人正常、和谐的人际交往的前提，也是完成旅游活动的心理条件之一。然而，自尊感过强的人则不易与人合作，难以履行好自己的角色职责。

总之，不同性格的旅游参与者在旅游活动中会有不同的表现。旅游工作者在开展旅游服务工作时，必须根据旅游服务标准和工作特点的要求，使具有不同性格的旅游参与者，遵守一定的角色规范要求，完成自己的不同角色任务，保证旅游活动正常进行。在旅游活动中，旅游工作者应注意区别对待不同个性的旅游参与者。

三、认识性格差异在旅游中的应用

在旅游活动中运用性格心理学知识，保证旅游活动的正常进行，做好管理工作，更有效地发挥旅游参与者的作用，不仅是必要的，而且是可行的。因为在旅游活动中注意人的行为倾向，了解人在旅游时的心理状态，把握性格特点，预测行为，使旅游活动具有针对性和时效性，有助于控制旅游参与者的行为，有助于创造适宜的旅游环境，使之与旅游参与者的性格倾向相吻合。

1. 识别人的性格

识别人的性格，审视其长处和短处，有助于对人的行为的控制，建立良好的人际关系。学会分辨人的性格，并利用它来控制人的行为，可以达到发挥人的长处、抑制其短处的目的，保证旅游活动的正常进行。

例如，外倾不稳定型性格的人，生性急躁、脾气火暴、容易发火、争强好胜，在旅游中常处于“紧张状态”，属“急性子”的人。在旅游活动过程中，外倾不稳定型性格的人常常人际关系紧张，易与人发生冲突，造成危害。旅游参与者在与外倾不稳定型性格的人交往时应采取特殊的方法，避免造成不必要的人际冲突形成伤害，为避免正面冲突，应避其锋芒，对其“发火”行为，应先采用“冷处理”的方法，待其冷静后再去进行沟通解决问题。

2. 区别人的性格的共性和特性

学会分辨人的性格特征，区别对待旅游参与者性格的共性和特性，有助于提高工作效率。人的性格往往是特性与共性、个别性与典型性的统一。每个人既具有明确的个性，也具有相同的共性。旅游工作者在旅游过程中应注意人的性格的差异性，掌握旅游参与者性格的共同性和特殊性，了解典型性和个性之间的关系，因人而异采取不同的相处方法和管理方法。

例如，长期从事某一职业的人，常因其职业特点而形成某种职业性格——商人性格、农民性格、军人性格和艺术家性格等。其中，有的属于内向型，有的属于外向型。外向性格中，有支配型或交际型的区别；内向性格中，也有温和型或冷淡型的区别。有的意志特征较为明显，有的理智特征或情绪特征占有优势，呈现出不同性格的个别特征。

3. 辩证地看待人的性格

在旅游活动过程中，旅游工作者要善于从人的性格中发现优势，发挥人的性格长处，抑制性格的短处。外向型的人重视与人交往，生性活泼，爱讲笑话，无忧无虑，与人交往多无戒心，易于与人合作。但同时他们也会提出些纠缠不清的问题，性情急躁，不能完全掌控自己的情绪和情感，有时出现侵犯行为。旅游工作者在旅游活动中应充分利用外倾型人易得到别人信任的特点，做好沟通工作，同时尽量避免其侵犯行为的发生。

例如，科技人员从事职业的特殊性，在性格上就会显出与其他人不同的个性特征。科技人员多从事专业性、创造性较强的智力工作，便形成了科技人员的特殊性格，遵守规则，通情达理，有时表现为挑剔、孤僻、清高、争名和较真，不擅长搞好人际关系等。旅游工作者应在旅游活动中多方面地分析、体谅、理解科技人员的性格特点，因势利导地创造各种发挥他们长处的机会，帮助他们疏通人际关系，就能顺利地完成旅游行程。

四、培养良好的性格

旅游参与者的性格是在个体成长过程中受环境影响，通过训练获得的。良好的性格特征可以使旅游参与者顺利完成旅游活动。在旅游活动中，旅游参与者发挥主观能动性积极接触新事物，与不同的人进行交流，共同活动，性格会受到影响而发生良性改变。

1. 旅游活动创造特定人文环境

良好性格为旅游参与者顺利完成旅游活动奠定了基础。旅游行业具有接触人员广泛和人际关系复杂的特点，旅游服务工作任务重、头绪多、变化大，易受环境影响，是一种敏感行业。旅游参与者在加强自身修养和创造合适的人文环境的基础上，应注意及时排除不良的心理因素，塑造良好的个性品质，保证旅游参与者个性向着健康的方向发展。

作为现代旅游企业的员工必须加强自身修养，强化以人为本的服务理念开展心理健康教育，定期进行职业心理咨询，培养员工良好的性格，形成积极向上、和谐的心理氛围。旅游企业应注意培养员工积极、友好、合作、敬业的工作态度，使其具备开朗乐观、自尊自律、善良正直等优良的职业品质。

2. 旅游活动促进良好性格形成

旅游参与者在旅游活动过程中认识世界，获得独特的经历增长知识，保持乐观心态，不断加强个人心理素质修养，塑造良好的性格。在旅游活动过程中，感受不同文化的魅力，增进对人类生存环境的了解，提高人际交往能力，形成良好的人际关系，这些可以促进旅游参与者的良好性格形成。

本章小结

1. 对能力进行了阐述，包括能力的定义、种类、主要特征，对管理的启示等内容。

2. 气质的定义、气质的类型及其特点，说明了气质在旅游活动中的作用。

3. 性格的定义、性格的分类方法，阐明了性格在旅游服务过程中的作用。

1. 说明能力的定义和分类。
2. 简述气质的定义和各气质类型的主要特点。
3. 论述性格划分的不同标准及其种类。
4. 分析能力、气质和性格在旅游服务中的不同作用。

实践课堂

填写以下气质类型问卷，然后根据统计结果分析每个人的气质类型。

气质类型问卷

本测验共有60个问题，只要你能根据自己的实际行为表现如实回答，就能帮助你确定自己的气质类型。在回答这些问题时要实事求是，怎么想的，怎么做的，就怎样填写。看清题目后，你认为很符合自己情况的，记2分；较符合自己情况的，记1分；介乎符合与不符合之间的，记0分；认为较不符合自己情况的，记−1分；完全不符合自己的，记−2分。

1. 做事力求稳妥，不做无把握的事。
2. 遇到可气的事就怒不可遏，想把心里话全说出来才痛快。
3. 宁肯一个人干事，不愿很多人在一起。
4. 到一个新环境很快就能适应。
5. 厌恶那些强烈的刺激，如尖叫、噪声、危险镜头等。
6. 和人争吵时，总是先发制人，喜欢挑衅。
7. 喜欢安静的环境。
8. 善于和人交往。
9. 羡慕那种善于克制自己感情的人。
10. 生活有规律，很少违反作息制度。
11. 在多数情况下情绪是乐观的。
12. 碰到陌生人觉得很拘束。
13. 遇到令人气愤的事，能很好地自我克制。
14. 做事总是有旺盛的精力。
15. 遇到问题常常举棋不定，优柔寡断。
16. 在人群中从不觉得过分拘束。
17. 情绪高昂时，觉得干什么都有趣；情绪低落时，又觉得什么都没有意思。
18. 当注意力集中于一事物时，别的事很难使我分心。
19. 理解问题总比别人快。
20. 碰到危险情景，常有一种极度恐惧感。

21. 对学习、工作、事业怀有很高的热情。
22. 能够长时间做枯燥、单调的工作。
23. 符合兴趣的事情,干起来劲头十足,否则就不想干。
24. 一点小事就能引起情绪波动。
25. 讨厌做那种需要耐心、细致的工作。
26. 与人交往不卑不亢。
27. 喜欢参加热烈的活动。
28. 爱看感情细腻,描写人物内心活动的文学作品。
29. 工作学习时间长了,常感到厌倦。
30. 不喜欢长时间谈论一个问题,愿意实际动手干。
31. 宁愿侃侃而谈,不愿窃窃私语。
32. 别人说我总是闷闷不乐。
33. 理解问题总是比别人慢些。
34. 疲倦时,只要短暂的休息就又精神抖擞,重新投入工作。
35. 心里有话宁愿自己想,不愿说出来。
36. 认准一个目标就希望尽快实现,不达目的,誓不罢休。
37. 学习、工作同样长时间,常比别人更疲倦。
38. 做事有些莽撞,常常不考虑后果。
39. 老师或师傅讲授新知识、新技术时,总希望他讲慢些,多重复几遍。
40. 能够很快地忘记那些不愉快的事情。
41. 做作业或完成一件工作总比别人花的时间多。
42. 喜欢运动量大的剧烈体育活动,或参加各种文艺活动。
43. 不能很快地把注意力从一件事转移到另一件事上去。
44. 接受一个任务后,就希望把它迅速解决。
45. 认为墨守成规比冒风险强些。
46. 能够同时注意几件事物。
47. 当我烦闷的时候,别人很难使我高兴起来。
48. 爱看情节起伏跌宕、激动人心的小说。
49. 对工作抱认真严肃、始终一贯的态度。
50. 和周围人们的关系总是相处不好。
51. 喜欢复习学过的知识,重复做已经掌握的工作。
52. 希望做变化大、花样多的工作。
53. 小时候会背的诗歌,我似乎比别人记得清楚。
54. 别人说我"出语伤人",可我并不觉得是这样。
55. 在体育活动中,常因反应慢而落后。
56. 反应敏捷,头脑机智。
57. 喜欢有条理而不甚麻烦的工作。
58. 兴奋的事常使我失眠。

59. 老师讲新概念,常常听不懂。

60. 假如工作枯燥无味,马上就会情绪低落。

• 评分与解释

(一) 把每题得分按下表题号相加,并计算各栏的总分。

胆汁质(A)	2	6	9	14	17	21	27	31	36	38	42	48	50	54	58	合计
多血质(B)	4	8	11	16	19	23	25	29	34	40	44	46	52	56	60	合计
黏液质(C)	1	7	10	13	18	22	26	30	33	39	43	45	49	55	57	合计
抑郁质(D)	3	5	12	15	20	24	28	32	35	37	41	47	51	53	59	合计
汇总:	A( );B( );C( );D( )															

(二) 气质类型的确定

如果某类型气质得分明显高出其他三种,均高出4分以上,则可定为该类气质。如果两种气质得分接近,其差异低于3分,而且又明显高于其他两种,则可定为两种气质的混合型。如果三种气质得分均高于第四种,而且接近,则为三种气质的混合型。

(资料来源:http://baike.so com/doc/7867921-8142016.html.)

第四章 旅游活动中的心理

学习要点及目标

1. 掌握旅游过程中的主要心理现象种类及其功能；
2. 认识注意的特征和功能及注意规律在旅游活动中的应用；
3. 理解旅游知觉的内容和特征，运用社会知觉规律组织旅游活动；
4. 结合案例认识记忆的过程和遗忘规律，提高旅游者的记忆。

引导案例

给我一天，还你千年！

置身宋城，恍如隔世。景区内的怪街、仙山、市井街、宋城河、千年古樟等景点一步一景，榨油坊、酒坊、年糕坊、打铁铺等七十二行老作坊星罗棋布，还原宋代都市风貌。

清明上河图电影馆、聊斋惊魂鬼屋、步步惊心鬼屋等高科技体验项目精彩纷呈，布袋偶戏、提线木偶、皮影戏、抛彩球、抬轿子、市井杂技等演出令人目不暇接，古今人物、金戈铁马、美女如云的“古今穿越快闪秀”带着游客进行一次奇幻的历史时空之旅，5D 实景剧《大地震》、大型实景演出《丽江恋歌》、全息幻影秀《白蛇传》等演艺秀轮番上演，精彩纷呈。

其中，大型歌舞《宋城千古情》是杭州宋城景区的特色演出节目，利用先进的声、光、电等科技手段和舞台机械，以出其不意的呈现方式演绎了良渚古人的艰辛，宋皇宫的辉煌，岳家军的惨烈，梁祝和白蛇许仙的千古绝唱，把丝绸、茶叶和烟雨江南表现得淋漓尽致，极具视觉冲击力和心灵震撼力。

(资料来源：https://baike.so.com/doc/5973145-6186104.html.)

【点评】

浙江省杭州的宋城景区贯彻“建筑为形，文化为魂”的理念，打造吸引旅游者综合性旅游资源。“宋城”规模浩大，旅游产品丰富，激发旅游者的好奇心，能够满足旅游者食、住、行、游、购、娱各环节的需要。旅游者在旅游活动过程中，消费不同的旅游产品产生不同的心理感受，参加不同的项目获得身心享受，形成个体旅游经历并产生记忆。

第一节 注 意

旅游者的注意总是发生在被某一对象吸引或选择某一事物作为知觉核心的过程中。良好的注意状态伴随认知过程促进旅游者将意识集中于特定对象，促进其形成记忆和理解旅游项目的意义，借助旅游感受完成审美过程，获得美好的人生经历。作为其他心理活动的伴随状态，注意的水平直接决定心理活动的质量和效率。在旅游过程中，注意这一心理状态直接影响旅游者的旅游享受品质。

一、注意概念

注意是心理活动对一定对象的指向和集中，是意识有选择地加工某些刺激而忽视其他刺激的倾向。注意是一种伴随其他心理活动的状态，直接影响心理活动的水平。注意的指向性和集中性使旅游者在旅游过程中对遇到的事物做出反应，选择对自己有意义的对象作为认知的内容。

（一）注意的定义

注意是心理活动对一定对象的指向和集中。注意是一种重要的心理现象，不是独立的心理过程，常常伴随认知过程、情感过程和意志过程等心理活动同时发生。

旅游活动过程中，旅游者的意识对象同时也是注意的对象，注意的对象不仅是外部的活动和事物，而且也涉及人的内在心理活动和机体状态。个体周围环境的声、光、热、味等往往成为引起注意的外部对象，而机体的疼痛、情绪的状态等往往成为引起注意的内部对象。感知觉、记忆、思维等认知活动过程，也包括情感过程和意志过程，都是意识的对象，同时也是注意的对象。注意伴随认知活动发挥作用，旅游者总是注意到心理活动的对象，不断做出新的反应维持注意完成心理过程。在旅游活动中，注意的对象具有实质性内容。

指向性和集中性是注意的两个基本特性。

指向性是指心理活动在某一时刻总是有选择地朝向一定对象。因为人不可能在某一时刻同时注意到所有的事物，接收到所有的信息，所以只能选择一定对象加以反映。在旅游活动过程中，旅游者想同时看清楚游览参观对象的全部内容是不可能的，受到心理规律的制约，旅游者的注意只能朝向个别方位或对象的某个组成部分。注意的指向性保证旅游者的心理活动能对某些特定事物进行清晰而准确的反映。

集中性是指心理活动停留在一定对象上的深入加工过程，注意集中时心理活动只关注所指向的事物，抑制了与当前注意对象无关的活动。注意的集中性保证了人对注意对象有更深入完整的认识。有时人会出现知觉防御的心理现象，表现为“听而不闻，视而不见”，即当一个人集中注意去欣赏某一景物的时候，对旁边的说话声、鸟鸣声或音乐声就无暇顾及，或者有意不去关注它们。

指向性和集中性统一于同一注意过程中，保证了注意的产生和维持。注意虽然是一种非常重要的心理机制，但却不是一种独立的心理过程。注意是认知、情感和意志等心理过程共同的组织特性。注意保证相应的心理过程的顺利进行，注意存在于许多的心理活动中，注意的指向性和集中性特点维持心理活动的持续。

注意是伴随心理过程出现的，离开了具体的心理活动，注意就无从产生和维持。当人们说"注意看天安门"时，既是人的感知活动中的注意感知"这个对象"，又是思维活动中的注意思考"这个对象"。旅游者在参观北京故宫博物院时，看到雄伟辉煌的皇家建筑感到高兴满足，表明注意既伴随着认知活动，又伴随着情感过程，同时也伴随着思维过程。反之，没有注意的指向和集中对心理活动的组织作用，任何一种心理活动都无法展开和进行。

注意可被视为信息进入人的认知系统的启动器，注意的水平高低直接影响着其他心理机能的工作状态。注意是一种重要的心理状态，不是一种独立的心理过程，但在心理过程中发挥着不可或缺的作用。当旅游者在游览景点的时候，导游员通过形象的语言解说和丰富的肢体动作来引导提示旅游者，使旅游者的心理活动指向和集中在有利于获得良好游览效果的注意对象上。

（二）注意的特征

研究注意的特征、功能和种类，通过引导旅游者的注意来达到让旅游者获得满意的游览效果，具有十分重要的意义。注意的特征主要包括注意的稳定性、注意的广度、注意的分配和注意的转移。

1. 注意的稳定性

注意的稳定性是指对同一对象或同一活动所持续的时间。注意的稳定性是心理活动在某一段时间内的效率指标。注意的稳定性有狭义和广义之分。

狭义的注意的稳定性是指注意保持在同一对象的时间。一般认为人一次的注意持续时间为 15 分钟左右，超过这一时间注意的稳定性会下降，影响人的认知过程、情感过程和意志过程，同时降低工作效率。

广义的注意稳定性是指注意保持在同一活动上的时间。广义的注意稳定性并不意味着注意总是指向同一对象，而是指注意的对象和行动会有变化，但注意的总方面和总任务不变。活动的连续性和对象的新颖性，会使广义的注意的稳定性维持在较高的水平。

旅游景点参观线路的设计往往采用点线结合的方式，提高旅游者的注意的稳定性，增强对景点的感知和认识，满足旅游者的好奇心，形成美好的记忆内容留下深刻的印象。导游员通过"步随景移，境随步换"一线多点的游览安排，吸引旅游者的注意，保持良好的观赏状态，利用注意对象的新颖性和连贯性，通过准确有趣的讲解使旅游参与者的主观感受对象处在不断的变换之中，好奇于"意料之外"，惊讶于"情理之中"。

广义的注意稳定性受人的主体状态和注意对象的特点的影响。当人对所从事的旅游活动的意义理解深刻，抱有浓厚的兴趣和持有积极的态度，并且身体健康，精力充沛，心情愉快时，注意容易保持稳定。在主体积极性相等的条件下，刺激物的强度和持续时间对注意稳定性有显著的影响。

旅游活动内容丰富多彩的比单调的静止的方式，更能保持人的注意稳定性。"白天看庙，晚上睡觉”就是对旅游观览活动过于单调的批评。在一定范围内，注意的稳定性程度是随注意对象的复杂性的增加而提高，但对象过于复杂或过于单调都不利于注意的稳定。

在观海一日游的行程中，旅游参与者早晨观东方日出，上午去海滨游泳，下午乘渔船出海，傍晚看夕阳西下，夜晚品极致海鲜，参加沙滩晚会，丰富的旅游活动内容使旅游参与者感到好景目不暇接，将注意指向和集中于旅游活动项目，心满意足地完成一天的行程。

注意的分散是指在注意需要稳定时，受到无关刺激的干扰或由单调刺激所引起，使注意的中心离开了需要注意的对象。注意的分散是当注意离开当前应当指向和集中的对象而把注意指向其他的对象时的心理现象。在旅游过程中，旅游者发生注意的分散会直接影响旅游的效果，在开放的环境中引起分心的因素很多，做好旅游活动安排，强化组织管理，吸引旅游者注意，避免由于旅游者发生注意的分散造成意外事件和降低满意度。

与注意对象相类似的刺激，比不相类似的刺激干扰作用更大，在同一旅游景点参观时，不同导游同时讲解相同的内容时，由于不同导游讲解风格的差异，导致旅游者往往很难将注意维持在同一导游的讲解上。同样的无关刺激，对知觉影响小而对思维影响大，在旅游乘车途中，旅游者看到其他车辆发生交通事故，虽然是很短的视觉刺激，但是会引起旅游者对交通安全的担忧。

在知觉过程中，视知觉受无关刺激影响小，听知觉受无关刺激影响大。旅游者在景区参观时，突然听到警笛声会比看到警车通过更易引起注意转移。“探究心理”促使听到警笛声的旅游者寻找声源，看看究竟发生了什么事情。使人发生兴趣的或强烈的影响情绪的刺激也会引起注意的分散，突发的强烈的笑声往往会引起人的探究反射，导致注意的分散。

人的注意的稳定性存在着个别差异和年龄差异，这种差异和个体的神经系统特点有关。儿童和老年人的注意稳定性较差，在旅游活动过程中儿童和老年人应得到特殊的关注，儿童易受环境因素变化影响而老年人感知觉能力下降，有的旅游者的注意不稳定易发生认知误差，易发生走失、误机、误乘旅游车等现象，旅游工作者须在旅游活动中多加提醒和强化信息的接受避免发生不愉快的事件。

2. 注意的广度

注意的广度也叫注意的范围，是指个体在同一时间内能清楚地把握对象的数量。

注意的广度即知觉的广度。实验表明：在 1/10 秒时间内，成人一般能注意到 8～9 个黑色圆点，或 4～6 个外文字母、3～4 个几何图形。导游员在介绍旅游景点时应确定感知的具体对象，不可同时介绍过多的景点内容，使注意的对象超过旅游者注视观察的范围，影响旅游参观的效果。

人的注意广度并不是固定不变的，影响注意广度的因素主要有知觉对象本身的特点与个体知觉活动的任务和知识经验两个方面。

知觉对象本身的特点越明显，知觉越集中于该对象，知觉的对象排列得越有规律，越能成为相互联系的整体，注意的范围就越大。同样的知觉对象，由于个体知觉活动的任务和知识经验水平不同，注意的范围也会有一定的变化。

如果个体知觉活动的任务多，注意范围就小；知觉活动的任务少，注意范围就大。在旅游参观过程中由于身处陌生环境而把注意力主要集中于参观游览上，旅游者对周围环境的注意较少，常常出现掉队、跟错导游员的事，导游员工作时为避免此类现象发生应持有特征鲜明的标志。

如果旅游活动的参与者知识经验丰富，注意范围就大；知识经验贫乏，注意范围就小。注意的广度随一个人的年龄增长而增长。随着一个人的经历的多样化注意的范围会不断扩大。注意的广度除了有同时广度外，还有继时广度，即一个人把握在时间上连续出现的刺激物的数量。旅游经验丰富的人往往注意的广度大，在旅游的过程中常常注意到更多的对象和细节，偏好新颖性明显的旅游活动使旅游乐趣大增。

3. 注意的分配

注意的分配是指个体在同一时间内把注意指向不同的对象。

实验表明：个体的注意先指向一个刺激物，而在稍迟一些时间，才指向另一个刺激物。可见当不同的刺激物同时发生作用并需要两个感官去感受时，要适当分配注意是相当困难的。在用餐时通知有关旅游活动的时间安排常常会劳而无功，就是由于人在就餐时的注意指向和集中在食物上，视觉、嗅觉和味觉成为知觉的中心活动，而通知的内容信息接收通过听觉进行，不同感官间不易发生注意的分配影响人对信息的知觉。

注意的分配表现为"一心二用"的心理现象，其实现条件为：首先，同时进行的两种活动中必须有一种是熟练地达到自动化的程度；其次，同时进行的几种活动之间的关联性关系的水平。

在用餐时，人们的使用食具的活动熟练达到自动化程度，进食顺利趣味盎然。但让一位西方旅游者使用中式筷子进餐时，由于不能熟练使用筷子夹取食物，其注意指向和集中在如何使用筷子，使用筷子的动作没有达到自动化程度就不能顺利完成进食活动。我们经常看到西方旅游者使用刀叉食用中餐的现象就是典型的解决注意分配困难的实例。

4. 注意的转移

注意的转移是根据新的任务，个体主动把注意从一个对象转移到另一个对象上，或由一种活动转移到另一种活动的现象。

注意的转移对于人的各种活动都是很重要的，不能灵活迅速地把注意从一种活动转向另一种活动，就会降低活动的效率，影响活动的顺利进行。飞行员在飞机起飞和降落的5～6分钟内，观察仪表和航路情况同时操纵飞机等过程中注意转移多达200次以上，这样才能保证飞机正常运行。

旅游者注意的转移取决于原来注意的紧张程度和引起注意转移的新对象的性质。原来注意的强度越大，活动的内容越引人入胜，旅游者注意的转移就越困难和越缓慢，反之，注意的转移就比较容易和迅速。

例如一天之内安排旅游者上午参观故宫博物院，下午参观天坛。由于故宫的建筑规模宏大、内容丰富，吸引力较大，而且这两个景点都以古代建筑景观为主，因此旅游者的注意经常不能很好地实现转移，会影响到下午参观天坛活动的效果。

如果新活动和任务符合旅游者的需要，则注意的转移就容易和迅速。例如一天之内安排旅游者上午参观故宫博物院，下午参观颐和园。由于故宫以规模宏大建筑的欣赏为主具有较强的压迫感，而颐和园以园林风光为主，园内景点有较强的舒适感，旅游者通过游览颐和园能够解除上午的压迫感，因此能轻松地很好地实现注意的转移，使一天的参观游览活动取得良好的效果。

若在新活动前事先发出注意转移的信号,使旅游者有初步的心理准备,注意转移起来就会比较容易。通常导游员在一天旅游活动结束时通知次日的活动安排,翌日出发时将当日旅游活动内容再次告知旅游者,从而顺利实现了旅游者的注意的转移,开始新的一天的旅游活动,避免了旅游者对日程安排了解不清导致的注意转移发生困难。

若旅游者是一个有高度责任感的纪律性强的个体,具备良好的生活和工作习惯,其注意的转移的质量往往较高。个体神经过程的灵活性强的个体较个体神经过程的灵活性弱的个体,注意转移的速度快。

在旅游活动中有的旅游者由于身处陌生环境会过度依赖导游员,常常出现懈怠的心理,导致注意的水平下降、感受能力弱化、易发生意外事件。因为每个旅游者的个性的不同会存在极大的注意转移差异,所以在旅游活动过程中导游员应时刻注意这种差异,采取不同的方法和途径开展工作吸引旅游者的注意力,保证旅游行程的正常进行。

(三)注意的功能

注意具有的指向和集中的基本特性决定了注意的主要功能,其主要表现在选择功能、保持功能和调节监督功能三个方面。

1. 选择功能

注意使个体在某一时刻选择有意义的、符合当前活动需要和任务要求的刺激信息,同时避开或抑制无关刺激的作用。注意的选择功能确定了心理活动的方向,明晰了注意对象,保证个体的心理活动能够次序分明、有条不紊地进行。在导游讲解活动中,导游员经常运用有声语言和体势语言促进旅游者选择参观的对象,明确欣赏观察的内容,达到游览景点的目的。

2. 保持功能

注意可以将个体选取的刺激信息在意识中加以保持,以便使心理活动对其进行深入加工,完成相应的任务。注意的指向性和集中性使旅游者将注意保持在所选择的对象上,持续不断地获取新的信息。例如在旅游者参观游览北京故宫博物院时,旅游者的注意保持在对故宫的建筑和规划的欣赏和了解上,在参观过程中获得有关故宫的知识,亲身体验皇家建筑的辉煌。注意的保持功能促进了旅游者顺利完成游览参观活动。

3. 调节监督功能

注意通过调节监督功能可以提高个体活动的效率,在注意集中的情况下,错误减少、准确性和速度提高。另外,注意的调节和监督功能保证注意的分配和转移活动的顺利进行,并使个体适应变化多端的环境。

在旅游者参观游览北京故宫时,注意的对象随着景点的变化而转移,注意的调节监督功能使得旅游者追随导游员,在导游员的引导下顺序参观和通过聆听导游员的讲解了解景点的意义,增进对皇家建筑和规划体制的认识。

(四)注意的种类

根据注意过程中有无预定目的和是否需要意志努力的参与,可以把注意分为无意注意、有意注意和有意后注意。

1. 无意注意

无意注意是指没有预定目的,也不需要意志努力的注意。无意注意一般是在外部刺激物的直接刺激作用下，个体不由自主地给予关注。在旅游车上的旅游者漫无目的地望着车窗外时，突然有人看到果园中的一片桃树灿烂开放的桃花，情不自禁地发出感叹声，于是引得车上的乘客不自觉地向窗外观望，就属于无意注意的心理现象。

无意注意更多地被认为是由外部刺激物引起的一种消极被动的注意，是注意的初级形式。人和动物都存在无意注意。虽然无意注意缺乏目的性，但因为不需要意志努力，所以个体在注意过程中不易产生疲劳。无意注意的产生与旅游者主体状态有关。旅游者在参观游览过程中，也可能无意间注意到许多事物。在旅游活动中丰富而富于变化的环境极易诱发旅游者的无意注意，导游员应充分利用旅游者的无意注意来组织游览活动，维持旅游者的积极心理状态。

2. 有意注意

有意注意是指有预定目的，也需要作意志努力的注意。在旅游活动过程中，旅游参与者的大多数心理活动都需要有意注意。旅游工作者从事旅游服务，旅游者进行参观游览活动，都是有意注意在发挥作用。有意注意是一种积极主动、服从于当前活动任务需要的注意，属于注意的高级形式。它受人的意识的调节和控制，是人类所特有的一种注意。

有意注意虽然目的明确，但在实现过程中需要有持久的意志努力，这容易使个体产生疲劳。在旅游活动中，导游员要明确旅游活动的目的，适当利用旅游者的有意注意来组织游览活动，增强趣味性，提高游览效果。

3. 有意后注意

有意后注意是指有预定目的，但不需要意志努力的注意。它是在有意注意的基础上，经过学习、训练或培养个人对事物的直接兴趣达到的。旅游者在旅游初期由于对所面临的陌生环境，以有意注意的形式为主对周围的事物观察了解，随着对环境的熟悉逐渐进入到有意后注意阶段，极大地提高了注意的效率。

例如，对书法有一定造诣的旅游者，在参观中国园林建筑时，不但关注宏伟高大的建筑，而且极易被门柱上的楹联吸引产生有意后注意，心理活动指向楹联的内容和书法特色，理解楹联的意思，辨认出楹联字体的风格，增加文化旅游乐趣。

在有意注意阶段，旅游者主体从事一项活动需要意志努力，但随着活动的深入，个体由于兴趣的提高或操作的熟练，不用意志努力就能够在这项活动上保持注意形成有意后注意。

例如，热衷于研究中国园林的旅游者，游览过苏州拙政园风光后，在观赏北京颐和园风光时会情不自禁将气派的皇家园林与柔美的苏州拙政园私家园林对比，高大辉煌的黄瓦红墙的皇家建筑与低矮实用的黑瓦白墙的民居房屋形成鲜明对照，对北京颐和园的皇家园林的风格留下格外深刻的印象。

有意后注意是一种更高级的注意。它既有一定的目的性，又因为不需要意志努力，个体在活动进行中不容易感到疲倦，这对完成长期性和连续性的工作有重要意义。有意后注意的形成需要付出一定的时间和训练，导游员在组织旅游活动时应正确认识旅游者有意后注意的形成过程，充分借助有意后注意开展工作。

例如，旅游者在参观过北京故宫房屋的方形建筑后，在天坛参观时会对祈年殿的圆形建筑予以特别关注，故宫的太和殿屋顶使用黄色琉璃瓦给人以辉煌的感受，天坛的祈年殿屋顶使用蓝色琉璃瓦令人产生明丽的印象，并对两类的建筑不同特点形成较深印象。

二、引起注意的因素

注意是一种心理状态，在许多心理活动中起作用。注意水平的高低直接影响旅游者的旅游效果。旅游者的注意及时转移到新的对象能够提高旅游质量，有利于顺利完成旅游任务。注意的指向性和集中性受到主观和客观多种因素的影响，有可能破坏旅游活动的正常进行。旅游者只有合理高效地保持注意力在旅游观赏对象上，提高关注度，才能保证获得良好的旅游效果。

（一）引起无意注意的因素

1. 客观刺激物的特点

（1）刺激物的强度

客观刺激物的强度是引起无意注意的重要原因。例如，汽车轮胎突然爆裂发出的巨响，夜间车灯的强烈光亮，汽车尾气的强烈刺激性的气味，都容易引起人的无意注意。所谓“酒香不怕巷子深”，就说明刺激物的绝对强度能够导致无意注意的产生。

另外，刺激物的相对强度在引起无意注意中也有重要意义。喧嚣的闹市中，大声地叫卖未必能引起别人的注意，但在安静的阅览室中小声交谈就可能引起别人的注意。“鹤立鸡群”“羊群里的骆驼”“万绿丛中一点红”等都是刺激物的相对强度引起无意注意的例证。

（2）刺激物的新颖性

外形新奇、功能独特的事物常会成为人们关注的焦点，是因为它们很容易引起人们的无意注意。当在我们以往生活中从未经历过的刺激物出现时，自然会引起无意注意，这是刺激物的绝对新颖性。例如，人们很容易注意到一个新设计的霓虹灯广告，在黑夜中其高亮度的图形、绚丽的色彩、不断变化的图案形成新颖的刺激。还有，各种已经熟悉的刺激物的独特组合也是引起人们无意注意的因素。在游乐园里人偶的行进表演，会吸引旅游者的关注的目光，就是刺激物的相对新颖性作用引起无意注意的发生的例证。

（3）刺激物的对比

刺激物在形状、大小、颜色和持续时间等方面与周围环境和其他刺激物对比强烈、差异显著时，很容易引起人的无意注意。

（4）刺激物的活动和变化

处于活动和变化状态的刺激物常会成为人们无意注意的对象。交通信号灯的变换，都市夜晚闪烁的霓虹灯，公路上疾驰而过的车辆都容易引起人们的无意注意。巨大的发光二极管显示屏播放广告图像，不断变动的新颖图片内容和强烈的色彩，刺激物的活动和变化极易引发人的无意注意。

2. 人的主观状态

客观刺激物并不是引起无意注意的唯一因素，旅游者由于主体状态的不同，有时在客观刺激物特点不明显的情况下也容易产生无意注意。

（1）个体的需要和兴趣

人们总是不自觉地对自己急需的或感兴趣的事物产生注意。一般说来，无意注意同人对事物的直接兴趣有关。一个喜欢收集旅游纪念品的旅游者，在旅游过程中就很容易注意到与之有关的商品和信息。

(2) 个体的情绪和精神状态

一个人情绪稳定、心情舒畅、精神饱满，就会对平时不经意的事物产生注意；相反，情绪低落、精神萎靡，或身体处于疾病、疲劳状态，就很容易对许多事物视而不见。旅游者的良好的精神状态是顺利完成旅游的保证，丰富的旅游观览内容、优质的旅游服务能使旅游者感到愉快，促进旅游者享受旅游的过程，提高注意水平。

(3) 个体的知识经验

在社会生活中，由于个体的职业和爱好不同，使得各自的知识经验不同，而与人的知识经验相关联的事物更容易进入注意的范围。在参观八达岭长城时，建筑工作者更多地注意其建筑材料和构筑方式，军事爱好者会注意其中的军事布局和防御设施，历史工作者会注意其历史地位和历史事件等。

(二) 引起有意注意的因素

有意注意需要意志努力，因此，个体容易产生疲劳，影响活动效率。了解有意注意产生和维持的条件，才能保证个体各种心理活动的顺利进行。

1. 旅游活动的目的和任务

有意注意的重要特征是有明确的预定目的。个体对活动目的理解得越清楚、越深刻，完成任务的愿望越强烈，也就越能更好地实现注意的维持和调节作用。心理学实验表明，当被试对活动要求不明确、目的不清楚时，常容易分神，不能长时间维持有意注意。所以，当导游员引领旅游者游览某一景点前，须事先向旅游者介绍一下有关此景点的情况，说明参观游览价值，激发旅游者的有意注意，使参观游览活动顺利进行。

无意注意的产生主要是由于刺激物的特点和活动过程本身激发起的直接兴趣引起的，而对活动结果产生的间接兴趣则是维持有意注意的重要条件。个体的间接兴趣越稳定，活动过程中的有意注意也容易产生和维持。参观八达岭长城时鼓励旅游者攀登长城，"不到长城非好汉""机会就在眼前"，导游员能让旅游者意识到攀登长城的意义，调节情绪保持精神饱满，通过登城亲自了解长城的历史军事价值，形成高水平的有意注意。

2. 旅游活动过程的组织

旅游心理学研究表明，形式单一、内容枯燥的旅游活动容易使人疲劳厌倦，造成分心和注意的转移。在旅游过程中安排形式多样、内容活泼的活动是维持旅游者有意注意的有效方法。经验丰富的导游员常常组织旅游者参加体脑并用互动促进和预置悬念的游戏、比赛增强旅游者的注意力，提高旅游效率，在组织游览活动时变换各种方式吸引旅游者的注意力，必要时的用言语提示旅游者集中注意力，顺利转入新的活动项目。

3. 内外因素的干扰

有意注意进行中常会受到干扰，干扰分为外部干扰和内部干扰。外部干扰可以是与旅游活动内容无关的听觉或视觉的或其他的外部刺激，内部刺激包括主体生理上的疲劳、疾病以及心理上消极的情感和情绪。有些旅游者在游览过程中情绪会被与游览无关的琐事所干扰，从而影响游览效果。内外干扰越多，个体维持有意注意就越困难。

个体的意志力水平同抗干扰能力有密切关系。因此,导游员要有意识地调节旅游者的注意力,尽可能地使他们不受内外干扰因素的影响,维持旅游者的有意注意,对于成功组织旅游活动是非常重要的。

三、注意规律在旅游业中的应用

注意这一心理状态对于旅游活动的参与者在旅游过程中的作用是相当重要的。作为旅游活动的组织者,要了解注意规律,并将其应用于旅游行业工作之中,开拓旅游市场,设计旅游产品,提高旅游服务质量。利用注意规律增进经济效益和社会效益,有人称之为"注意力经济"或"眼球经济",引起注意是消费者进行旅游产品消费决策的第一步。

(一) AIDMA 法则

1898 年由美国广告学家刘易斯最先提出。AIDMA 法则的含义为: A(attention)引起注意,I(interest)产生兴趣,D(desire)激发欲望,M(memory)强化记忆,A(action)促成行动。

AIDMA 法则,是指在受众从注意到广告,到发生购买行为之间,动态式地引导其心理过程,并将其顺序模式化的一种法则。引起受众注意是旅游广告成功的心理基础。将这一法则运用于旅游产品的推销中,其实旅游行为本身也是一种广告。其过程是: 首先受众注意(attention)到该广告,其次产生兴趣(interest)而阅读下去,再者产生想身临其境的欲望(desire),然后记住(memory)该广告的内容,最后产生旅游行为(action)。这种由注意开始引导消费者参加旅游活动的系列心理变化,就称为 AIDMA 法则,如图 4-1 所示。

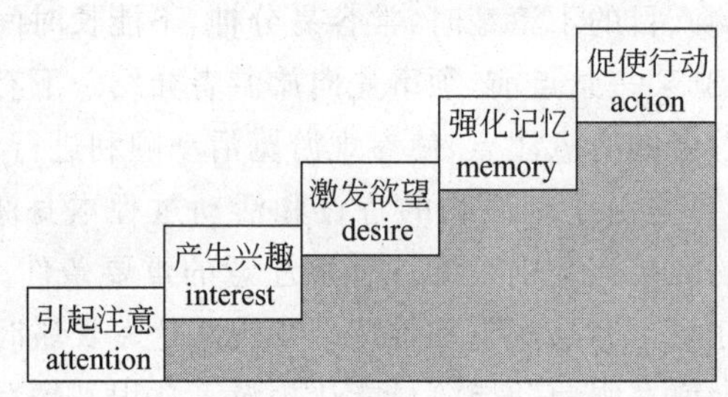

图 4-1　AIDMA 法则

AIDMA 法则的内容分析。

A: attention(引起注意)——广告牌、宣传册上的广告词、图片,广播的声音等是被经常使用的引起受众注意的方法。

I: interest (产生兴趣)——在形成注意的基础上,一般使用精制的彩色图片、有关景点风光的录像宣传片、现场讲解等刺激方式引发受众对旅游产品的兴趣。

D: desire(激发欲望)——独具特色,新、奇、美、怪的旅游产品配以优美的游览环境,不同文化背景提供的心理享受,丰富的旅游内容,适宜的价格促使受众形成美好想象,引发受众的旅游欲望。丰富的旅游资源和优质的旅游服务所形成良好的口碑,使旅游者形成偏爱和信任,更能唤起再次旅游的欲望。

M: memory(强化记忆)——对于强化受众的记忆,必须强调旅游产品的特色及其唯一性。把一种旅游产品的特色与其他旅游产品进行详细的比较和说明,会进一步加强受众的记忆。购买旅游产品的受众成为旅游者，参与旅游活动的亲身经历会形成完整美好的记忆，这样形成的记忆是其他方式无法替代的。

A：action（促成行动）——从引起注意到实现旅游的整个过程，旅游产品的特色起着决定性的作用，旅游产品给旅游者带来的利益是受众关心的核心内容。促成行动的实质就是在注意的基础上，引发受众对旅游产品的兴趣，形成对旅游产品美好的想象，通过接受不同的信息形成记忆，再经过一番消费决策过程最终形成旅游行为。

（二）引起受众注意的策略

1. 新异性策略

新鲜而怪异的刺激才能引起消费者的注意。大多数旅游广告以表现旅游地的优美风景、舒适环境为诉求点。

例如，我国云南四川交界的“高原明珠”泸沽湖地区被称为人类文明的“乌托邦”，是你梦中的“香格里拉”，居住在泸沽湖畔的摩梭人的母系民族文化独具特色，被称为“东方女儿国”，走婚习俗引起的好奇心极大地促进了人们旅游欲望的形成。

2. 活动性和变化性策略

运动或变化的物体比静止的物体更容易引起受众的无意注意。夜晚街道上闪烁的霓虹灯图案就很容易引起人们的注意。在推广旅游产品时采用现场制作的方式引起注意，如现场炒茶、当众织布、亲手制陶等，形成的旅游纪念品维持了受众更长时间的注意。

3. 对比性策略

当刺激与周围环境的景物形成明显反差时，容易产生很强的吸引力。例如“万绿丛中一点红”，就是在绿色背景下，一朵红花更容易惹人注意。在广告中用不同的语速和音调，造成与平常不同的播音效果就会引起听众注意。

4. 艺术性策略

导游员的讲解充满悬念、构思巧妙、情节动人、内容丰富，给旅游者以美的享受，更能引发旅游者的积极情绪，引起旅游者注意。旅游企业应增强旅游产品的艺术性，引起旅游者的注意，增进对旅游产品的兴趣。例如，天坛建筑规划体现的天圆地方观念，皇穹宇的“回音壁”构造的艺术性，都充满了对旅游者的吸引力。

5. 增大重复率

导游员讲解关于某一主题时，增加该主题的出现频率，可以增加旅游者的注意机会。中国传统园林建造强调“师法自然，天人合一”的原则，导游在讲解过程中利用不同的园林景观重复和强调“师法自然，天人合一”的原则，有助于保持旅游者注意的稳定性，增进其对中国传统园林“师法自然，天人合一”的原则的认识，形成良好的记忆。但是，重复并不是对同一对象、同一内容的简单重复。同一旅游产品主题可以利用不同的手段在不同时段进行反复宣传，但重复必须适度，否则会让旅游者产生厌烦的情绪。

6. 设置悬念

在旅游讲解过程中，导游员在导游讲解词中设置悬念，通过悬念诱发旅游者兴趣，逐步充实和完善内容信息，使旅游者在好奇心的驱使下更加注意观览对象，将无意注意转向有意注意，并加深记忆。例如，在讲解紫禁城的宏大规模时，导游员采用设置如下悬念的方法可以提高旅游者的好奇心和兴趣，利用悬念引起旅游者的注意。

据统计紫禁城共有九千多间房屋，建筑规模宏大，先假设有一位刚刚出生的女婴被送入紫禁城，再假设这位女婴每天换一间房屋住宿，当她把紫禁城中的所有房屋住过一遍后，当初的女婴已成长为25岁的女青年。

7. 增强趣味性

旅游者对旅游产品感兴趣，或旅游内容与旅游者的利益相关，能促使旅游者进一步去探寻信息。

增强旅游产品趣味性可以引发旅游者对旅游产品的注意。幽默的手法在这方面经常被使用。当旅游者乘坐的汽车在颠簸不平的道路上行驶时，导游员的“现在开始进行十分钟的免费按摩”的幽默语言既消除了由于车身摇晃带来的不快，又提醒车上的旅游者注意安全。幽默的语言受旅游者欢迎，这种语言能增强旅游者的注意，产生对旅游产品的积极态度，留下难忘的印象。幽默语言的表达要考虑旅游者具体的文化背景、生活习惯、行为方式的差异，不要弄巧成拙，引发旅游者的不满。

8. 逆反性

菲律宾旅游业人士声称在菲律宾观光有令人开心的“十大危险”：小心购物太多，因为这里的货物便宜；小心吃得过饱，因为这里的食品物美价廉；小心被晒得一身古铜色，因为这里阳光充足；小心潜入海底太久，记住勤出水换气，因为这里的海底世界特别瑰丽；小心胶卷不够用，因为名胜古迹太多；小心上山下山，因为这里的山光云影常使人顾不了脚下；小心爱上好客友善的菲律宾人；小心坠入爱河，因为菲律宾的姑娘实在热情美丽；小心被亚洲最好的餐馆宠坏；小心对菲律宾着迷而舍不得离去。“十大危险”的说法从反面强调了在菲律宾旅游的快乐，真是出奇制胜。

9. 增强侧重性

由于民族、语言、社会、文化背景的不同，世界各国旅游者的旅游需要也不尽相同，香港的旅游业因此针对不同地区的旅游者，采取不同的宣传的策略。对日本旅游者，宣称旅游者只要付出能力之内的花费，便可拥有一流的享受和旅游乐趣；对北美和欧洲旅游者，强调香港的东方神秘色彩，以及现代化社会里的中国传统生活方式；对亚洲其他国家和地区，就突出宣传香港国际大都会的优越环境，称其饮食、休闲、购物和观光多姿多彩，是个非常适合举家同游的好去处。

第二节　旅游活动中的感知觉过程

旅游活动中的知觉过程十分重要，旅游者的知觉水平可以影响旅游活动的效果。旅游者对外界的认识和对自身心理变化的了解，是通过人的感知觉通道实现。知觉是认知过程的一个重要阶段，它与感觉、注意、记忆等形成了人类其他心理活动的基础。

旅游心理学的研究成果表明，旅游者在旅游决策阶段形成对旅游目的地的想象，旅游需要和旅游动机的形成都与旅游者知觉过程中接收的信息及知觉者自身的心理特点密切相关，旅游过程中的消费行为以及旅游效果评价的完成等，也都是在知觉过程作用下发生的。总之，研究知觉过程可以准确地理解旅游参与者的心理和行为。

一、感觉

感觉的实现是人认识世界的第一步，所以感觉是人类心理现象产生的基础。人对客观世界的认识过程，是从感觉开始的。

（一）感觉的含义

感觉是人脑对直接作用于感觉器官的客观事物个别属性的反映。感觉是知觉的基础。人生活在一个现实的世界中，其环境和自身几乎每时每刻都有许多刺激作用于人的感官，从而会产生许多感觉。人借助于感觉对直接作用感觉器官的事物做出反应，感知事物所具有的各种不同属性，如通过视觉反映不同的颜色、通过嗅觉获得刺激物的气味特点、通过皮肤感觉客观事物的光滑和粗糙程度等。

感觉也使人知道自己身体所发生的变化，如通过平衡觉和运动觉反映躯体的运动状况和空间位置、通过机体觉反映机体内部器官的工作状况等。人的一切较高级和较复杂的心理现象，都是在通过感觉而获得的材料的基础上加工产生的。感觉是人关于世界的一切知识的源泉。

感觉分外部感觉和内部感觉。外部感觉包括视觉、听觉、嗅觉、味觉和皮肤感觉等，内部感觉包括机体觉、平衡觉和运动觉等。

（二）感觉的适应性、对比性和联觉

1. 感觉的适应性

刺激物对感受器的持续作用，使感觉器官的敏感性发生变化的现象，叫作感觉的适应。感觉的适应是普遍存在的感觉现象。入芝兰之室，久而不闻其香；入鲍鱼之肆，久而不闻其臭。这两句话表明的就是嗅觉的适应现象。

视觉的适应可分为暗适应和明适应两种。人从明亮处进入已熄灯的电影院，开始什么也看不清，过一段时间，就能分辨物体的轮廓，这是暗适应。相反，人离开电影院，到光亮处，开始感觉耀眼发眩，什么都看不清楚，稍过几秒钟就能看清周围的物体，这是明适应。人刚穿上大衣时会觉得比较沉重，过几天沉重的感觉就消失了，表明肤觉适应的存在。听觉和痛觉的适应不太明显，是因为人对刺激性的声音和疼痛很难适应。

2. 感觉的对比性

同一感受器官在不同刺激物的作用下发生起伏波动的现象，叫作感觉的对比。感觉的对比分为同时对比和继时对比两种。同时对比现象发生于几种刺激同时作用于同一感觉器官时。例如，白色对象在黑色或灰色背景下，人的感觉不同，前者明亮，后者暗淡。又如白昼看不到繁星、闹市听不清其他人话语等都属于同时对比现象。不同刺激先后作用于同一感觉器官，产生继时对比现象。例如，人先吃糖紧接着吃醋会感觉醋更酸，先吃杨梅再吃苹果则感觉苹果更甜。

3. 感觉的联觉

一种感觉引起另一种感觉的现象叫作联觉。它是感觉相互作用的一种表现。例如听

到马头琴声，人们就好像看到了茫茫草原，这就是一种视听联觉。联觉的形式很多，最突出的是颜色的联觉。不同的颜色能使人产生不同的感觉，是人长期的经验积累的结果，有助于提高人对事物认识的效率。

“巍巍乎志在高山，洋洋乎志在流水”表现的就是通过视听联觉，形成美好的感受。颜色感觉有冷暖、轻重、明暗、清浊之分，不同的颜色还可以使人感到酸、甜、苦、辣之味。颜色通过人的视觉，影响人们的思想、感情及行动，包括感觉、知觉、记忆、回忆、想象、联想等。旅游活动中园林建筑、城市景观、高山森林、碧海蓝天的不同颜色，其中蕴含的情感与象征性对旅游者是十分重要的。

二、知觉

知觉是建立在感觉基础之上，通过经验整合的对事物整体属性的反映，是进入更高一级的心理活动的阶梯。旅游活动为旅游者提供丰富的感知觉对象，旅游者亲身参加旅游活动，通过感知觉形成对旅游产品的认知，在其他心理功能的共同作用下完成旅游消费活动，获得独特的个性化的旅游经历和体验，形成对旅游对象的美好记忆。

（一）知觉的含义

知觉是直接作用于感觉器官的事物的整体在人脑中的反映，是人对感觉信息的组织和解释的过程。知觉是比感觉更为全面的认识世界的过程，确切地说，知觉是解释个体感觉到的信息，通过意识加工使环境对象组织化和次序化并赋予意义的过程。

知觉是人脑对直接作用于感觉器官的客观事物的整体属性的反映。人分别对橘子的颜色、气味、形状等个别属性进行的反映，是感觉；而通过这些感觉的整合认知所反映的对象是一个橘子，确认该事物是一种能吃的水果，就是知觉。知觉是在感觉的基础上形成的，是人脑对直接作用于感觉器官的客观事物的各个部分的属性关系和整体属性的反映，是对感觉信息的整合和解释。

在现实生活中，人很少只是把握某一个事物的单一属性，而总是要把通过感觉所得到的有关事物的各个属性整合起来并加以理解，以求真正把握这一事物。当人认知一个苹果时，既通过视觉观察到它的形状和颜色，也通过味觉感受到它的味道等特性，然后把所得到的感觉信息整合起来，就构成了人对苹果的基本认知，这个信息整合过程就是知觉。

知觉与感觉的不同在于，感觉是对客观事物的个别属性的反映，而知觉是对客观事物的整体反映。白色是感觉，而一片白茫茫的雪地就是知觉。一声巨响是感觉，一声春雷则是知觉到春季的到来。纯粹的感觉是没有意义的，只有把它与具体的事物联系在一起才有意义，如看到一面白墙或听到一声鸟鸣都是知觉。人与客观事物接触产生的都是知觉，很少维持在感觉水平。知觉对人的心理和行为具有重大意义，提供人认识世界的有效途径。

知觉来自人的后天的社会生活，是人的主体与客体相互作用积累的经验。知觉是人与环境相互作用的唯一接触点，是思维的“窗口”，是一切心理活动的基础。相关研究成果表明：刚出生的婴儿既不能把握物体的远近、大小，也没有关于时间的概念。这些知觉是随着人的实践活动发展起来的，并在后天生活中不断地积累才发展完善起来的。

知觉是比感觉更为全面的认识世界的过程，确切地说，知觉是解释个体感觉到的信息，使环境对象组织化和规定次序并赋予意义的过程。知觉要经过生理和心理的两个历程。当旅游者在感知某一事物时，首先要通过感觉器官（如眼、耳等）感知对象（生理历程），其次在头脑中形成一种印象（单一属性），最终将通过不同感官所获得的相应感觉与已有的经验结合起来，经过选择和组合就形成了一个有意义的心理画面，呈现在旅游者的“知觉世界”。世界上不存在两个人所知觉到的世界是一模一样的，知觉是因人而异的与人的主体的个人经验密切相关。

知觉和感觉都是人脑对直接作用于感觉器官的客观事物的属性的反映。感觉是知觉的基础，知觉通过对不同感觉器官获得的信息进行加工形成对事物的特定认识。感觉是人的最基本的自动的心理活动，知觉是比感觉高一级的心理活动，可以自我控制与培养。

知觉是对感觉属性的概括，是对不同感觉通道的信息进行综合加工的结果，所以知觉是一种大脑对信息进行概括的过程。知觉对通过感官获得的客观事物的各个属性的关系进行加工，得到有关事物的整体属性的反映。提供丰富全面的感官刺激，提高旅游者对旅游对象的知觉水平，有助于其享受山光水色、林海雪原、白墙灰瓦、小桥流水、亭台楼阁带来的美感，丰富旅游者的个人体验和经历。

知觉是高一级的心理活动，包含有思维的因素。知觉要根据感觉信息和个体主观状态所提供的补充经验来共同决定反映的结果，因而知觉是人主动地对感觉信息进行加工、推论和理解的过程。可以说，感觉是知觉的基础，知觉是感觉的深入，是更高一级水平的心理活动。感觉是人的最基本的自动的心理活动，知觉是人的高级心理活动，可以自我控制与培养。

（二）知觉的种类

根据不同的标准，可以对知觉进行不同的分类。根据知觉过程中起主导作用的感官的特性，可将知觉分为视知觉、听知觉、嗅知觉、味知觉和触摸知觉等。根据知觉是否正确，可将知觉分为正确的知觉和错误的知觉。根据知觉对象的不同，可将知觉分为物体知觉和社会知觉。而与旅游活动联系紧密的有空间知觉、时间知觉、运动知觉、错觉、社会知觉等。

1. 空间知觉

空间知觉是个体对客观世界三维特性的知觉，具体指物体的大小、距离、形状和方位等在人的头脑中的反映。空间知觉是一种较复杂的知觉，需要人的视觉、听觉、运动觉等多种分析器的联合活动来实现。在旅游活动中，空间知觉具有重要的作用。下台阶时，没有形成准确的空间知觉，不知道有几个台阶、每个台阶有多高，人就容易摔倒。没有良好的方位知觉，旅游者在游览时就很容易迷路。

空间知觉包括形状知觉、大小知觉、深度与距离知觉、方位知觉等。

（1）形状知觉

形状知觉是指对物体的轮廓和边界的整体知觉。形状知觉是人类和动物共同具有的知觉能力，但人类的形状知觉能力比动物的更高级，因为人类能识别文字和符号。形状知觉是靠视觉、触觉、运动觉来实现的。旅游者通过物体在视网膜上的投影、视线沿物体轮廓移动时的眼球运动、手指触摸物体边沿等，产生形状知觉。

（2）大小知觉

依靠视觉获得的大小知觉，决定于物体在视网膜上投影的大小和观察者与物体之间的距离。在距离相等的条件下,投影越大,则物体越大;投影越小,则物体越小。在投影不变的情况下,距离越远,则物体越大;距离越近,则物体越小。大小知觉还受个体对物体的熟悉程度、与周围物体的参照的影响。由于存在知觉的恒常性,人对熟悉的物体的大小知觉不随观察距离、视网膜投影的改变而改变。对某个物体的大小知觉也会因该物体周围参照物的不同而改变。

(3) 深度知觉

对物体距离和深度的判断可以依据的线索很多。例如,通过视知觉观察,看起来小的物体似乎远些,大的物体似乎近些;被遮挡的物体远些,没有被遮挡的物体近些;远处的物体看起来模糊,近处的物体看起来清晰;远的物体显得灰暗,近的物体色彩鲜明;看近物时,双眼视线向正中聚合,看远物时,双眼视线近似平行等。同时,人可以通过双眼的共济运动形成深度知觉。

(4) 方位知觉

方位知觉能力是后天形成的,个体依靠视觉、听觉、运动觉等来判断方位,形成对东西南北、前后左右、上下等的知觉。依靠视觉进行方位判断必须借助参照物。参照物可以是自己的身体、太阳的位置、地理事物、地平线等。不同方位辨别由易到难的次序分别是上、下、后、前、左与右。由于人的两只耳朵分别在头部的左右两侧,因此同一声源到达两耳的距离不同,两耳所感知的声音在时间上、强度上存在差别,据此个体也能依靠听觉进行方向定位。

2. 时间知觉

时间知觉是个体对事物发展的延续性和顺序性的知觉,具体表现为对时间的分辨、对时间的确认、对持续时间的估量、对时间的预测。时间,既没有开始也没有结束。生活中人对时间的知觉,既可以借助于太阳的东升西落、月的圆缺、四季变化等自然界的变化,也可以借助于生活中的数数、打拍子、节假日、上下班、睡眠和觉醒等具体事件或自身的生理变化,还可以借助于时钟、日历等计时工具。

时间知觉是人对客观世界的主观印象,也必然受到主客观因素的影响。受主观因素影响,在不同的心理状态下,人对时间的估计有很大差别。研究表明,在悲伤的情绪下,人们在时间估计方面会出现高估现象,“度日如年”;在欢快的情绪下,在时间估计方面会出现低估现象,山中方一日,世上已千年。

旅游活动内容不同会影响旅游者对时间的知觉,在一段时间里,旅游活动内容充实有趣,旅游者会觉得时间过得快,倾向于把这段时间估计得短些,而旅游活动内容单一无趣,旅游者就会觉得时间过得慢,对这段时间估计得就要长些。

旅游工作者了解旅游者在旅游过程中的时间知觉规律是非常重要的,在安排旅游活动时应注意旅行时间要短、游览时间要长,即是“游长行短”原则。贯彻“游长行短”原则,也就是安排旅游者游览过程要尽可能放慢速度,而花费在旅途的时间要尽可能短,通过旅游工作者的巧妙安排,使旅游者得到良好的旅游效果。

“游长”即是要求旅游工作者在安排游览内容时,参观过程时间要尽可能长些。旅游者外出旅游的真正目的就是为了游览风景名胜、历史古迹等,实现“饱眼福”的期望。安排足够的游览时间,才能保证旅游者的游览质量。游览内容越丰富,旅游活动对于游览者来讲就越具魅力,就越能使人们忘却时间的流逝,达到流连忘返的境地,这也正是旅游的价值所在。

“行短”即是旅游工作者在安排游览路线时，应尽可能缩短时间长度和空间距离，并在旅途中安排一些有趣的活动，因为旅途这段时间对于旅游者来讲是最没意义的。在途时间越长，旅游者的疲劳感也越强，直接影响到旅游活动的质量。同时，由于在途时间长必然减少游览时间长度，导致“拉练式”“走马观花”的旅游效果，大大降低了旅游的乐趣和旅游者的享受水平。

还有，旅游工作者提供交通工具要准时。旅游者在搭乘交通工具过程中最担心的就是安全和准时两个问题。而在确保安全的情况下，交通工具能否准时就显得尤为重要。因为准时能保证旅游者按照计划去安排时间和活动，否则就会将原定计划打乱，使其产生烦躁乃至愤怒情绪，直接影响旅游的效果并可能导致投诉，严重者会引起与相关部门的纠纷，直接影响后续的旅程活动。

3. 运动知觉

运动知觉是指物体在空间的位移特性在人脑中的反映。物体的运动和静止是相对而言的，物体运动速度太慢或太快都不能使人产生运动知觉。人不具备专门感知物体运动的器官，对物体运动的知觉是通过多种感官的协同活动实现的。当人观察运动的物体的时候，如果眼睛和头部不动，通过视觉，物体在视网膜上成像的连续移动，从而产生运动知觉。如果用眼睛和头部追随运动的物体，这时视像虽然保持基本不动，但是通过眼睛和头部运动线索的动觉信息也可以产生运动知觉。如果所观察的是固定不动的物体，即使转动眼睛和头部，也不会产生运动知觉，因为眼睛和颈部的动觉抵消了视网膜上视像的位移知觉。

4. 错觉

顾名思义，错觉就是人对客观事物不正确的知觉。错觉是一种特殊的知觉，由于其产生的原因是外界的客观刺激，因而不是通过主观努力就可以纠正的。错觉不存在个体差异。发生在同一感觉通道的错觉有视错觉、听错觉、嗅错觉等，发生在不同感觉通道间的错觉有形重错觉、视听错觉、运动错觉等。

最常见的错觉是视错觉。如图 4-2 所示，中间部分根据人的经验，通过完形作用倾向于看成是一个三角形，其实并没有出现三角图形。如图 4-3 所示，看起来周围由多个小圆围绕的中间的圆比周围由多个大圆围绕的中间的圆大一些，但实际上这两个圆的大小相同。如图 4-4 所示，中间两条线是平行的，但看起来是弯曲的。

图 4-2　主观轮廓

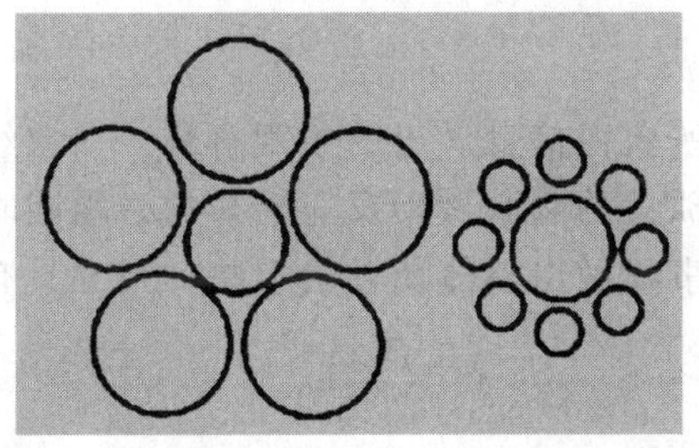

图 4-3　艾宾浩斯错觉

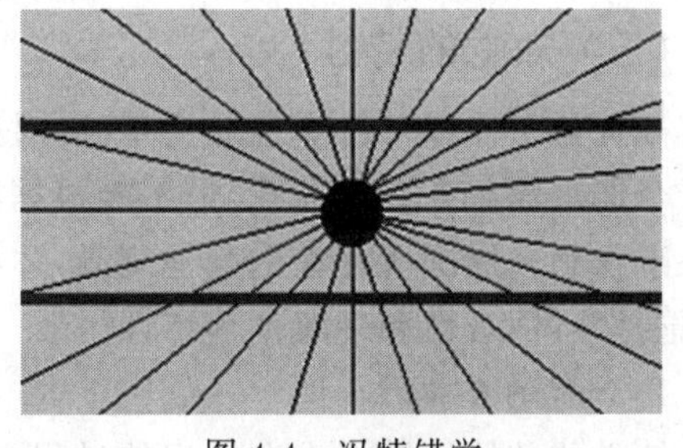

图 4-4　冯特错觉

听错觉的出现与刺激和人的自身状况有关,利用仪器使左边来的声波先进人的右耳,会使人觉得声音是从右边来的。当人一侧的耳重听时,对从正后方声源发出的声波会被不重听一侧感知,而误认为声源在不重听一侧,导致对声源方位的判断失误,遇到突发情况时,会产生错误的避险行为。

嗅错觉是人把一种气味知觉为另一种气味。例如,人把松节油的气味闻成油漆味,误认为房间刚刚装修完;把化工产品的乙烯的气味误认为是苹果的果香味而去寻找真实的苹果;在客房里喷洒空气清新剂,会使人觉得有如身临草原,产生愉快的感觉等。

形重错觉是指人对形状、大小与重量之间关系的错误知觉。例如,1 千克铁和 1 千克棉花的物理重量相同,但人用手提起进行比较时,会觉得 1 千克铁比 1 千克棉花棉花重得多。

视听错觉是指对视听觉得到的信息的错误知觉。例如,人在看着台上做报告的人时,会觉得声音是从前边传过来的,闭上眼睛听时则发现声音是从旁边的音箱中传来的。雷鸣电闪同时发生,由于光和声的传播速度不同,人会因先看到闪电后听到雷声而误认为先打闪后打雷。

运动错觉是指由于感觉的波动性导致的似动效应。例如在桥上俯视桥下的流水,久而久之,人就产生好像身体和桥在摇动的感觉等。

中国的园林景观常常利用人的错觉增加审美效果,尤其是在构造园林景观时常常利用人的错觉,起到渲染风光和突出景致的作用。园林布局中的假山和流水都是通过缩短视觉距离的办法,将观览者的视线限制在很近的距离之内,视野范围内只有假山和流水景观,没有其他参照物存在,于是,山就显得高了,水就显得长了,形成“山高水长”的心理效果。现在的许多现代化游乐设施也常常利用人的错觉提供丰富多样的娱乐项目,给旅游者带来或神奇,或惊心动魄的娱乐效果。

5. 社会知觉

社会知觉是指个人在社会环境中对他人(某个个体或某个群体)的心理状态、行为动机和意向(社会特征和社会现象)做出推测与判断的过程。在旅游活动中,社会知觉占信息知觉总量的绝大部分。旅游业是服务行业,在旅游活动中存在大量的服务类产品,旅游服务工作者和旅游者之间的人际交往的社会知觉占据了旅游服务活动的中心。

旅游服务工作者和旅游者之间保持良好的人际关系,实现准确的社会知觉能够促进旅游服务质量的提高。旅游服务工作者和旅游者之间社会知觉的结果决定了双方是否相互喜欢与喜欢的程度,决定了双方交往的行为模式,也决定了双方彼此间当时和未来的关系,最终决定了旅游活动的效果。

(三) 知觉的特性

知觉是个体以其已有经验为基础,对感觉所获得信息做出的主观解释。知觉经验有助于个体迅速感知事物存在,但不能根据物体孤立的刺激做出反应。知觉必须同时受到对象事物和其周围所存在的其他刺激,才能对事物做出整体属性的反映。知觉具有整体性、选择性、恒常性和理解性等特性。

1. 知觉的整体性

知觉的整体性是指人在认识的过程中,把事物的多种属性知觉为一个统一整体的能力。在对苹果的知觉过程中，尽管知觉对象是具有能产生视、听、嗅、味、触压觉等复合刺激，具有多方面的不同特征，但是人通常不会把一个苹果分割成各个孤立的部分来认识，而总是把多方面的感知信息联系在一起并视为一个整体来知觉。

例如，旅游者到北京旅游，不仅会关注北京城市的风景名胜，留意沿途所见的市容市貌，了解当地的风土人情，也会留意北京市旅游从业人员的言行举止，出于知觉整体性的作用会把在北京旅游活动的过程知觉成为一个整体，形成对北京整个城市的总的整体印象。

2. 知觉的选择性

知觉的选择性是指知觉在一定的时间内并不感受所有的刺激，而仅仅指向能够引起注意的少数刺激物。知觉的选择性揭示了人对客观事物反映的主动性。在旅游活动中，人们总是按照某种需要，主动有意识地选择部分旅游地或旅游景点作为知觉对象，或无意识地被某一旅游景点所吸引。

古人云：仁者乐山，智者乐水。山水并存，“乐山”或“乐水”，取决于人的知觉选择。不同类型的旅游者，由于其旅游需要的不同，在旅游活动中所选择的知觉对象就有所不同，有人关注奇山异水、有人聚焦人文古迹、有人喜欢闲暇舒适、有人偏爱冒险性强的旅游项目，充分体现了知觉的选择性作用。

3. 知觉的恒常性

知觉的恒常性是指当知觉的条件发生变化时，知觉的映像仍然保持相对不变。知觉的恒常性使人们在变化的条件下，依然能够按照事物的实际面目反映事物，从而有效地行动。知觉的恒常性主要受个体的知识和经验影响。知觉的恒常性对旅游活动有很大作用。如果知觉不具有恒常性，那么个体适应环境的活动就会更加复杂。旅游者在旅游活动中要尽量满足精神和物质生活享受上的非日常性特点。由于不断地接收新的感知对象的刺激，旅游者在旅游活动中可以增长见闻、满足好奇心。

旅游目的地的食、住、行等物质生活条件，通常按照当地社会居民的生活原样提供给旅游者，让他们去感知、去适应。除极少数的民族风情旅游者以外，多数旅游者由于离开惯常环境会很不适应新环境，致使整个旅程始终处于紧张的心理状态中，势必会影响旅游效果。

为了解决这一问题东京迪士尼乐园和海乐园的酒店、餐馆等旅游接待设施都是“外旧而内新”，即酒店的外观是仿近代的欧洲城堡建造，保持了旅游者对建筑的恒常性的感知，增加了亲切感，成为主题公园的一道独特景观，而其内部则装修成豪华而舒适的具有非日常性特点的酒店。

4. 知觉的理解性

知觉的理解性是指人们借助已有的经验知识，在思维的参与下，对知觉对象加以理解和解释的过程。理解性使人的知觉过程更加迅速，节约感知的时间和工作量，同时也使知觉对象更加准确完整。知觉者对所知觉的事物对象的知识和经验越丰富，对该事物的知觉就越富有内容，对它的认识也就越深刻。对于某个名胜古迹的建筑特色及其一砖一瓦，一个有经验的建筑设计专家要比一般人对该建筑构造和砖瓦性能有更深刻的认识。

三、旅游知觉的影响因素

知觉是主体对客体的感知过程。因为知觉具有整体性、选择性、恒常性、理解性等特性,所以必然会受到知觉对象本身的特点和知觉者本人特点的双重影响。影响知觉的因素同时来自客观和主观两个方面。

(一)影响旅游者知觉的客观因素

影响旅游者知觉的客观因素是多种多样的,既有知觉对象本身的因素,也有对象和背景间的关系因素,能够影响旅游者知觉的客观刺激物具有如下的一些特征。

1. 知觉对象的刺激强度

客观刺激物的刺激强度达到一定程度,才会引起旅游者的知觉。旅游者在旅游过程中总是处在一个错综复杂的感知环境,各种感知对象作为刺激因素交织在一起,并不是所有对象都能引起旅游者的注意成为知觉的对象。

当客观事物的刺激没有达到一定的强度,不具有独特的形象或突出的属性,就不能有效地引起旅游者的感觉器官的反应,也就不会引起旅游者的注意,因而也就不能被知觉到。旅游刺激物的刺激强度越大,越容易引起旅游者的知觉。

一块古色斑斓的碑刻,放在陵墓、寺院或园林中,由于其异质性大、刺激强度高,很容易被旅游者知觉到。但是把它放在著名的西安碑林,由于其同质性高、与其他碑刻的相似性降低了刺激强度,导致旅游者就不太可能注意到它了。在旅游活动中,奇峰异石、寂静森林、幽静田园、山光水色、异域风情等,都能以较大的刺激强度引起旅游者的注意,而被纳入知觉世界,从而在旅游者头脑中留下清晰、深刻、美好的印象。

2. 知觉对象的反复出现

刺激物重复出现的次数越多就越容易被旅游者知觉。旅游者参观紫禁城时,依次观赏黄瓦、红墙、高台基的"前三殿、后三宫"(太和殿、中和殿、保和殿和乾清宫、交泰殿、坤宁宫),高大辉煌的古代建筑,使旅游者形成了关于明清两代的皇家建筑的印象。旅游者多次看到同一对象,由于刺激物反复出现,同一信息多次作用,使旅游者在头脑中产生较为深刻的知觉印象。

3. 知觉对象和背景的关系

由于知觉的选择性,人总是有选择地把一些事物作为知觉对象,使之凸现在前面,对其获得清晰深刻的知觉印象,而另外一些事物则悄然隐去,只给知觉者留下很模糊的印象。这些凸现在前面的事物,被称为知觉的对象,而那些隐去的事物,则被称为知觉的背景。

在知觉中,对象和背景的地位是可以互相转换的,主要取决于旅游者的知觉选择。矗立在广场上的巨型雕塑,很容易成为旅游者的知觉对象,广场周围的建筑就成为背景;而当旅游者选择广场周围的某一建筑为知觉对象时,矗立在广场上的巨型雕塑就成为该建筑的背景。

4. 知觉对象的运动变化

在相对静止的背景上,运动变化的刺激物容易成为旅游者知觉的对象。山石间倾泻的瀑布、河流上飘动的船只、酒店外闪烁的霓虹灯广告，由于其运动性的特征，都容易成为旅游者知觉的对象。

5. 知觉对象的新奇独特

刺激物本身的新奇独特，很容易成为旅游者知觉的对象。世界称奇的万里长城、堪称奇迹的秦兵马俑、古代文明象征的埃及金字塔等，由于刺激物本身的新奇独特都能引起人们的格外注意，而成为旅游者知觉的对象。

6. 知觉对象的组合

人们感知外界刺激时并不是杂乱无章、无系统的，而是在感知一个有组织的整体。通过知觉对象的组合达到组织化水平，人们对知觉对象的认知遵循相似原则、邻近原则、闭合原则和连续原则。

(1) 相似原则

在知觉情境中有多种刺激物同时存在时，各刺激物之间在某方面的特征如果有相似之处，就会被人们知觉为一类。按刺激物相似特征组成知觉经验的心理倾向，被称为相似原则。导游员在知觉外国旅游团时，常常将西方国家的旅游团称为欧美团，因为这些来自西方国家的旅游者，在体型外貌、文化背景、生活习惯等方面都很相似。大受旅游者偏爱的避暑胜地承德、大连、庐山和青岛，旅游者常常会把大连和青岛组合在一起，因为大连和青岛同是海滨城市。

(2) 邻近原则

邻近原则是指两个或两个以上的刺激物(同类物)如果在空间上彼此接近，那么每一个物体都有被视为构成整个知觉组合一分子的倾向的原则。在对旅游目的地的知觉过程中，旅游者往往把空间上接近的旅游地归为一组来知觉。

香港和澳门由于地理位置彼此接近，而被旅游者组合在一起知觉为港澳旅游景区，成为一条旅游路线。北京、承德和天津同为华北地区的代表城市，构成了“北承天”旅游线。上有天堂，下有苏杭。苏州和杭州由于同处江南，风光相近，往往被旅游者作为一个整体知觉和记忆。

(3) 闭合原则

闭合原则是指若干个刺激对象共同包围一个空间，形成同一知觉形态倾向的原则。旅游者对共同包围一个空间的若干知觉对象，总是自觉或不自觉地根据自己的经验添加缺失的部分，力图使之成为一个完整的闭合图景。经验丰富的导游员在介绍景区景点时，常常有意不说完整，给旅游者留下思考、想象和补缺的空间，从而形成一个更有意义的圆满的知觉线索，增加旅游活动的情趣。

(4) 连续原则

连续性原则是与闭合原则颇为相似的一种知觉组织法则，它是将事实上不连续的刺激物，在心理上产生连续的知觉。桂林漓江沿岸的多个景点被船上的旅游者的流动观览过程组合在一起，共同构成一个整体的知觉对象，沿江的各景点犹如分散的珍珠被漓江作为线索串联起来形成“漓江游”。在旅游景区里，一个戴红色旅游帽的旅游团队成员被往来的其他游人所分割，但他们仍然朝同一方向前进，因而很容易把他们知觉为同一个旅游团队。

(二) 影响旅游者知觉的主观因素

1. 兴趣和爱好

旅游者的兴趣和爱好是各不相同的,兴趣和爱好的个性差异往往决定着知觉的选择性。兴趣和爱好能帮助旅游者在知觉事物时排除毫不相干或无足轻重的部分,旅游者的兴趣与旅游知觉的选择密切相关,旅游者所感兴趣的往往能成为知觉的对象。

此外,由于个人需要和兴趣在不断变化,以前被忽视的因素也可能重新被引起注意。一个对民居建筑感兴趣的旅游者,往往会选择北京的“胡同游”丰富其个人的经历,满足好奇心。

2. 需要和动机

凡是能满足人的需要、符合人的动机的事物,往往会成为知觉的对象和注意的中心。反之,与人的需要和动机无关的事物往往不被人注意和知觉。满足旅游者个人需要的事物、符合旅游者动机的事物容易被纳入知觉世界,成为旅游者知觉的焦点,那些不能满足旅游者需要和动机的对象很容易被忽略。

旅游者的体现社会地位的心理需要,影响了旅游者对旅游环境的知觉。同一个旅游区中观光型、度假型、健身型、疗养型、商务型等不同种类的旅游者,因为具有不同的旅游需要和旅游动机,所以知觉的对象范围和最终的整体知觉印象是各不相同的。

3. 知识和经验

经验是人们从实践活动中得来的知识和技能。旅游者过去的知识和经验也会对知觉有很大影响,旅游者总是在感知他所期望的东西。旅游者依据已有的知识和经验,可以迅速地对知觉对象作出理解与判断,从而节约感知时间,扩大知觉范围,获得更多、更深刻的知觉体验。旅游者在旅游过程中对行程的合理性、景点的独特性、项目的吸引力、设施的安全性、服务的全面性的水平的知觉无不有其过去的知识和经验参与其中。

4. 个性

个性的实质是个体所具有的独特的、稳定的心理特征的总和。旅游者本人的个性体现在他与其他人的个别差异和他的行为的惯常性上,个性影响一个人对周围事物的组织和感知方式。个性是影响旅游者知觉选择的因素之一,不同个性的旅游者在旅游活动过程中表现出明显不同的特点。

不同气质类型的旅游者,其知觉的广度和深度也不一样。多血质的旅游者知觉速度快、范围广,但不细致,黏液质的旅游者知觉速度慢、范围窄,但比较深入细致。通常胆大自信的旅游者偏爱搭乘飞机外出旅游,而胆小谨慎的旅游者偏爱乘坐火车外出旅游。

5. 情绪状态

情绪是人对客观事物的态度的一种反映。情绪与人的需要紧密地联系在一起,包括复杂的生理及心理机制,往往伴随着身心状态的波动。情绪对人的心理活动有较大的影响,知觉也不例外。在旅游活动中,旅游者心情愉快时,对游览对象的知觉在广度上范围广泛,在深度上深刻鲜明;旅游者情绪低落时,知觉水平就会降低,生动鲜明的对象也引不起注意和知觉。

6. 阶层意识

不同社会阶层的人的价值观念和待人处事的态度,以至于道德标准等都是不同的。

现代社会中旅游活动日益大众化，但是各个阶层的旅游者在旅游的方式选择、时间利用、地域分布、目的实现、消费方式等方面差别巨大。旅游者的阶层意识使其对知觉对象的选择和知觉印象的形成等行为过程表现出不同的倾向性。在旅游活动过程中处于社会上层、文化层次较高、品位较高的旅游者，大多严谨、持重、合作，更关注能体现其社会地位、文化修养和生活品位的旅游活动项目，往往期待得到高水平的导游讲解服务。

四、旅游活动中的社会知觉

作用于人的信息有两大类，其中一类是自然界中的机械、物理、化学和生物方面的信息，也称为非社会性信息；另一类是由人的实践所构成的社会性信息，包括社会角色、人际关系和所属群体，以及各种社会结构和社会事件等信息。人对非社会性信息所形成的知觉通常被称为物知觉，而对社会性信息所形成的知觉被称为社会知觉。

（一）社会知觉

社会知觉是指个人在社会环境中对他人（某个个体或某个群体）的心理状态、行为动机和意向（社会特征和社会现象）做出推测与判断的过程。在旅游活动中，社会知觉居于重要地位。旅游业是服务行业之一，在旅游活动中存在大量社会知觉过程。旅游工作者与旅游者之间保持良好的人际关系，才能形成社会知觉的良好结果。旅游服务工作者和旅游者之间的良性互动，对旅游业的发展意义重大。

（二）社会知觉的特性

1. 认知对象的独特性

人能体验其内部世界，而物不能，所以社会知觉的主体可能同时还是社会知觉的对象。换句话说，社会知觉的对象是有意识的人、复杂的社会环境和人际关系，而人对这些对象的知觉又是通过一些特殊的介质进行的。旅游活动的参与者通过他人的言行、表情、态度等来认识判断彼此的社会地位，确定行为模式，完成社会人际交往。但是，旅游活动的参与者无论是社会知觉的主体还是社会知觉的对象，都会设法掩饰自己的内在动机，这就导致旅游活动的参与者的社会知觉判断常常可能是不准确的。

2. 人际相互间的期望会影响社会知觉过程

社会知觉的主客体能够理解彼此间的行为对对方的利害关系，于是知觉者和被知觉者都可以有意识地操纵和利用彼此。当个体能够预测他人可能做出的行动时，他自己便可以预先计划自己的行动，因此相互间的期望会影响彼此的知觉。旅游活动的参与者相互间的期望导致不同的行为出现，对不同行为的反映表明其社会知觉水平的高低。

3. 社会知觉加工过程的特殊性

个体进行社会知觉需要对知觉对象的各种信息加以组织和分类，但社会知觉往往是根据他人的外表和行为进行概括和判断，而且在加工过程中，对信息的处理也更容易采用以点代面的策略，个人的经验会严重影响社会知觉的过程。人总是处在不断的变化之中，人与人之间的差异很大，获得对人的社会知觉要比对物的知觉更为困难。

旅游活动的参与者作为旅游活动的成员具有不同的社会知觉能力。旅游工作者对旅游者的社会知觉水平，决定了旅游服务工作质量的高低，因此提高旅游工作者的社会知觉能力是保证高水平旅游服务的基础之一。

（三）社会知觉的种类

在旅游活动中，人的社会知觉主要包括对他人的知觉、对人际关系的知觉、对社会角色的知觉，以及对自我的知觉。

1. 对他人的知觉

对他人的知觉包括对他人仪表的知觉、对他人表情的知觉和对他人人格的知觉三个方面。

(1) 对他人仪表的知觉

旅游工作者在接待旅游者的过程中，最容易捕捉到的知觉信息就是旅游者的高矮、胖瘦、相貌、风度、举止、服饰等仪表特征，而且会根据自己的有关经验赋予仪表一定的社会意义，推测出旅游者的另外一些社会性信息。社会知觉活动是要通过对他人的言谈举止、仪表神情，以及其行为习惯等的观察，构成社会知觉的内容。旅游工作者通过形成关于旅游者的印象作出判断评价，并进一步解释和推测旅游者的行为。

穿着颜色鲜艳、款式新颖服装的旅游者更有可能性格外向、热情直爽，而衣着颜色素淡、款式简单的旅游者更有可能性格内向、保守拘谨。衣着舒适随意的旅游者多为观光型旅游者，而西服革履的旅游者多为商务型旅游者。人的社会知觉过程从视觉感知开始，经过运用逻辑思维进行推理和判断，从而形成对他人的完整印象。

(2) 对他人表情的知觉

对他人表情的知觉又分为对面部表情的知觉、对声音表情的知觉和对体态表情的知觉。

① 对面部表情的知觉。面部表情是一个人情绪状态的晴雨表，是人真实情绪的标志，如愁眉苦脸、眉开眼笑、横眉立目、咬牙切齿等面部表情分别表达了哀、乐、怒、恨的情绪状态。传达表情的重要部位是眼睛和面部肌肉。

眉梢上扬表示喜悦，眉梢下垂表示忧伤，双眉紧蹙表示不满，双目圆睁表示愤怒等。旅游服务工作者通过察言观色理解旅游者传达出的需要信息，提供有针对性的服务。当一位旅游者在用餐前掏出药瓶，看着眼前的茶水皱了皱眉，餐厅服务员觉察到这一表情信息的意义，立即送上一杯白开水供旅游者服药饮用。旅游者的需要得到满足，对餐厅服务员的服务工作非常满意。

② 对声音表情的知觉。除了可以从面部表情来判断一个人的情绪外，旅游服务工作者还可以通过声音来了解旅游者的情绪。旅游者情绪激昂时，语音高亢嘹亮；情绪愉快时，语音轻快流利；情绪紧张时，语音嘶哑颤抖；悲观失望时，叹息不断等。

旅游者的发音方式、音量大小、说话内容、讲话速度、表达方式，以及“行话”和“乡音”等，常常可以提供其需要水平、文化修养、职业背景、籍贯身份等信息。“三句话不离本行”，旅游者在交谈中围绕某一行业内容话题，据此可判断其职业类型。旅游者的吴音软语或京腔京韵反映出其所居地域，据此能简单地判断出其行为方式的特点。

③ 对体态表情的知觉。旅游服务工作者通过观察一个人的体态表情可以了解旅游者的情绪和情感。体态表情主要包括手势、体势和动作等。体态表情又被称为身体语言，

是无声的和非语言的。"此处无声胜有声",身体语言在传达社会信息方面有时更胜于有声语言表达。

同一种手势在不同国家所表达的意思有所不同。当用拇指和食指组合成圆圈时,即"O"形手势,在美国表示同意,在法国表示"零"或"没有价值",在日本表示"钱",而在巴西、希腊则表示诅咒。

不同体态表情显示不同旅游者的性格特征。两人相见,主动握手的一方常常是性格外向、信心十足的人,而处于被动状态的往往是性格内向、缺乏信心的人。

(3) 对他人性格的知觉

在旅游服务工作中,旅游工作者如果能准确了解旅游者的性格特征,对开展旅游服务工作获得良好的工作效果具有重要作用。旅游服务工作者要善于利用旅游者的仪表、表情、语言等信息来推测其性格特征,来调整服务策略。性格倔强的旅游者,一般对旅游过程比较挑剔,不易合作,严格执行合同内容约定能够避免出现难以解决的问题。性格温和的旅游者,在旅游过程中较易合作,能够兼顾合同双方的利益,注重旅游的趣味性。

2. 对人际关系的知觉

人际关系是社会关系的一种,从旅游心理学角度讲,人际关系知觉主要是对旅游参与者之间的关系的知觉。在旅游活动过程中,旅游工作者与旅游者的社会地位是不同的,体现了服务与被服务的关系。在人际关系的知觉过程中,旅游工作者满足旅游者的需要,使旅游者形成良好的情绪、情感起着很重要的作用。情绪、情感反映了旅游工作者与旅游者之间需要满足的水平,情绪、情感的好恶常常决定着双方关系的远近亲疏。

良好的人际关系有利于双方相互沟通、相互理解,形成良性的行为互动,能取得令双方都满意的社会知觉和社会交往的结果。

通常在社会人际关系形成过程中,血缘、业缘、地缘的作用十分重要。人的血缘关系来自婚姻和生育,形成家庭血缘和亲戚关系。由血缘决定的家族人员地位关系,在社会交往中影响到利益的分配。业缘多指人在求学和工作中形成的人际关系,师生关系和师徒关系是其主要代表。地缘关系的确立以人的出生和生活的地域为基础,这种社会人际关系在人际交往中有助于对人的特点和个性的判断。

在旅游服务工作中,旅游工作者应根据自己和旅游者的感受和看法来认识、评价双方的人际关系状况,及时调整行动方案,尽力与旅游者保持良好的人际关系。当旅游工作者有条件和有能力时,要尽可能地为旅游者提供满意服务。当旅游工作者在工作中有一些小的失误时,应及时向旅游者说明情况和补救措施,促使旅游者给予谅解和支持。

3. 对社会角色的知觉

社会角色是指人在社会中所处的地位、从事的职业、承担的责任以及与此有关的一套行为模式。导游员、旅游者、教师、医生、警察、官员等,都是不同的社会角色。在社会人际交往中,人们总是扮演着不同的社会角色。在旅游活动过程中,旅游工作者扮演"提供服务者",旅游者扮演"接受服务者",旅游工作者作为提供服务者既要有自我角色认知的能力,又要有对他人角色认知的能力。

自我角色认知要求旅游工作者对自己所充当角色的职责、义务和应有形象有明确的认识。人都是有个性的,但在扮演某个社会角色时,必须先符合社会角色规范,在工作中表现为敬业乐群的工作态度、娴熟合格的服务技能。旅游工作者在旅游服务的过程中充分发挥自己的个性,使自己成为有特色的旅游服务提供者。

他人角色认知是旅游工作者根据社会既有标准对服务对象的角色认知。在旅游活动过程中,对旅游者社会角色的知觉,通常包括根据旅游者的社会地位和职业特点,推断其旅游行为和心理特征;或者根据旅游者的行为和心理特征,判断其所从事的职业和担当的角色。旅游工作者可以根据社会生活中教师这一角色特征,推断其旅游偏好和关注焦点;或者根据旅游者谈吐文雅见识渊博,推断其职业可能属于教师一类。

旅游工作者对社会角色的知觉水平、对旅游者社会角色的认知,在判断、预测、引导旅游者的行为,做好旅游产品推销和服务工作,保证旅游工作者和旅游者的利益,顺利完成旅游活动等方面具有重要意义。

4. 对自我的知觉

自我知觉是指一个人对自身状况的认识,包括对自己的心理、行为、地位等的认识。旅游参与者通过自我知觉形成的自我认知直接影响旅游活动过程中的行为。旅游工作者应建立正确的自我认识,形成良好的职业道德和极强的职业责任心,公正客观地处理旅游工作者和旅游者间的关系。这有利于旅游工作者与旅游者之间建立良好的人际关系,并及时发现问题、解决问题,提供优质的旅游服务。

在旅游活动中,人的社会知觉是自然产生的。然而,人又是具有主观能动性的,因此社会知觉极易受到个体主观因素的制约而产生知觉偏差,这些偏差又在很大程度上影响着人际关系的形成和发展。影响旅游参与者社会知觉的偏差主要有以下几种。

(1) 首因效应

首因效应又称第一印象,是指人与不熟悉的社会知觉对象第一次接触后形成的印象。首因效应的价值在于对知觉对象进行快速的分辨,利用知觉者的经验对事物进行感知,感知的印象会留下较强的痕迹,影响知觉者的进一步的判断。旅游者第一次和导游员接触,由于双方首次会面,总会在对方头脑中留下某种印象,而这种印象都是有关感知对象的外部特征的。旅游活动的参与者与人交往时会十分注意对方的外表、语言、动作、气质等。

在人际交往中,首因效应起着十分重要的作用,并常常成为人们判断以后是否继续交往的依据。虽然仅靠首因效应来判断人常常会出现偏差,可实际上每个人都不可避免地受首因效应的影响。旅游服务工作中的一个显著特点是旅游工作者的服务对象是短时的和不断变换的,在与旅游者的短暂接触中不可能进行多方面的详细的了解,无法达到"路遥知马力,日久见人心"的知觉和认识水平。

先入为主的第一印象

1957年,美国心理学家卢钦斯用编撰的两段文字作为实验材料研究了首因效应现象。他编撰的文字主要描写了一个名叫吉姆的男孩的生活片段。第一段文字将吉姆描写成热情并外向的人;另一段文字则相反,把他描写成冷淡而内向的人。例如,第一段中说吉姆与朋友一起去上学,走在洒满阳光的马路上,与店铺里的熟人说话,与新结识的女孩子打招呼等;第二段中说吉姆放学后一个人步行回家,他走在马路的背阴一侧,没有与新近结识的女孩子打招呼等。在实验中,卢钦斯把两段文字加以组合:

第一组,描写吉姆热情外向的文字先出现,描写冷淡内向的文字后出现;

第二组,描写吉姆冷淡内向的文字先出现,描写热情外向的文字后出现;

第三组,只显示描写吉姆热情外向的文字;

第四组,只显示描写吉姆冷淡内向的文字。

卢钦斯让四组被试者分别阅读一组文字材料,然后回答:“吉姆是一个什么样的人?”结果发现,第一组被试者中有78%的人认为吉姆是热情外向的,第二组被试者中只有18%的认为吉姆是热情外向的,第三组被试者中有95%认为吉姆是热情外向的,第四组被试者中只有3%的人认为吉姆热情外向的。

由此可见,个体在不知不觉中,倾向于根据最先接收到的信息形成对别人的第一印象,而且还会主动寻找更多的理由去支持这种印象。第一印象直接影响人的行为。第一印象通常难以改变,有的时候,尽管你表现的特征并不符合原先留给别人的印象,别人仍然在很长一段时间里会按照对你的最初评价做出行为决策。因此,第一印象真的很重要,请注意留给别人好的第一印象提高交流的效率。

(资料来源:https://baike.so.com/doc/5689383-5902080.html.)

旅游工作者和旅游者在旅游项目中只能在短时间内完成相互的接触与合作。在旅游服务工作中,旅游工作者给旅游者留下良好的第一印象是非常重要的。当旅游者初到一个旅游景点受到旅游工作者的热情接待,旅游者不仅会对接待者本人产生良好的第一印象,而且由于知觉的整体性,首因效应还会使旅游者对旅游景点留下美好印象。旅游工作者给旅游者留下的第一印象如何,对旅游者的旅游活动能否顺利进行有重要的影响。

(2) 晕轮效应

晕轮效应指当人对知觉对象的某种特征形成好或坏的印象后,会把这种印象扩展到对知觉对象的其他特征的知觉上去。“晕轮”意指像月晕一样,即月光通过云层中的冰晶时,经折射产生的光现象,在月亮的周围形成大圆环。借用“晕轮”指人获得的会使人对事物产生一种知觉认识的假象。若某人的某一方面被认为是好的,由于“晕轮”造成的泛化就会使人认为他一切都好;相反,就会认为他一切都坏。“一白遮百丑”是典型的晕轮效应的体现。

首因效应与晕轮效应都是客观存在的,是常见的心理学现象。首因效应是按时间序列发生的,第一印象之后的印象往往成为第一印象的补充。晕轮效应则是按知觉对象的特征引发的,由于对知觉对象的部分特征印象深刻而将该印象泛化为全部印象,表现为以偏概全的特点。“秀外慧中”是首因效应与晕轮效应心理现象的典型代表,“秀外”既是形成首因效应的基础也是产生晕轮效应的前提,“惠中”既是“秀外”形成的第一印象的补充也是晕轮效应泛化而成的美好印象。

首因效应与晕轮效应在旅游活动中紧密相连,通常首因效应发生在前,继而产生晕轮效应。旅游参与者在人际交往初期,具有整洁仪表者往往更易引起他人的更多关注和喜欢。首因效应与晕轮效应在很大程度上受仪表因素的影响,旅游工作者一定要注意发挥两种效应对旅游服务工作的影响,工作中保持仪表端庄和举止文雅,处理问题时要冷静稳重和全面得当，使旅游者产生良好的印象，并通过首因效应与晕轮效应加以保持和扩大。

（3）近因效应

近因效应是指新出现的刺激物对最终印象的形成起决定作用。最近的刺激物的作用最大。在旅游服务工作中，旅游工作者应把优质服务贯穿始终，通过热情周到的服务避免“虎头蛇尾”现象的发生。如若开始阶段服务热情，后续阶段态度冷淡，最终给旅游者留下最深印象的将是后者，以此作为最终印象将导致旅游者的不满。

（4）刻板印象

刻板印象是指人对某一类人所具有的一种概括而固定的印象。人常常根据一些人在种族、民族、国籍、年龄、职业和宗教信仰等方面的相同或相似性，把他们划分为某一类人，并形成各种固定印象。刻板印象不是对一种个体的印象，而是对一种群体的印象。人们一般认为青年人热情向上而易倾向于冒进，老年人深沉稳重而倾向于保守；日本人遵守纪律和注重礼仪，美国人喜欢新奇刺激和注重自由，英国人讲究绅士风度和社会地位，法国人追求浪漫生活和艺术品位，德国人认真严谨和纪律严明等。

刻板印象使人快速认识知觉对象的意义，有助于人对知觉对象特征的认知，提高知觉速度。因为社会生活中每一类人都会有一些共同特征，运用这些共同特征去观察每一类人中的个别人，是知觉他人的一条有效途径。刻板印象是人对知觉对象的特征做概括了解，具有明显的局限性，能使对人的知觉产生偏差。

在旅游活动过程中，刻板印象有助于旅游者在旅游活动中的决策，有助于旅游工作者了解某一类旅游者的基本情况，以便确定提供相应的旅游产品和服务。旅游工作者在知觉来自不同国家和地区的旅游者时，通过刻板印象快速了解他们的共同特征之外，还应当注意克服刻板印象的片面性，形成对旅游者的全面和准确的认识与评价。

（5）心理定式

心理定式是指人在认识特定对象时心理的准备状态。也就是说，当人在知觉某事物之前，就已经将对方的某些特征先入为主地存于自己的意识中，使知觉者在认识知觉对象时不由自主地处于一种有准备的心理状态。我国古代“智子疑邻”的典故，就是典型的心理定式现象之一。当旅游者看到某景区是“国家级重点保护单位，国家4A级景区，世界文化遗产”，由于心理定式的作用就会认为该景区值得一去。

例如，“江南园林甲天下，苏州园林甲江南”，使苏州园林在旅游者头脑中形成心理定式，引发旅游者的旅游动机。旅游企业要注意提供名实相符的旅游产品和服务，美好的名声与优质的旅游产品和服务相结合，旅游者才能得到符合心理预期的旅游产品和服务。否则，旅游者会感到受了欺骗，导致投诉，造成不良影响，对后续的旅游者会产生不良的心理定式作用，损害旅游市场的持续发展，这会给旅游企业带来不良后果。

（6）期望效应

期望效应是指在生活中人们的真心期望会变成现实的现象。在人际交往过程中，人是按照对等原则行事的。对等原则通常称为镜子法则，即你对镜子中的人笑，镜子中的人对你笑；你对镜子中的人哭，镜子中的人对你哭。你对我友好，我就对你也友好；反之亦然。一个人要想得到他人的尊重和友好，他首先要对他人表示出尊重和友好，这就是所谓“种瓜得瓜，种豆得豆”现象。

期望效应现象对人际交往有实际意义，在与人交往过程中要尊重对方，友好地对待对方，才能使人际交往进入良性循环，不断向着个体所期望的方向发展。有时，一个人既不尊重他人，也不喜欢他人，但采用伪装的方式强制自己不表现出来。形式是为内容服务的，一个人能做到一时的表里不一，却很难长期做到表里不一，真情难抑总会在有意无意之间流露出来，一旦被对方知觉则后果严重。

旅游心理学研究表明，旅游活动中认知、情感和行为的协调，会使旅游者获得极大的心理享受，美丽的旅游景点、愉快的旅游者、优雅的旅游工作者，最终给旅游者留下难忘的印象，成为美好的记忆。在社会生活中，人的认知、情感和行为的长期不一致会产生严重的心理冲突，给人带来极大的痛苦，而参加旅游活动能够促使旅游者在非惯常环境下将认知、情感、行为三者协调统一，消除日常生活中的不快，取得心理预期效益。

五、知觉在旅游活动中的应用

旅游者在旅游过程中，会对食、住、行、游、购、娱以及风险等部分的相关条件进行知觉，最终知觉印象会对旅游者的旅游动机、旅游决策、旅游行为以及旅游收获与评价等有显著影响。

（一）对旅游时间的知觉

时间知觉是人脑对客观事物现象延续和顺序的一种反映。旅游者对旅游活动时间的知觉与旅游者的需要和动机密切相连。旅游需要和旅游动机不同，旅游者对旅游活动时间的要求也不一样。但总的来说，旅游者对旅游时间的安排有以下三个要求。

1. 旅途时间要短

旅行过程本身枯燥乏味，而且长途旅行容易引起旅游者身体和情绪上的疲劳，所以旅游者大多希望“旅短游长”，总是希望从一个景点尽快赶到另一个景点。为此，旅游者喜欢乘坐速度快的交通工具而不喜欢乘坐速度慢的交通工具，愿意乘直达车而不愿中途周转。

2. 游览时间充足

旅行是手段，游览是目的。旅游者到达景点后，都希望能细细地欣赏和感受美丽的自然景色和独特的人文景观，也希望有足够的时间拍照留念。许多旅游者不喜欢参加旅游团“走马观花”式的旅游，更愿意自己安排旅游事宜，这样他们的游览时间就不会受限制，可以喜欢停留多久就停留多久。旅行社推出的“自由行”旅游线路就是兼顾了旅游者和旅行社利益的一种产品。

3. 活动要准时

由于时间的一维性，现代社会的人普遍认为时间就是机会成本，遵守守时习惯以提高时间价值。旅游者希望整个旅游活动的安排能够在计划和预料之中进行，做到准时出发和按时归来。旅游活动不准时进行会使旅游者认为浪费了时间，引发投诉甚至造成严重后果。

旅游者对于时间的知觉相当敏感，旅游工作者必须从旅游者的知觉心理出发，科学而又合理地安排好旅游活动和旅游时间，丰富旅途生活，增加旅游经历和内容。

(二)对旅游距离的知觉

旅游是在时间和空间双重因素影响下产生的行为。旅游既有时间的消耗,也有空间的位移。从居住地到旅游目的地的距离的长短直接影响旅游者的旅游决策和旅游行为,表现在对旅游行为的阻止作用和对旅游行为的激励作用两个方面。

1. 对旅游行为的阻止作用

人外出旅游时,必然要付出时间、金钱、体力、精力等方面的代价。旅游距离越远,旅游者所花的时间、金钱越多,付出的体力、精力越多,使旅游者对旅游活动产生畏惧心理,从而引起旅游者心理上的不安全感。当旅游者觉得进行旅游弊大于利则不会发生旅游行为。远途旅游需要支付的巨大代价,会减少旅游活动发生的可能性。当旅游者认为不能从旅游活动中得到足以补偿所付出的代价的回报时,就不会做出进行远途旅游的决策。

2. 对旅游行为的激励作用

旅游目的地越远,对旅游者越具有神秘性和吸引力。旅游者去非惯常居住的地域旅游,目的就是获得非日常性的经历,远途旅游产品可以激励旅游行为的发生。旅游心理学研究表明,距离增加了信息的不确定性,给旅游者留下了广阔的想象空间,旅游者往往会对远距离的陌生对象产生美好印象。

距离产生美,对旅游者来说,遥远的异国他乡的风土人情、生活习俗、社会制度、宗教状况等都充满了神奇的吸引力,旅游者为满足自己猎奇求新的心理需要,在具有相应的经济支付能力的情况下,通常会选择远距离的旅游目的地。

(三)对旅游目的地的知觉

旅游者在选择旅游目的地的时候,必须在一系列可供选择的对象中进行取舍做出决策,旅游者的这种选择过程就是对旅游目的地的知觉。对旅游目的地的知觉包含旅游者在前往目的地之前对旅游目的地的知觉和旅游者到达目的地之后对旅游目的地的知觉两方面。

1. 旅游者在前往目的地之前对旅游目的地的知觉

旅游者在前往目的地之前对旅游目的地的知觉,会影响旅游者对旅游目的地的选择。旅游者在知觉决策阶段,知觉的信息以间接信息为主,主要来自自己或他人的经验及各种媒介,如从有关的广告、书刊、电影、电视、旅游手册等获得的信息。旅游者的兴趣引发对相关各种信息的强烈注意,获得信息的同时根据自己的需要与旅游目的,对旅游目的地进行综合的认知、理解和评价,最后形成知觉印象,做出旅游决策。

2. 旅游者到达目的地之后对旅游目的地的知觉

旅游者到达目的地之后,对旅游目的地的知觉会影响人们的消费行为和后续行为。旅游者到达旅游目的地之后的知觉信息,主要来自于自己的亲身经历和感受,如旅游者参与旅游活动、参观旅游景点、享受旅游设施和服务等。旅游者在旅游活动结束时最终作出对旅游目的地的整体评价。

旅游工作者必须对旅游产品与服务的宣传及对旅游产品与服务的质量给予高度重视,使旅游者对目的地的知觉更为清晰,以提高旅游者对旅游目的地的满意度。

（四）对旅游交通的知觉

旅游者对旅游交通条件的知觉，主要表现在旅游活动中对旅游交通工具的选择，以及由此而引发的有关旅游交通的态度、观念、思想、情感等。旅游者对于旅游交通工具的知觉，主要是在飞机、火车、汽车和轮船之间进行选择，利用不同形式的交通工具顺利完成旅游行程。各种旅游交通工具独具特色，彼此之间不存在优劣之分，能够满足不同层次旅游者的交通需求。

对时间知觉敏感者喜欢乘飞机，欣赏湖光山色者多喜乘游船，讲究实惠节俭者愿乘火车或汽车出行。旅游者对旅游交通条件的知觉是从安全、速度、舒适、便利等方面反映出来。

1. 安全

旅游者外出参加旅游活动最重视安全问题。在旅游过程中，交通道路状况良好、交通工具性能良好、驾驶员经验丰富等条件可以降低交通风险，提高旅游者的安全感。“安全第一”是旅游工作者提供旅游服务的首要原则，必须尽到旅游安全的责任，保障旅游交通的安全。

2. 速度

旅游者都希望“旅短游长”，因此旅游者常常会选择速度快的交通工具，以节省在途时间，减轻旅途疲劳，获得更多参观游览和休闲娱乐的时间。旅游者首选的交通工具是飞机，飞机具有速度优势且安全性高。随着航速的不断提高，飞机已成为越来越多的旅游者搭乘的交通工具，方便国际旅游者在不同国家间来往观光。近年，伴随高速铁路的建设速度提升，越来越多的国内旅游者选择乘坐高铁外出旅游。

3. 舒适

旅游活动中的参观游览和休闲娱乐需要花费极大的精力和体力，减少路途的疲劳有利于提高旅游效果。长时间旅行会造成旅游者疲劳，缩短旅游者在途时间十分重要。因为舒适的交通乘坐设备可以降低疲劳程度，所以旅游者很重视交通工具的舒适程度。在旅游途中，旅游者多选择空间宽敞明亮、空气流通充分、座椅宽大舒适，配备空调设备，具有良好减震功能，提供音像设备等的交通工具。

4. 便利

旅游者希望交通便利，能方便地利用各种交通工具实现位移。因为旅游者离开原居住地参加旅游活动常常遭遇交通不便，所以不同形式的交通工具应具有时间和空间的一致性，标志明显容易识别方便换乘。旅游者希望道路平坦，旅游交通顺畅便捷，能够享受到优质的旅游交通服务。

第三节　旅游活动中的记忆过程

当旅游者对旅游对象形成知觉后，便获得了对旅游产品和服务本身的直观印象。旅游者进一步加深对旅游产品和服务的认识，需要记忆、思维、想象等心理活动来完成。旅游工作者应了解旅游者在旅游活动中的记忆过程,研究记忆的规律,增强旅游者对旅游活动的美好记忆。

一、旅游者的记忆

记忆是比感知觉更为复杂的心理现象,人们见过的、听过的、尝过的、触摸过的、思考过的、体验过的以及动作等都可能在头脑中留下痕迹,以后还会再认或回忆出来,这就是记忆现象。记忆是人脑对过去经验的保持和再现过程。记忆过程包括识记、保持、再认或回忆(又称为再现)三个环节。

从信息加工的角度分析认为,记忆过程就是对输入信息的编码、储存和提取的过程。信息的编码输入是识记过程,信息的存储是保持过程,信息的提取是再认或回忆过程。

以记忆的心理活动为基础,人在以后的行为之前,就可以利用记忆中的经验作为行为的参考依据。旅游者的记忆对认知旅游产品和做出购买决策具有十分重要的影响。旅游者如果对先前的旅游经验在头脑中没有留下一点痕迹,那么必然会影响到旅游者的认识过程,甚至难以完成这一过程。

(一) 记忆的基本过程

记忆是通过识记、保持、再认或回忆三个基本环节在人脑中积累和保存个体经验的心理过程。

1. 识记

识记是人脑通过对事物的特征进行区分、识别并留下一定印象的过程,是记忆的起始环节,是获得事物映像和经验的首要过程。识记效果直接影响着以后的保持、再认和回忆。旅游工作者了解旅游者识记规律,有助于改善记忆效果。在旅游活动中,旅游者运用视觉、听觉、味觉、嗅觉和触觉以及平衡觉、运动觉等感觉通道去感知对象,在大脑皮层上建立起感知对象之间的联系并留下痕迹,从而识记对象。

(1) 识记可分为无意识记和有意识记

无意识记也称为不随意识记,是没有明确的目的,也不需要意志努力,自然而然发生的识记。在旅游活动过程中,有时虽然旅游者没有给自己提出明确的识记目的和任务,也没有付出特殊的意志努力和采取专门的措施来识记某些事物,但通过无意识记这些事物都自然而然地保留在大脑中,成为旅游者知识经验的组成部分。"潜移默化""耳濡目染"等都是无意识记的结果。

有意识记也叫随意识记,是事先有预定目的,必要时还需要一定意志努力的识记。识记的目的性决定了识记过程是对识记内容的一个积极主动的编码过程。在旅游活动中,导游员引导旅游者参观和欣赏旅游景点,通过生动的讲解和互动活动充分发挥旅游者的有意识记的作用。

(2) 识记可分为机械识记和意义识记

机械识记是人在识记材料本身无内在联系或对识记材料没有理解的情况下,按照材料的顺序,通过机械重复的方式而进行的识记。机械识记的基本条件是多次重复或复习。人对无意义的音节、人名、地名、历史年代、数字、不理解的词语等多采用机械识记。机械识记具有被动性，但能够防止对记忆材料的歪曲。旅游者的机械识记对旅游记忆作用明显，如朝代名称、地理位置、景点特点、酒店地址等都需要以机械重复的方式才能记住。

意义识记也称理解识记，是人在对识记内容理解的基础上，依据事物的内在联系所进行的识记。意义识记的基本条件是理解。理解是对材料的一种加工，人根据已有的知识经验，通过分析、比较、综合、概括，来反映识记材料的内涵以及各部分之间的关系，并将其纳入已有的知识体系之中。

旅游者对理解了的识记材料，记得准、记得快、记得牢，也容易提取相关信息。例如，中国古代建筑以对称为美，建房规划采取对称原则；为便于采光通风，中国北方建筑多采用坐北朝南的方位建造，理解了这些材料有助于旅游者认识所见到的旅游景观。

2. 保持

保持是识记过的知识经验在头脑中的积累、储存和巩固的动态过程，是记忆过程的中心环节。遗忘是识记过的材料不能再认和回忆，或者发生错误的再认和回忆，是与保持相反的过程，是记忆内容的消失。遗忘使保持的内容减少。遗忘是一种自然的正常的心理现象，任何识记的材料都有时效性，旅游者没有必要对感知过的事物全部记忆。同时，遗忘也是旅游者心理健康和正常生活所必需的，只有遗忘不愉快、记住快乐，才会感到幸福。

3. 回忆和再认

回忆也称为再现，是指在一定诱因的作用下，过去经历的事物在头脑中独立地再现出来的过程。当旅游者看到黄山的照片，就会回忆起自己去黄山游览的情境。

根据回忆时是否需要中介物，回忆可分为直接回忆和间接回忆。直接回忆指不需要中介物直接回忆起过去感知过的某一事物，旅游者对十分熟悉的旅游景点可以直接地回忆起来。间接回忆指需要中介物才能想起过去感知过的某一事物，如旅游者借助一件旅游纪念品回想起相关的旅游内容。

根据有无明确目的和是否需要意志努力，回忆可分为无意回忆和有意回忆。无意回忆指事先没有预定目的也不需要意志努力的回忆。旅游者的“睹物思人”“触景生情”均表现为无意回忆。有意回忆指有明确的目的并需要一定意志努力的回忆。旅游者对再次旅游中遇到的导游员进行辨认时，有时需经长时间的思考回想，通过有意回忆最终叫出导游员的名字。

追忆是指需要较大的努力，进行复杂的思索，才能在头脑中呈现过去感知过的事物，提取到所需的信息。人要顺利地进行追忆，一要保持平静的情绪状态，二要根据中介线索进行正确的联想。

再认是指过去经历过的事物再次出现时，人能够识别出来的过程。再认是一种比较简单的心理过程，不同的人对不同材料的再认速度和正确程度有一定的差异，这与影响再认的因素有关。影响再认的因素有以下三方面。

首先是对事物识记和保持的程度。识记得越清楚，保持得就越牢固，再认也就越容易。识记模糊，当然保持也不稳定，再认时必然会发生困难。

其次是当前出现的事物和经历过的事物之间的相似程度。如果当前出现的事物和过去的印象完全相同，便可以立即再认出来；如果当前的事物和过去的印象不完全相同，就不易把它再认出来。

最后是当前呈现事物的环境与过去被识记时环境的相似程度。一般来说，当前出现的事物与过去感知它时的环境差别越小，越容易再认；否则，就会给再认带来一定的困难。旅游者对参观过的地方，由于"时过境迁"使感知对象的环境相似性极小，表现为再认困难。

总之，识记、保持、回忆和再认都属于记忆的基本过程，它们相互联系、互为整体。识记和保持是回忆和再认的基础，回忆和再认是识记和保持的结果，也是巩固和强化识记和保持的过程。

（二）记忆的分类

根据记忆的内容与经验对象可以把记忆分为形象记忆、情景记忆、语义记忆、情绪记忆、动作记忆等。

1. 形象记忆

形象记忆是指以个体感知过的事物的形象为记忆内容的记忆。形象记忆在头脑中所保留的是事物的具体、生动的形象，具有鲜明的直观性特点，它以表象的形式在头脑中储存过去的经验。在旅游过程中，旅游者往往会对旅游景点留下形象记忆。例如，旅游者参观过万里长城的八达岭部分后在头脑中留下了生动的形象，当旅游者再提到八达岭长城时，通过形象记忆就能够回忆或再现八达岭长城的形象。

2. 情景记忆

情景记忆是指人根据时空关系对某个事件的记忆。由于情景记忆受一定时间和空间的限制，信息的储存容易受到各种因素的干扰，因此记忆不够稳定，也不够确定。情景记忆来源于旅游者个人亲身的经历，旅游者通过情景记忆能够回想起自己曾经游览过的一个地方。

例如，"淡妆浓抹总相宜"的杭州西湖、"美丽草原我的家"的锡林郭勒盟草原、"阿拉木汗"的维吾尔族姑娘、"牧童遥指杏花村"的山西杏花村汾酒等经典形象都是情景记忆。

3. 语义记忆

语义记忆是指人对一般知识和规律的记忆，与特殊的地点、时间无关。语义记忆受一般规则、知识、概念和词的制约，很少受到外界因素的干扰，因而比较稳定，表现在人对单词、符号、公式、规则、概念等抽象形式的记忆中。例如，旅游者对一年四季的划分、世界五大洲的特点、对紫禁城的功能的了解等都属于语义记忆。

4. 情绪记忆

情绪记忆是个体以曾经体验过的情绪或情感为内容的记忆。情绪记忆是个体过去经历过的情绪、情感体验，保存在记忆中，在一定条件下，这种情绪能够重新被体验到。例如，在旅游过程中，旅游者参加河上漂流时克服困难、获得成功的快乐，通过情绪记忆就会在记忆中留下美好的回忆。

5. 动作记忆

动作记忆也称之为运动记忆，是个体以过去经历过的身体运动状态或动作形象为记忆内容的记忆。动作记忆是以过去的动作或操作动作所形成的动作表象为基础的。例如，参观少数民族村寨时，旅游者学习少数民族舞蹈动作就属于动作记忆。动作记忆中的信息保持和提取都比较容易，也不容易遗忘，动作记忆在旅游者的各种旅游活动中都起着重要的作用。

二、提高旅游记忆的策略

旅游者通过旅游活动，消耗金钱、时间和精力，通过亲身体验增长阅历，最终留下的是回忆。旅游活动是人们寻求良好感受、美妙回忆和丰富阅历的一种生活方式。为达到良好的旅游效果，旅游工作者应在旅游活动过程的每一个环节积极丰富旅游内容，侧重强化旅游者的快乐感受，运用增强记忆的方法使旅游者留下有关旅游的美好记忆。

（一）提供丰富的旅游信息有助于记忆

旅游者在做出旅游购买决策时，往往要依据所得到的各种信息进行比较，最终进行决策做出旅游安排，而其中一部分信息是从记忆中搜索的。旅游景区、名胜古迹、旅游广告等都是旅游者记忆信息的来源，只有那些能引起注意的特色信息才会留在旅游者的记忆中，而大多数信息将被遗忘。

旅游企业应运用多种手段提供丰富的旅游信息来强化旅游者的记忆，在旅游者心目中树立起旅游资源地以及旅游产品和服务的良好形象，使其留下美好记忆。旅游者记忆信息的强弱直接影响旅游者对信息源的使用，并可能使更多的人成为潜在的旅游者。

（二）对旅游信息的理解有助于记忆

理解是识记材料的重要条件。建立在理解基础上的意义识记，有助于识记材料的全面性、精确性和巩固性，其效果优于建立在单纯机械识记基础上的记忆。旅游广告宣传中，将旅游内容与旅游者所熟知的圣贤或著名事物建立起联系，如将杭州西湖“白堤”与唐朝的白居易相联系、“苏堤”与北宋大诗人苏轼相联系，潜移默化地提高了旅游者的记忆效果。

（三）互动活动有助于记忆

当识记的材料成为旅游者活动的对象或结果的时候，由于旅游者积极参加活动，记忆的效果会更加明显。旅游者在一些少数民族旅游景点参与当地的劳动歌舞，在海滨旅游时乘船出海参与捕鱼等活动，大大提高了旅游者的乐趣，使旅游者身心得到愉悦，并留下深刻的记忆。

（四）情绪与情感因素影响记忆效果

旅游者愉快、兴奋、激动、积极的情绪，容易使其对旅游产品和服务及旅游内容形成一个良好的记忆印象。这种记忆保持的时间一般较长，旅游者也愿意获得良好的亲身体验。旅游者在游览过程中受到了旅游工作者热情接待，脸庞上的微笑会加强记忆效果，一直留在旅游者记忆里。

旅游者气愤、屈辱的情绪，也会加强旅游者记忆印象。旅游者对遭遇到的恶劣服务的记忆也会保持较长时间，并长期避免再来，同时传播负面信息。

情绪与情感因素可以影响记忆效果，旅游工作者应尽量建立积极愉快的情绪策略来影响旅游者。

（五）适度重复会加深记忆

适度重复会加深旅游者对旅游信息的印象。遗忘与时间有密切的关系，遵循先快后慢的遗忘进程。旅游企业要采取多种广告媒体或表现方式,增添新的信息,从新的角度使旧的内容重现,诉诸新的刺激,才能为旅游者所接受,并加深理解和记忆。为了提高旅游者对电视、广播等媒体广告的记忆效果,应当在24小时之内重复传递同样内容的广告信息,这样才能在人们几乎忘记时及时重复和强化,收到广告天天见、记忆日日深的效果。

(六)联想有助于记忆

联想是指人由一个事物想起另一个事物的心理活动,联想是事物普遍联系规律在头脑中的反映。

1. 接近联想

由一个对象联想到在时间、空间上与之接近的另一个对象,如小桥流水、冬去春来等。

2. 类似联想

由事物之间的相似性而进行的联想,如由李白想到杜甫、由蜂蜜想到奶糖等。文学中常用的比喻就是类似联想。

3. 对比联想

由一个对象联想到与之对立或相反的另一个对象,如从上想到下、从好想到坏、从开端想到结尾等。

4. 因果联想

由事物之间内在的因果关系展开的联想,如由下雪想到寒冷、由兵马俑想到秦始皇等。在旅游活动中,经常会用到联想,导游员讲解旅游景点时只有充分启发旅游者的联想,才能更好地达到旅游效果。

本章小结

1. 阐述了注意是心理活动对一定对象的指向和集中,具有稳定性、广度、分配和转移的特征,具有选择、保持和调节监督的功能,以及如何将注意规律运用于旅游。

2. 感觉和知觉的基础是人脑对直接作用于感觉器官的客观事物的反映。重点阐述了知觉规律在旅游活动中的应用。

3. 讲述了识记、保持、回忆和再认都属于记忆的基本过程,以及形象记忆、情景记忆、语义记忆和回忆记忆在旅游活动中的作用。旅游者通过参加旅游活动留下美好的记忆,实现旅游价值。

复习思考题

1. 注意在旅游活动中有什么重要作用?如果你是一名导游员,在导游过程中你将如何吸引旅游者的注意?

2. 影响旅游知觉的因素有哪些?

3. 举例说明影响旅游活动的社会知觉偏差有哪些。

4. 如何将知觉规律运用于旅游活动之中?

5. 旅游工作者可以通过哪些策略提高旅游者记忆，达到增强旅游效果的作用？

6. 请举一实例分析旅游记忆形成的过程。

实践课堂

旅游丰富人生经历，如果你是一名全陪导游，组织一个旅行团赴云南旅游，请举例说明你将如何运用旅游者的心理活动规律完成好这次旅游任务。

行程安排	云南7日游
D1	北京乘机飞往昆明(飞行时间3个小时左右)，鲜花接机，入住酒店。
D2	早餐后乘车赴被誉为“天下第一奇观”以及阿诗玛的故乡——石林，游览石林，感受电影《阿诗玛》所描述的少数民族风情。午餐品尝彝家风味菜——宜良烤鸭。午餐后到七彩云南，参观玉石加工厂，少数民族茶艺表演。晚上乘火车(硬卧)赴大理。
D3	早上抵达大理，早餐后乘游船参观洱海(游览南昭风情岛，远眺小普陀，欣赏白族歌舞，品尝大理正宗的“一苦、二甜、三回味”的三道茶)，游览电影《五朵金花》拍摄地——美丽的蝴蝶泉公园，游览崇圣寺三塔，逛大理古城、洋人街。
D4	早餐后乘车赴丽江(时间4小时左右，因行车时间比较长且云南境内路况复杂弯道众多，为安全起见，途中一般安排一次停车休息以缓解旅游者及司机的疲劳)，抵达后游览世界文化遗产——丽江古城，四方街。
D5	早餐后乘车赴玉龙雪山(行车50分钟左右)，游览以纳西族文化为核心，与自然景观完美结合的AAAA级风景名胜玉水寨；游览东巴谷，体会少数民族风情，感受枯藤、怪树、奇石、珍禽、寻幽探圣的自然美景；游览甘海子牧场，索道环保车费用自理(云杉坪57元+20元，牦牛坪62元+20元，冰川大索道142元+20元)；观雪山美景(游览2小时左右，但是否上雪山得到达丽江后提前和导游核对调整，自理索道环保车费用和根据更改人数再平均分担自理车费)，沿途游览白水河。午餐后乘机飞往西双版纳。
D6	早餐后进行野象谷一日游，观光热带雨林、蟒蛇园、蝴蝶园、百鸟园、鸟艺和驯象表演。
D7	早餐后游览原始森林公园，游热带沟谷雨林，观看动物表演，孔雀放飞，爱伲抢亲。晚上乘机返回北京，结束愉快旅行！
服务标准	『线路报价』标准团：3580元/人　豪华团：3780元/人　儿童：3380元/人
接待标准	含北京—昆明、丽江—西双版纳—北京机票，机场建设费，空调旅游车，非空调火车(如乘空调火车请客人当地现付差价)，三星或同级酒店，正餐10人一桌(八菜一汤)，11正7早，行程中所列非自费景点首道门票，优秀导游服务；含古维费，进山费。 报价不含：航空保险，旅游人身意外险，个人消费，世博园门票100元/人，野象谷索道票价40元/人。
特别说明	① 在不减少景点的情况下，我社有权对行程、车次、航班、酒店及城市的顺序做出调整(不降标准)，如遇人力不可抗拒因素或政策性调价所产生的费用由旅游者自己承担。 ② 我社根据加盖完整清晰公章的确认票，机票一经售出，不得变更、转签、退票，票送达请付清全款。 ③ 不提供自然单间，出现单男单女需另补房差、加床或住三人间。 ④ 我社接待质量是以大部分旅游者合理签字反馈意见为据，请提示客人认真填写。 丽江大玉龙景区(含玉水寨、东巴谷、东巴王国、东巴万神园、玉峰寺、玉柱擎天)为套票销售，如因时间因素未游览完景点，我社不退任何费用！

第五章

旅游消费者的行为模式

学习要点及目标

1. 理解旅游消费者的需要、动机和行为的关系，了解旅游动机的基本类型，能够在实际的旅游活动中分析旅游者的动机。

2. 理解态度和行为的关系，了解态度转变的影响因素，理解旅游消费者态度对消费决策的影响。

3. 旅游消费者的决策模式。

4. 通过深入理解旅游消费者决策的影响因素，能够结合实际案例分析旅游消费者在进行旅游决策时的心理特征。

引导案例

一碗面条的故事

一次，有位姓李的旅游者在所住酒店的餐厅用餐时，发现服务员送上一碗面条，十分惊讶地说："我没有点面条呀!"服务员微笑着把碗放到老李面前的餐台上，说："今天是您的生日，餐厅向当天过生日的在本店用餐的客人赠送一碗长寿面。祝您生日快乐，身体健康，生活愉快。"

老李听到这里，面露喜色，向服务员表示感谢。老李又说道："唉，要不是你们送长寿面，我都不记得今天是我的生日啦。"服务员笑笑，进一步解释道："我们是从您的住宿登记里了解到您的生日信息，特意制作了长寿面送给您。"

老李吃完热气腾腾的长寿面后很开心，离开餐厅时，老李还特意向服务员表示感谢。服务员说："这是我们应该做的。欢迎您下次再来。"

【点评】

案例中的旅游者老李在生日当天用餐时被赠送长寿面，感到自己受到尊重，心情愉快。该酒店的餐厅根据中国传统文化思想，提供符合心理需求的服务，体现了对住客的关心与尊重，展现了酒店的良好社会形象。饭店管理者经过研究发现了住客的潜在需求，设计了符合住客心理需求的服务，受到用餐者的欢迎。

第一节　旅游消费者的需要和动机

旅游者具有旅游的需要，在具有合适的旅游对象后形成旅游动机，通过收集资料对比分析，对若干目标进行选择，确定旅游目标，做出旅游决策。旅游企业提供旅游的信息，使旅游者对旅游产品有所了解，引起旅游者的兴趣，激发其旅游动机，对旅游者选择旅游项目产生极大的影响。

旅游心理学研究传递旅游信息、激发旅游动机、影响旅游选择的心理过程。认识旅游消费者的需要，了解旅游动机的形成过程，对发挥旅游资源的作用、开发旅游客源市场、推动旅游业的发展起着重要的作用。

一、需要

人们将潜在旅游需要转化为现实旅游需要，形成旅游动机并对旅游产品产生兴趣，在对旅游产品有所了解之后，选择所需的旅游项目，付费购买旅游产品，成为旅游者。旅游者的需要是旅游市场的基础。旅游企业提供旅游产品和服务，满足旅游者的需要，扩大旅游市场，从而获得经济效益和社会效益。

1. 需要的概念

需要就是有机体在内外条件刺激下，对某些事物希望得到满足时的一种心理紧张状态。需要是人脑对机体内环境和外环境不平衡的反映，表现为一种“缺乏感”的体验，以意向、愿望的形式表现出来，最终形成推动行为发生的动机。需要总是指向某种东西、条件或活动的结果等，具有周期性，并随着满足需要的具体内容和方式的改变而不断变化发展。

人为了求得个体在社会中的生存和发展，必须要求一定的事物满足自己的需要，如食物、衣服、睡眠、劳动、交往等。需要是有机体感到某种缺乏而力求获得满足的心理倾向。需要被认为是个体的一种内部状态，它反映个体对内在环境和外部生活条件的较为稳定的要求。

2. 旅游属于较高层次的需要

根据马斯洛的需要层次论，依从低到高顺序把需要分成生理需要、安全需要、社交需要、尊重需要和自我实现需要五类，如图 5-1 所示。

生理需要是指人对食物、水、空气和住房等的需要，这类需要的级别最低，人们在转向较高层次的需要之前，总是尽力满足这类需要。安全需要包括对人身安全、生活稳定以及免遭痛苦、威胁或疾病等的需要。社交需要包括对友谊、爱情以及隶属关系的需要。尊重需要既包括对成就或自我价值的个人感受，也包括他人对自己的认可与重视。自我实现需要的目标是自我实现，或是发挥潜能。达到自我实现境界的人，接受自己也接受他人。

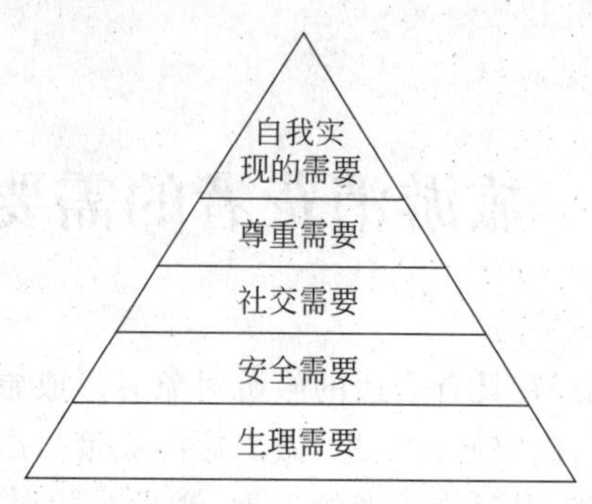

图 5-1　马斯洛的需要层次论

（资料来源：https://baike.so.com/doc/2102592-2224471.html.）

旅游属于较高层次的需要。尊重的需要包括在他人心目中受到重视、赏识或尊重，还包括取得成就、提高地位和自信等表现自己的需要。旅游就是一种很有效地提升自我形象的手段。在欧美地区，到外国名胜地区旅游的经历经常被人们羡慕和崇敬，因此旅游有助于满足个人受尊重的需要。某些由于社会地位等原因在当地不为人所尊重的人，到经济文化比较落后的地区旅游，则可能会得到在家乡得不到的看重和尊崇。因此可以说，有人外出旅游是为了满足尚未得到满足的受尊重的需要。

旅游是满足精神需要的生活方式。生理需要和安全需要属于低级需要，主要是物质需要，只有满足低级需要人才能维持生存。社交需要、尊重需要和自我实现需要属于高级需要，主要是精神需要，满足精神需要表现人的尊严，享受人类文明成果，具有高品质的生活方式。旅游是在满足了生理需要和安全需要基础之上形成的需要，消费者有钱、有闲、有出游的愿望才能实现外出旅游，成为旅游者。

有的人去旅游就是用体现自我价值的方式来满足自我实现的需要。随着社会的发展和人们对生活质量的关注，人对自我实现的要求会越来越多。旅游者为满足自我实现的需要，会在旅游活动中采用各种挑战自我极限的方式表现出来。通过旅游活动达到自我实现的旅游者，有的攀登珠穆朗玛峰，有的孤身穿越沙漠戈壁，有的骑车周游世界，有的选择世界著名建筑进行攀越等。

二、动机

动机是指引起并维持个体活动，并使之朝向一定目标和方向进行的内在驱动力。个体在动机的作用下产生行为，并使其指向一定目标，在行为进行过程中不断调节行为的强度、持续时间和方向，使个体最终实现预定的目标。

旅游者的不同旅游动机导致不同的旅游行为发生。旅游经营者应研究消费者的旅游动机，预测旅游者的行为变化趋势，据此开发旅游新产品，推出符合目标市场需要的旅游项目，才能有利于旅游业的持续发展。

（一）动机的概念

动机是一个心理学名词，指的是促进和维持人的活动，并促使活动指向一定目标的心理倾向。通俗地讲，动机就是激励人们行动的主观因素，人的各种行为都由动机引起。一个人如果要外出旅游，必须同时具备主观和客观两个方面的条件：主观上要有外出旅游的动机，客观上要具备一定的支付能力和闲暇时间，而且身体状况允许等。如果一个人主观上没有旅游的动机和愿望，即使具备客观条件，也不可能成为旅游者。

（二）旅游动机

旅游动机指的是促发一个人有意去旅游以及确定到何处去、做何种旅游的内在驱动力。旅游动机是一个人外出旅游的主观条件，包括旅游者身体、文化、社会交往、地位和声望等方面的动机。促发旅游动机产生的心理需要有两种：探新求异的积极心理和逃避紧张现实的消极心理。影响旅游动机的因素除有个性心理因素和个人因素外，还有某些外部因素。

旅游企业要研究消费者的旅游动机，全面了解消费者的需求，准确细分市场，及时推出符合目标市场需求的旅游项目，从而提高市场占有率。旅游行为的产生，其直接的心理动因是人的动机，而隐藏在动机背后的原因则是人的需要。需要引发动机，在旅游目标的诱导下，动机产生行为指向旅游目标，整个过程受到行为主体的人格因素和外在环境的影响。

1. 探新求异

“世界很大，我要去看看”，在基本的生活条件满足以后，人们为了追求幸福，获得快乐就会选择旅游作为一种新的生活方式，为满足其生活中的好奇心而寻求刺激。适当的刺激则是人生存和发展的必要条件。好奇心是人类和其他一些高等动物在面对新奇、陌生、怪诞或者复杂刺激时所产生的一种趋近、探索和摆弄，以求明白、理解和掌握的心理和行为倾向，具有极强的动力性。好奇心是对高级刺激的寻求，包括寻求刺激和冒险、寻求体验、放纵欲望、厌恶单调等。

“熟悉的地方没风景”，旅游具有异地性和暂时性，异地的未知性，使其天然具有了神秘感，也就具有了新奇性和复杂性。旅游者渴望到异国他乡体验与其惯常生活环境不同的乡土人情、事物风光、文化传统和地方习俗，探新求异形成了一种旅游动机，通过旅游探索满足自己的好奇心和求知欲。旅游者出于获得新体验、放纵欲望、冒险探秘的动机，通过旅游进入新环境得到探新求异的积极心理享受。

尽管“桂林山水甲天下”，但在桂林长大的人并不会由于家乡优美的桂林山水风光而放弃外出旅游。好奇之心，人皆有之。桂林长大的人也要出来游山玩水，外出旅游的动机在于寻求不同于家乡的风景名胜、发现新奇之地等。天下之大，无奇不有。探新求异成为新的追求和社会风尚，旅游作为现代文明的社会活动引导旅游者遍游天下，成为走遍世界的探索者。

2. 消除精神压力

消除精神压力的动机不断得到强化。在高度城市化和工业化的社会，由于人们的生活远离自然环境，喧嚣而沉闷，工作繁忙紧张而又单调重复，公式化的重复运行的生活轨迹缺乏变化，越来越快的生活节奏不断增加着人们的精神压力，使人们在精神上产生了一种由于单调造成的身心紧张和精神疲倦。人们逃避身心紧张和精神疲倦的现实需要，成为消除精神压力动机的基础。

为了摆脱现代生活带来的身心紧张和精神疲倦，人们常常需要暂时性地脱离自己的日常环境和生活节奏，通过旅游进入“第二现实”消除精神压力。旅游就是暂时躲避现实的一种很有效的方式。在外旅游期间，旅游者可以摆脱日常身份的束缚，接受异地环境带来的新刺激，舒缓原来紧绷的神经，从而达到有效缓解身心紧张和消除精神疲倦的目的。旅游活动经常被作为一种消除精神紧张的方式而使用。

（三）旅游动机的基本类型

不同的需要产生不同的动机，即使相同的需要也可能因为民族、性别、年龄、职业和文化程度等因素的影响而以不同的动机表现出来，因此，促使人们外出旅游的直接动机也是多种多样的。美国著名的旅游学教授罗伯特·W.麦金托什提出，因具体需要而产生的旅游动机可划分为下列四种基本类型。

1. 身体方面的动机

身体方面的动机包括为了调节生活规律、促进健康而进行的度假休息、体育活动、海滩消遣、娱乐活动，以及其他直接与保健有关的活动，还包括遵照医嘱或建议做异地治疗、洗温泉浴、做医疗检查以及类似的医疗康复活动。属于这方面的动机都有一个共同特点，即通过与身体有关的活动来消除紧张。

2. 文化方面的动机

人们为了认识、了解自己生活环境和知识范围以外的事物而产生的动机，其最大的特点是希望了解异国他乡的情况，包括了解其音乐、艺术、民俗、舞蹈、绘画及宗教等。人们对不同文化的向往形成旅游活动文化方面的动机。

3. 人际方面的动机

人际方面的动机是人们通过各种形式的社会交往，保持与社会的接触，包括希望接触他乡人民、探亲访友、逃避日常的琐事及惯常的社会环境、结交新友等。

4. 地位和声望方面的动机

地位和声望方面的动机主要与个人成就和个人发展的需要有关。属于这类动机的旅游包括事务、会议、考察研究、追求业余癖好以及求学等类型的旅游。旅游者通过旅游实现自己受人尊重、引人注意、被人赏识、获得好名声的愿望。

事实上，由于人的旅游是一种综合性的活动，能够满足人们多方面的需要，而人们外出旅游时也很少是出于一个方面的动机，因此人们的旅游往往是多种动机共同作用的结果。只是有时是某一动机为主导动机，其他为辅助动机；有时则是有的动机被意识到了，有的动机未被意识到而已。但是，不管如何，旅游动机是人们对认识到的旅游需要的表现形式，不同动机的形成从根本上说是个人因素影响的结果。

（四）旅游动机的特征

1. 旅游动机的内隐性

旅游者意识到并承认的动机被称为显性动机，旅游者没有意识到或者不愿承认的动机被称为隐性动机。旅游者动机的内隐性体现在两个方面：一是旅游者不愿意披露其旅游动机，二是旅游者本身没有意识到或无法表达自己的旅游动机。

2. 旅游动机的多重性

旅游消费者在选择目的地或旅游产品时，很可能受到某种动机的支配和主宰，但是很少是出于单一的旅游动机。在这些动机体系中，驱动力度最强的动机叫作主导动机，其他动机则为辅助动机。

为了能更好地吸引旅游者，旅游企业在设计或开发旅旅游产品时，应充分考虑旅游者的主导动机，也要兼顾辅助动机。

3. 旅游动机的学习性

旅游动机会伴随旅游者的学习和社会的不断变化而不断改变。旅游者通过旅游能够更深入、更全面地认识世界，这些知识是在书本上学不到的。现在有很多的父母，带着年龄比较小的孩子外出旅游，就是为了让年幼的子女通过旅游增长见识，拓宽知识领域，全面地认识世界。

4. 旅游动机的复杂性

旅游动机的复杂性表现在以下四个方面。

(1) 不同的动机导致同一种旅游行为

相似的旅游行为未必出自相似的旅游动机，相似的动机也不一定导致相似的行为。例如，旅游者游山玩水，有人是为了欣赏美景，有人是为了锻炼身体、磨炼意志，有人是为了享受自然环境，不同的动机导致同一种旅游行为发生；旅游者为了体验惊险刺激参加潜水旅游、登山旅游、极地旅游等探险旅游，表现为同一动机不同的旅游行为发生。

(2) 导致相同行为的各种动机有强弱之分

旅游中导致相同旅游行为的各种动机有强弱之分，而哪种强，哪种弱，并不容易分清。如果旅游者必须在两种动机中选择一种，结果往往容易造成遗憾。例如，参加同一苏州之旅旅游团的团员，他们的主导动机是要亲身体验江南风光，一同观赏上桥流水、黛瓦白墙、绿草鲜花，但每个团员的辅助动机并不相同，有的人是为了圆自己的多年向往江南风光的美梦，有的人是想验证“江南园林在苏州”说法的真实性，有的人是陪爱人共同出游。

(3) 动机并不是总处在显性状态

有时，旅游者无法对所采取的行动给出清楚的解释，即动机的内隐性使得动机更为复杂。消费者由于有了钱和闲暇时间不甘心囿于自己的惯常生活环境，出于“走出去，去看看”的想法，参加旅游活动。这些旅游者没有明确的目标，只要能离开原有的环境就行。有些旅游者在旅游归来向同事描述旅游见闻时，突然意识到原来参加旅游可以提高自己的社会评价。这些消费者内隐的旅游动机渐渐明确起来，改变了他们的生活方式。

(4) 没有一种动机是孤立的

随着旅游业的快速发展，旅游市场的竞争也日趋激烈。旅游企业要想在激烈的竞争中赢得市场，就必须研究旅游者的动机，全面了解旅游者的需要和动机，牢牢掌握和抓住旅游者的心理，开展心理营销，及时推出符合目标市场需要的旅游产品和服务，如修学旅游、养生旅游、体育旅游、蜜月旅游和探险旅游等。

三、行为

行为是指人的与生理、心理活动紧密相连的外显动作，由一连串的动作组成。人的行为发生受个性和环境两个方面的制约。动机是在需要的基础上产生的,优势动机引发和决定着人的行为。

动机对人的行为活动具有如下三种功能。

1. 激活的功能

动机能激发一个人产生某种行为,对行为起着始动作用。例如,人们有了旅游的愿望,形成旅游需要,产生旅游动机,在旅游产品的诱导下做出旅游决策,发生旅游行为。

2. 指向的功能

动机不仅能唤起行为,而且能使行为具有稳定和完整的内容,使个体行为具有明显的选择性。旅游者在旅游过程中,按照自己的愿望关注旅游活动,形成旅游动机,通过旅游行为实现旅游目标,满足自己的需要。

例如,一个旅游者确立了去北京旅游的动机,在其头脑中不断收集有关北京旅游的信息资料,多方比较不同北京游的旅游产品内容,最终做出"参加北京七日游"的决策,通过完成北京七日游的行程,实现亲身体验北京风光的经历,并对所参加的北京七日游做出评价。

3. 维持和调整的功能

动机能使个体的行为维持一定的时间,对行为起着续动作用。例如,旅游者为充分利用北京七日游的行程,每晚安排不同的活动,观天安门广场夜景、逛王府井商业街、品吴裕泰的茗茶、吃簋街的美食和看梅兰芳大剧院的京剧表演,使旅游生活更加丰富。

总之,旅游企业应认识需要、动机和行为之间的关系,不断推出旅游新产品,促进旅游市场的持续发展。在现代社会,旅游已成为人的一种生活方式,消费者具有不同的旅游需要,在旅游需要的基础上形成旅游动机,通过收集资料和评估旅游产品,做出旅游决策,通过参加旅游活动满足其旅游需要。旅游企业根据旅游需要、动机和行为不断循环的特点,设计适销的旅游产品,提供丰富的旅游信息,使旅游者了解旅游产品,引起旅游者的兴趣,激发其旅游动机,选择旅游项目,参加旅游活动。

第二节 态度与旅游消费决策

态度是个体对某一具体对象所持有的较为稳定、持久和一致的心理和行为倾向。态度是在社会生活中形成的,是人社会化的结果。态度具有相对比较稳定的特性,会随着时间和外界条件的变化而变化。在客观条件相同的情况下,态度决定着人们的主观感受。

不同的旅游者在旅游活动中,会对旅游活动中的事物持有不同的态度。因为旅游者来自不同的社会阶层,在不同的社会条件下生活,其受教育程度、地域、民族、职业种类千差万别,所以其社会化过程各不相同,形成不同的态度而影响到行为的表现。旅游者各自不同的态度影响着旅游行为表现、旅游生活方式和旅游购买行为。

一、态度

态度是一种复杂的心理现象,其形成和发展受到个体过去的知识、经验、动机等因素的影响。某种态度一经形成，就会对人的行为产生极大的影响。旅游工作者深入了解旅游者的态度与心理行为的关系才能做好旅游服务工作，研究旅游者的态度才能进一步提高旅游服务质量，促进旅游行业的良性发展。

（一）态度

态度是个体对某一具体对象所持有的较为稳定、持久和一致的心理和行为倾向。

（二）态度的构成

态度是一种具有认知成分、情感成分和行为成分的系统。

1. 认知成分

认知成分由个体对某个事物的各个属性的信念所构成，即对人与事物的认识、理解和评价，最终形成印象。认知是态度形成的基础，包括对态度对象的所有知识和信念。例如，有的人认为扬州是一个资源丰富、风景优美、柳絮飘飞的城市，他们对去扬州旅游会产生积极的态度；有的人认为温泉旅游可以增进身体健康，于是他们对此有一定的倾向性；有的人认为黄山的山美，有的人认为九寨沟的水美。这些都是旅游者对旅游对象的认知，是旅游态度形成的认知成分。

2. 情感成分

情感成分是个体对某个事物的感情或情绪性反映，即个体对某个对象持有的好恶情感，是个体对态度对象的一种内心体验。情感成分是态度的核心，并和旅游者的行为紧密相连。态度对象是否符合旅游者的需要导致旅游者喜欢或厌恶某个景点或旅游项目。当旅游者游览过大连，有了印象后认为“大连是个美丽可爱的城市”，对大连做出了喜欢的评价，表现出旅游者积极的情感成分。

3. 行为倾向成分

行为倾向成分是个体对某个事物或某项活动做出特定反应的倾向，也是一种行为的准备状态，即准备对态度对象做出什么反应。意向成分不是行为而是行为之前的心理倾向，但又与行为有着密切的关系。旅游者通过认知形成对态度对象的情感，如北京是中华人民共和国的首都，因此对北京产生了积极肯定的情绪情感，他在心理上就积极地做各种准备，可能做出到北京旅游的决策。

4. 三种成分间的关系

态度的构成要素之间是相互联系、协调一致而不能分离的。认知是态度的基础，情感是态度的核心，行为倾向是态度的最终表现形式。例如，旅游者到北京以后，根据之前对北京酒店的了解，在选择住宿酒店过程中，认为位于著名的王府井大街南口的北京饭店交通便利，具有五星级的优良服务水准，就会对北京饭店比较满意，产生喜欢愉快的情感，从而产生准备到北京饭店住宿的倾向。

（三）态度的特性

态度作为主体对客体的一种心理状态和心理倾向，作为认知、情感、行为倾向等因素的总和，它既不同于事实，也不同于意见，具有自身的独特性。旅游参与者了解态度的特性，有助于更好地认识态度对旅游行为的影响。

1. 态度的对象性

态度必须指向特定的对象,这种对象可能是人、物、事件、团体或组织,也可能是一种现象、状态或观念。这些人与事物等一旦成为态度的对象,就称作态度客体。没有客体的态度是不存在的,任何一种态度都有针对性。因为态度总是针对一定客体发生的,所以态度反映了主体与客体间的关系。旅游活动对象引发旅游者的态度,影响旅游者的旅游行为。

2. 态度的持续性

态度是稳定的,它一经形成将持续一段时间而且不易改变,即一个人一旦对某一对象形成某种态度,常常是持久不变的,并成为其人格的一部分,使同一个人对同一对象形成前后一致的、自然的习惯性反应,在行为方式上表现出一定的规律性。

态度的稳定和持续性与行为表现呈因果关系,态度的前后一致性与行为密切相关。旅游者在接受了旅行社提供的优质服务后,形成积极的态度取向,会倾向于再次接受旅行社提供的旅游服务。

3. 态度的社会性

态度的社会性指的是任何人对任何对象的态度都不是与生俱来的,因为人不是独立的人,而是社会的人。任何态度都是后天习得的,是人在社会化的过程中逐渐适应周围世界的结果,特别是与其他人的相互合作和相互作用使个体从自然人转变为社会人。

个体获得了对于社会环境中人和事物的认识,丰富了情感,积累了经验,学会了对人和事物进行选择,形成了对人和事物的接受与拒绝、喜爱与厌恶、赞成或反对的倾向。旅游活动中存在大量的人际交往,社会性明显,旅游者对旅游活动的态度影响旅游活动的进行。

4. 态度的价值性

态度的价值性是指态度对象对人意义的大小。旅游者对某种事物的态度,主要反映了该事物对旅游者的意义与价值,事物的价值包括的内容很多。事物对人的价值大小,既来源于人主观的需要、兴趣、爱好、性格、信念、理想等因素,也来源于客观事物本身,主客观因素制约态度的形成和变化。

由于价值观不同,不同的人对同一事物也可能形成不同的态度。价值观念对人们态度的形成起到一种基本的综合作用。旅游者是认为旅游活动丰富人生经历,还是认为旅游活动浪费钱财和时间,持有不同价值观的旅游者在旅游过程中会有不同的行为表现。

5. 态度的个体性

态度的个体性是指态度是人的一种心理体验、心理倾向,因而即使在同一个环境里,不同的人总会有不同的态度。由于存在不同的心理特征和不同个性,因此,人们对相同的对象尽管持有共同的态度,但其表现形式也会各有不同。旅游者的个体性在旅游活动中表现明显,内向或外向的旅游者在旅游活动期间,与旅游工作者的合作水平往往不同。

6. 态度的内隐性

态度的内隐性指的是态度是一种内在心理倾向,不能直接被人所观察。因为它只是行为的意向、行为的心理准备,而不是行为本身,所以只能通过人的行为间接地推断得知人的态度。旅游者态度的内隐性使得旅游工作者在服务过程中,必须注意观察旅游者的行为，推测旅游者的真实态度，采取相应的工作对策满足旅游者的需要。

7. 态度的系统性

一个人的所有态度合起来称为态度群。由于态度群中各种态度的形成过程都是相似的，各种态度的构成要素都是相同的，因此使态度群中各种态度之间是彼此联系、紧密相关的。不仅每一中态度的构成要素之间具有系统性，而且各种态度之间具有系统性。喜爱中国园林艺术的旅游者，对旅游资源地的土木建筑、山石植物、小桥流水、飞禽走兽、文化习俗等都会持有积极的态度，表现出极强的态度的系统性。

8. 态度的调整性

态度的调整性是人在社会奖惩或亲朋意见及榜样示范作用下改变自己态度的特点。态度的调整性有助于旅游者在心理上适应新的或困难的处境，使自己不必亲身经历或付出代价而达到态度的改变。在旅游活动中最常见的就是人们根据他人或社会的奖惩来调整或改变态度。

旅游者准备到旅游胜地杭州去度假，当其同事或朋友表示了不同的看法，或看到有关当地此时已人满为患的报道后，旅游者很可能改变原来的态度，取消这次旅游或到别的地方去旅游。

二、影响态度形成的因素

1. 知识经验

认知成分是态度形成的基础，知识经验可以使人形成一定的态度，也可以使已形成的态度发生改变。人对于同自己没有直接关联的对象无法利用直接经验，只能通过间接经验认知对象内容。通过学习知识和积累经验形成对特定对象的看法或真实认识，表现出明确的心理倾向。“上有天堂，下有苏杭”提供的知识和经验，使旅游者对苏杭风光形成向往的心理，对赴苏杭旅游持有积极的态度。

2. 需要的满足

态度是人对特定对象持有的肯定或否定的情感，具有鲜明的情绪色彩，而情绪色彩则是建立在需要是否得到满足的基础上。因此，人们对于能满足自己的需要，或是能够帮助自己实现目的的对象，倾向于积极的情绪体验，产生肯定态度；反之，对于阻碍自己达到目标或引起挫折的对象，则倾向于产生消极情绪体验，产生否定态度。旅游工作者的微笑服务使旅游者处在愉快之中，于是对旅游活动呈现喜爱的态度，对旅游活动兴趣十足。

3. 家庭因素

家庭是个人社会化的第一场所，父母是个人成长中的重要影响人物，是儿童首先认同的对象，儿童不仅在言谈、举止上模仿父母，而且在思想、情感、价值观念、人格上也吸取父母榜样态度的内涵。父母对特定认知对象的态度，必然影响儿童对特定对象态度的形成。

4. 文化因素

文化作为人社会化的大背景，深刻地影响到态度的形成。社会文化在思想观念、行为方式的社会统一和规范中起着积极的调整作用，是人进行自我调整，实现个人与社会平衡的标准。在一定社会文化背景下生活的旅游者，对旅游活动的态度，取决于特定的社会文化要求。

“在家千般好，出门万事难”的社会文化观念，使旅游者在旅游活动中感到紧张、焦虑甚至痛苦，而“行万里路，读万卷书”的社会文化观念，又使旅游者在旅游活动中感到愉快、兴奋甚至激动。

5. 群体压力

个人在社会生活中总是隶属于某个群体，成为群体的一员，必然受到群体规范的压力。任何群体都有一定的规范要求其成员共同遵守，当个人表现出符合群体规范的行为，则可能得到群体的接纳和喜欢；反之，不符合群体规范行为的人，将感受到群体规范的一致性压力，遭到群体的拒绝和排斥。因此，个人为了免受群体其他成员的非议和孤立往往会做出从众行为，“随大流”地形成与群体大多数成员一致的态度。

旅游工作者可以利用群体压力管理旅游团队，如运用团队压力对个别旅游者发生的迟到行为表示不满，使之在此后的旅游活动中遵守守时的群体规范，保证旅游活动顺利进行。

6. 个体的特殊经历

个体在社会发展过程中经历的特殊事件会给个体留下非常深刻印象。个体创伤性的经历或者戏剧性的经验，会影响或强化个体的态度。例如旅游者的亲友乘飞机外出旅游时，出现意外事故，会导致该旅游者对飞机的安全性产生疑虑，可能很长一段时间内都不会选择乘坐飞机外出旅游。“一朝被蛇咬，十年怕井绳”，就是对这类创伤性经验影响的一种概括。

旅游者在旅游活动中戏剧性的经历，对旅游态度的影响也会非常深刻。旅游者在旅游过程突遇大雪导致地面交通受阻，改为乘飞机完成其余行程，于是不但欣赏到美丽的雪景，还减少了路途占用的时间，使旅游者对旅游活动安排特别满意。

有时，意外收获会极大地强化旅游者对旅游活动的积极态度。在旅游活动中意外获得了爱情、友情、亲情等情感经历，旅游者对此次旅游活动和旅游目的地都会有非常深刻的印象，从而导致旅游者喜爱旅游活动的态度形成。

三、态度的改变

态度改变是指个体已经形成的态度，在某一信息或意见等因素的影响下，向新的态度转变的过程。态度具有稳定性并不意味着态度是一成不变的，随着外界条件及个体因素的变化，态度会发生改变，并形成新的态度。

（一）态度改变的类型

1. 态度的一致性改变

态度的一致性改变即改变原有态度的强度，但方向不变，如将稍微反对（或赞成），改变为强烈反对（或赞成）。例如，某旅游者原来对出去旅游犹豫不决，后来表示坚定不移地要去或不去旅游；以前反对乘坐飞机出行，后来极力反对乘坐飞机出行。这些都是态度的强度变化，是态度强度的增强或者减弱，但态度本身并没有发生质的变化。

2. 态度的不一致性改变

态度的不一致性改变即态度方向的改变，如由原来赞成的态度变为反对的态度，由尊敬的态度变为轻蔑的态度。比如有的旅游者原来不喜欢乘坐飞机旅游，后来喜欢乘坐飞机旅游；以前赞成去登山，后来反对去登山等。这些都是态度性质和方向的变化。

（二）态度特性影响态度改变

1. 态度的强度

态度的强度即态度的力量，是指个体对对象赞成或不赞成的程度。一般来说，态度的强度越大态度就越稳定，改变起来也就越困难。旅行社未能及时提供接机服务，致使旅游者延误行程，旅行社的解决办法又令旅游者很不满意，因而对该旅行社产生强烈的否定情绪，这种态度一经形成就难以改变。

2. 态度的价值性

态度的价值成分与态度的转变有密切关系。态度的价值性是指态度的对象对人的价值和意义的大小。如果态度的对象对旅游者的价值大，那么对他的影响就会很深，因而一旦形成某种态度后，就很难改变。相反，态度的对象对旅游者的价值小，他的态度就容易改变。

私家园林的典型代表拙政园和皇家园林的典型代表颐和园，都是中国古典园林的杰作。拙政园的平民色彩往往使旅游者觉得活泼可爱、容易亲近，而颐和园的皇家气派往往使旅游者觉得庄严有余而活泼不足，对拙政园和颐和园的不同的价值判断一旦形成就很难发生改变。

3. 态度形成的复杂性

态度形成的因素越复杂，越不容易改变。复杂的态度就是态度的建立不是凭借某一简单事实，而是依赖许多次证明的事实，想使复杂的态度发生改变相当困难。态度如果只依据单个事实建立，那么只要证明这个事实是纯偶然因素造成的，旅游者的态度就会比较容易改变；而如果态度是建立在很多事实的基础之上的，那么要改变态度就比较困难了。

旅游者通过多次参加某一特定旅行社的旅游活动，消费其旅游产品和服务，形成对该家旅行社的良好印象，建立了对该旅行社的信任态度。旅游工作者在旅游服务活动中应该对每次的旅游行程、对每项服务工作、对每个服务环节保持足够的重视，提供优质的服务，建立旅游者的信任，使其不会因为一些传言而发生改变。

4. 态度的协调一致性

协调一致的态度是指态度中的三种成分（认知成分、情感成分、意向成分）协调一致，没有矛盾。如果三者之间出现不一致，则态度的稳定性较差，也就容易发生改变。旅游者出于为自身利益的考虑，选择美誉度高的旅行社参与旅游活动，得到了优质的服务，而成为回头客就是态度的协调一致性的典型体现。

（三）旅游者本身的特点影响态度改变

1. 旅游者的兴趣爱好

一个人从小形成的嗜好、偏爱、兴趣等不易改变，而这些兴趣爱好又影响着人对旅游偏好的态度。兴趣爱好引发旅游动机，旅游者的兴趣爱好越深厚越不容易改变，对旅游偏好的态度越稳定。

2. 旅游者的性格特征

从性格上看,凡是依赖性强、暗示性高或比较随和的人容易相信权威、崇拜他人,因而容易改变态度;反之,独立性强、自信心高的人则不容易被他人说服,因而不容易改变态度。性格外向开朗的人比性格内向的人旅游态度更容易改变。

3. 旅游者的需要

旅游者的旅游需要与态度的改变密切相关,如果能最大限度地满足旅游者当时的需要,或满足旅游者多方面的旅游需要则容易使其改变态度,即态度的价值性与旅游者的个人价值观越相近则越不易改变。旅游者个人需要水平影响态度的改变,需要水平高的人更易具有倾向于参加旅游活动的态度。

4. 旅游者的智力水平

旅游者的智力水平越高,其观察能力、思考能力、判断能力越强。智力水平高的旅游者多能明确分析各种观点,不容易受他人左右;反之,智力水平低的旅游者,难以判断是非,常常人云亦云,因而容易改变态度。

旅游工作者在服务过程中要严格执行合同条款,保质保量提供服务,强化智力水平高的旅游者的积极态度。

对智力水平低的旅游者,旅游工作者在服务过程中,除严格执行合同条款、保质保量提供服务外,还应加强情感的投入,利用非智力因素,强化这类旅游者的积极态度。

5. 旅游者的自我评估程度

一个自我评估程度低的人,比一个自信的人更容易受周围事物和宣传信息的影响。自我评估高的人在面临其他信息干扰时,倾向于相信自己而不受别人左右,所以态度不易改变。旅游工作者在服务过程中,应给旅游者中自我评估高的人提供更多的自我决策空间,提供丰富的信息和资料使他们建立稳定的态度。

6. 旅游者的心理防卫能力

心理防卫能力强的人不容易接受他人的劝告,因而态度改变也比较难;反之,自我防卫能力弱的人则敏感易变,容易改变态度。旅游工作者在服务过程中对心理防卫能力强的旅游者应较少提出劝告,以免带来不快。

此外,受教育程度高和社会地位高的人的态度也比较难改变。

(四) 影响旅游者态度的其他条件

1. 外界信息的作用

从某种意义上说,旅游者的态度是在他们接受各种信息的基础上形成的。旅游者在行动前,会主动搜集各种有关信息,所得信息间的一致性越强,形成的态度越稳固,越不容易发生改变。旅游者听说九寨沟风景优美奇特,在电视中又看到了介绍九寨沟的风光片,去旅行社咨询又听到了对那里极好的评价,那么他对游览九寨沟的态度就会非常坚决。

2. 旅游者之间关系的影响

态度具有相互影响的特点。由于旅游者之间角色、身份、目的和利益是有相同或相似性的,他们之间相互沟通,相互交流,彼此的意见容易被接受。当旅游者认为某种意见是来自与其利益一致的一方时就乐于接受这种意见,有时甚至会主动征询他人的意见,作为自己的参考。旅游者在旅游决策过程中通过征求旅行社或从事旅游专业工作的朋友、旅游经验丰富者和旅游专家的意见，由此建立的态度不易发生改变。

小贴士

态度的相似性与人际吸引力的实验

（一）实验原理

个人态度因素对人与人之间的相互吸引程度有重要影响作用。如果双方能意识到彼此态度的相似性，则容易相互吸引，产生亲密感。

（二）实验对象：20名大学生。

（三）实验步骤与方法

1. 将20名被试者安排在4个房间居住。

2. 进入宿舍前首先了解他们关于政治、经济、审美、政策等方面的态度倾向，调查他们的主要个性特征，如性格、兴趣、气质、能力等。

3. 将对于上述问题的态度、价值观和个性特征相似或不相似的被试混合编成4个组，安排在4间房子里，一起生活1个月或更长的时间。

4. 每周测定一次“你喜欢谁、不喜欢谁”。

（四）实验结果处理

1. 统计并分析每次测定的被试反应倾向。

2. 比较被试反应倾向的差异，寻找被试者各阶段心理变化的规律性。

（五）实验结果介绍

心理学家在实验中发现：在相处的初期，空间距离决定了人们之间的吸引，到了后期，相互吸引发生了变化，彼此间的态度和价值越是相似的人，相互之间的吸引力越大。

（资料来源：http://edu6.teacher.com.cn/tkc044a/html/taidual1.htm.）

3. 旅游者团体的影响

旅游者的态度通常是与其所属群体的要求和期望相一致的，因为群体的规范和习惯力量会无形中形成一种压力而影响群体内成员的态度。如果个人与所属群体内大多数人的意见相一致时，他就会得到有力的支持；否则，就会感受到来自群体的压力。例如，旅游者虽然很想利用春节去黑龙江看冰灯，但是因为群体中大部分人愿意去海南看海，所以该旅游者只能和团队一起去海边旅游，表现为群体压力下的“从众行为”。

四、改变旅游者消费态度的策略

态度改变的模式表明，改变态度的过程实际上是在特定的社会情境中，劝导者（改变别人态度者）有意识地向目标对象（被改变态度者）传递经过考虑和设计的信息，希望能够借此以改变对方的态度。改变旅游者态度是一项比较复杂的工作，旅游工作者要有效地改变旅游者态度，必须把握和运用态度改变过程的基本规律，采取有效的手段方能达到预期目的。

(一) 提高旅游产品和服务质量

旅游者在旅游活动中消费旅游产品或旅游服务。旅游产品与服务的质量是影响旅游者态度的重要因素,优质的旅游产品与服务对增强或改进旅游者的态度起着重要作用。旅游产品和服务形象是旅游者和潜在旅游者对旅游产品的总体评价,是旅游产品与服务的特征在旅游者心目中的反映,包括旅游吸引物、交通、接待、旅游工作者的仪表仪容和语言等。

通过旅游产品的形象改变旅游者的态度,首先要改变功能产品的形象,使之成为能满足旅游者实际需要的产品,其次要提高旅游工作者的职业素质改变服务形象(包括仪表、仪容、态度、技能、服务水平等)使旅游者获得心理满足。旅游产品和服务的质量的高低,直接影响旅游者的态度改变。

(二) 加强旅游宣传

信息是旅游者态度形成的一个重要因素,也是态度改变的重要依据。旅游工作者通过旅游者的信息认知改变旅游者的态度应不断向旅游者宣传新的旅游信息,产生改变态度的效果。旅游市场不断变化,旅游企业加强旅游宣传使新的信息不断传播。旅游者掌握的新信息越多,旅游态度改变的可能性就越大。目前,旅游界非常重视旅游宣传,通过不同的宣传途径向旅游者输送新的旅游知识和信息。

1. 加大旅游宣传力度

中国有着悠久的历史和灿烂的文化,旅游资源非常丰富,如雄伟的古长城、威武的兵马俑、多彩的敦煌莫高窟、秀美的桂林山水、多样的云南石林、神秘的四川九寨沟、汹涌的黄河、奇险的长江、葱茏的庐山、美丽的雪域高原、秀美的江南风光等。旅游业加大旅游宣传力度,就可以影响国内外旅游者改变态度,将他们吸引到旅游资源地去旅游。

2. 有针对性地组织旅游宣传的内容

同一个宣传材料,由于组织的方式不同,其宣传效果也会有很大差异。如果宣传对象是受教育程度高的旅游者时,提供有关旅游目的地正反两方面的材料,有助于消除其防御心理、消除怀疑、理性决策,有利于改变否定态度;而如果宣传对象是受教育程度低的旅游者,只向其提供正面材料导致态度改变的效果会更明显。

3. 渐进性地开展旅游宣传逐步提出要求

在通过说服宣传改变旅游者态度的过程中,当需要改变的态度差距比较大时,旅游企业需逐步提出要求,渐进性地开展旅游宣传,不断缩小差距以达到态度的完全改变,增加旅游客源数量。

(三) 引导参加旅游活动

旅游者的旅游态度形成虽然受到众多因素的影响,但最终要通过实际活动体现出来。旅游者积极参加实际活动,既可以促进某种态度的形成,也可以促使某种态度发生改变。

旅游者在旅游活动中能够增进相互了解和认识新事物,吸收有利于某种态度形成或导致原有态度改变的新信息。特别是当旅游者离开原来工作、生活的环境,融入新的旅游环境中时,新的环境、新的生活、新的朋友、新的感受使旅游者对旅游有了全新的认识和理解,使其原有的消极旅游态度发生改变,形成新的积极旅游态度。引导旅游者积极参加旅游活动，创设共同活动机会，旅游工作者要事先做好旅游活动策划工作，吸引更多的旅游者投身旅游活动之中享受参加旅游的快乐。

（四）提高对旅游者的说服力

态度对旅游行为的影响直接体现在对旅游决策的影响上，旅游者进行旅游决策与人进行其他决策一样，往往要求决策者经历一系列的心理步骤。旅游者对态度对象的突出性利益的知觉，会导致旅游偏爱的形成和发展，而已形成的旅游偏爱又会直接影响旅游者的旅游决策的意向。

态度是由认知、情感、意向三种成分构成的一种内在心理结构。在旅游决策过程中，旅游者的某种态度一旦形成，就产生行为方式的偏爱或意图。某种或另一种类型的社会因素，又会对这种偏爱或意图是否实际导致行为产生重要影响，进而影响人们的旅游决策。

所谓偏爱，就是驱使个体趋向某一个目标的心理倾向。尽管态度并不能预计实际行为，但它却能很好地预示偏爱。态度是偏爱最好的预兆，是偏爱形成的基础。研究表明，旅游者的旅游决策在很大程度上取决于旅游偏爱。

五、态度和旅游消费行为的关系

旅游消费行为是指旅游者的购买行为，是旅游者在市场营销刺激和其他刺激下，根据自身的各种特征和决策过程形成购买决策并进行购买旅游产品的活动过程。旅游者的消费行为是在考虑个人的需要和动机下做出的活动，态度是影响旅游者消费行为的重要因素。

在进行实际的旅游消费行为之前，旅游者必须首先选择旅游目的地、旅游活动方式和内容等。旅游消费者对各种旅游活动的态度不同，决定了他们选择的倾向性。

（一）态度影响旅游消费行为

1. 态度影响对旅游产品的判断与评价

旅游消费者的态度直接影响其对旅游产品、服务和对旅游企业的判断与评价，进而影响其购买行为。例如，一些旅游者形成了“飞机不安全”的信念和态度，那么他宁愿多花时间也要乘坐汽车或火车。此外，人们的态度有时甚至会造成认知判断的偏差，进而做出与事实不符的评价。例如，有恐高症的人，如果在不得已的情况下乘坐了飞机，即使空乘人员为他提供了周到的服务，他也不一定会对航班给予好评。

2. 态度影响对旅游信息的学习

旅游者的态度影响其对旅游信息的学习兴趣与学习效果。旅游者在搜集旅游信息的过程中，与其态度相吻合的信息容易被吸收、储存和提取，而那些与其态度不相吻合的信息则容易被忽视、曲解。旅游者非常容易对旅游产品、旅游企业、旅游服务产生先入为主的见解，这些都是因为态度影响了他对信息的注意和理解。

3. 态度影响购买意向

态度通过影响旅游者的购买意向，进而影响其消费行为。态度与消费者的购买意图存在直接联系，抱有善意态度的消费者有明确的购买意图。

4. 态度影响旅游效果

旅游者的态度直接影响其参加旅游活动的投入程度和旅游效果。积极的态度会激发较高的心理活动水平,使旅游者在旅游活动中充满活力,能以宽容的心态对待旅游中的生活不便和疲劳,也容易得到心理上的满足。

旅游者的态度和行为之间一般不是简单的表现为一一对应关系。在许多情况下,旅游者的态度和行为是不一致的,即虽然许多行为是受态度支配的,但是态度并不能预测行为。

(二)态度和旅游消费行为不一致

1. 态度因素之间的矛盾冲突

态度由认知、情感、意向三个因素构成,三者之间,特别是认知和情感有时会发生矛盾冲突,导致态度和行为不一致。在美国的理论研究中,旅游企业主在情感方面是否定中国人的,但是为了赚钱,理智赢了情感。

此外,有些旅游者曾经在去过的旅游景区经历了创伤,形成了否定的情感。虽然以后景区改善了,旧的创伤已经不存在了,但是理智不能战胜情感,旅游者还是不愿意故地重游。

2. 对同一对象的态度冲突

态度的对象通常是由多个部分和多种属性构成的统一体,旅游者可能对其中的某些部分和属性持有肯定的态度,对其他部分持否定的态度,这样就导致旅游者的态度和行为之间有时一致、有时不一致。一个景区主要由景点、交通、餐饮、旅馆、旅游从业者以及当地居民等部分构成,旅游者的态度就建立在针对这些组成部分的态度基础之上,其中在所难免会有矛盾冲突。即使旅游者从总体上对该景区持肯定态度,也不一定选择该景区作为旅游目的地。

3. 当时的情境

行为者当时所处的情境会影响其行为,行为是情境的产物,必定会受到特定的情境的行为规范约束。通常人们都愿意和自己喜欢的人坐一起,但是在长途旅行时,只有一个空座位,即使旁边坐了一个令人讨厌的人,大多数人还是会选择坐下来。这种行为主要是受当时情境的影响。

4. 直接经验

态度的形成过程显示了直接从事过的某类事情,这样形成的态度会直接影响旅游者的消费行为。

(三)态度和旅游决策

旅游者做出决策需要经历一系列的心理过程。旅游者首先从社会环境中获取各种旅游信息,在此基础上形成对旅游的具体态度。态度形成之后,就会导致旅游者某种意图的产生,这时社会因素又会对这种意图施加影响,这些结合在一起决定了具体的旅游决策,进而产生具体的旅游行为。

第三节　旅游消费者的决策模式

旅游消费者的决策模式是其生活经验的直接反映。旅游者根据得到的信息、结合自己的实际条件做出旅游决策。研究旅游消费者的决策模式，影响其决策模式的施行，有利于旅游工作者更高效地开展营销工作。

一、旅游购买决策的过程

根据决策理论推断旅游决策是指旅游者或者旅游组织为了实现某种目标而对未来一定时期内有关旅游活动的方向、内容以及方式的选择或调整过程。这里只讨论旅游者的决策，即旅游者关于是否出去旅游、去哪里旅游、以什么样的方式旅游、参加哪家旅行社组织的旅游团队等问题的抉择过程。

按照心理学的观点，旅游者的决策一般包括5个阶段，即产生旅游动机、收集旅游信息、评估备选方案、决定购买行为和购买后行为。

（一）产生旅游动机

当需要迫切到一定程度时，旅游消费者就会产生动机，寻求解决问题的办法。这个阶段往往比较隐蔽，旅游消费者不会站出来大声地喊“我有一个问题”，他们甚至不会把旅游动机或者购买需要当成问题来看待。

例如，当旅游者在途中需要进餐的时候，他可能会说：“我饿了。”“我们吃饭吧！”但是，他心里想的是：“我要找一个安静的地方，吃一顿丰盛的晚餐，我们应该去哪里呢？”这些隐蔽的需要和动机决定着旅游消费者选择旅游产品和服务的倾向。

（二）收集旅游信息

旅游消费者在进行旅游决策之前，会收集大量的信息。信息时代的到来，为人们收集相关的信息带来极大的便利。旅游者有时候凭借自己的经验来解决问题，有时候也会通过旅行社、亲朋好友、互联网、新闻报道、广告等渠道来收集有关信息。

例如旅游目的地的气候、景观、当地风俗、治安状况、宾馆情况、交通、消费价格以及旅行社的服务情况等，在这些信息的收集和处理过程中，旅游消费者总是有目的、有选择地注意、理解、接受和保持他们接触到的信息。他们只关注他们感兴趣的东西，在尽量理解这些信息后，作出接受或拒绝这些信息的判断，把接受的信息保存在记忆里。这些选择的信息为旅游消费者的决策提供依据，使得消费者可以拟定一些被选方案。

（三）评估备选方案

如果有多种方案能够解决问题，旅游消费者必须进行评估和选择。一般来说，旅游消费者会根据自己的需要，罗列他所重视的属性，确定各个属性的重要程度，然后以这些属性为评价标准，衡量各个备选方案在评价标准上的绩效值。

（四）决定购买行为

旅游消费者对某一品牌或者旅游产品形成购买意向后，将采取实际的购买行为。但是，购买意向和购买行为之间往往会有一段时滞，在此期间会有一些因素影响旅游消费者的最终购买。这些因素主要包括以下几方面。

1. 他人的态度

旅游消费者可能会与家人、朋友或其他社会人士讨论他的购买意向。如果参与讨论者的态度是否定的，而且这个参与者与旅游消费者的关系又很密切，或者这个人有很丰富的旅游经验和知识，那么旅游消费者推迟、改变购买意向或者终止购买意向的可能性就会相应增加。

例如，某一个旅游消费者准备去北戴河旅游，但是他最好的朋友告诉他，北戴河污染很严重，住宿条件也很差，那么这个旅游消费者很有可能就会终止北戴河之行的计划。

2. 旅游中的风险

这类风险包括财务风险、心理风险、社交风险等。如果旅游消费者认为风险太大，他们会推迟购买行为，继续寻找更多的信息，选择声誉良好的旅游企业或者熟悉的旅游企业，变更目的地。

3. 意外状况

旅游消费者自身的意外状况，如旅游消费者工作上的变化、身体上的不适、可支配收入的变化等。旅游市场环境的意外状况，如旅游企业新推出的促销措施、替代性新产品的出现、旅游产品的提价或者降价等。

有时，旅游消费者只花几分钟，就能够形成购买意向并付诸实践，但是，有时他们可能要用一年，甚至更长的时间来决定。在最终购买行为发生之前，我们不能断定旅游消费者的购买意向必然转变为购买行为。对于价值高的购买意向，旅游消费者甚至在支付额定金之后，还要设法进一步了解自己的选择是否正确，对已经作出的决策进行调整。对于价值低的购买意向，旅游消费者则可能把决定权交给其他人，如下属、秘书、配偶、航空公司或者旅游代理商等。

（五）购买后行为

如果旅游消费者做出了某种选择，并按照这种选择去购买了，那么他们就进入了一个新的感知阶段，即实际购买之后的感知阶段。旅游消费者会不断地评估他们的期望是否实现了，如果现实感知和期望值相符，产生满意感；如果现实感知和期望值不相符，则可能会产生不满意感，甚至会投诉或向他人进行负面的口头宣传。这些必将影响其以后或者他人的购买决策。

二、旅游购买决策的模式

一般情况下，旅游消费者的决策类型是多种多样的，从不同角度可以分为不同的类型。同一个旅游者在决定旅游的事情上也会随着自身和环境的变化而发生变化。一般情况下，旅游消费者的决策分为三种模式：惯常决策模式、有限决策模式和广泛决策模式。

（一）惯常决策模式

惯常决策模式又称名义型决策，是指旅游消费者根据其头脑中已形成的观念、知识和经验，几乎不加思索地选择某个旅游目的地或购买某一种旅游产品和服务。

在惯常决策中，旅游消费者的投入一般较低，也就是，主要针对低价位的旅游产品而言。旅游消费者在决策过程中往往跳过某个阶段想当然地做出决策，较少考虑风险因素，主要的原因就是，他们认为所购买的旅游产品不昂贵，懂得如何评价被选方案，对这个产品了如指掌。

（二）有限决策模式

有限决策是指旅游消费者对某一产品领域或该领域的品牌有一定的了解，或者对产品和品牌的选择已经形成基本的评价标准，但是尚未形成对特定品牌的偏好，需要进一步搜集信息，以便做出更为满意的选择。

在有限决策过程中，旅游消费者以内部收集信息为主，外部收集信息为辅，进入被选范围的产品不是很多，通常只对某一个或少数几个产品进行评价。一般来说，除非旅游消费者在消费该产品的过程中出现了问题或购后服务不尽如人意，否则，他们很少在事后对产品的购买和使用进行评价。

采用有限决策的旅游消费者认为被选产品之间的差别不是很大，同时他们又没有时间和渠道广泛搜集信息，因此简化决策过程，如减少信息来源、评估准则或被选方案。追求低价位的购买决策、追求多样化的购买决策和情绪型购买决策都属于有限购买决策。

（三）广泛决策模式

广泛决策是一种较为复杂的购买决策。旅游消费者会花费几天、几个星期甚至几个月的时间，广泛搜集内部和外部信息，寻找可供选择的备选方案，形成明确的评估标准。在全面深入地评价和比较各个备选方案的优劣后，旅游消费者形成自己的态度和购买意向，进而实施购买行为，并完成相关的其他方面的辅助决策。

旅游消费者对于欧洲度假游、邮轮航海游等花费高、距离远、意义大的旅游项目，进行的都是广泛决策。广泛决策适用于那些旅游消费者对相关的旅游产品和服务不熟悉，还没有建立起相应的评价标准，也未将选择范围限定在少数几个备选方案之内，而他们又有较多时间斟酌的情况。

在广泛决策中，旅游消费者已经审慎地解决了决策过程中各阶段的问题，但是他们仍可能对最终购买有疑虑，甚至会延迟或重新评估其购买决策。旅游消费者还会求助于旅游代理商、旅游专家、政府旅游管理部门，或者采取共同决策的方式来确保决策的正确性。

三、旅游购买决策的特点

旅游商品和其他商品有很多相似之处，也有很多的不同。因此旅游消费者的购买决策过程与一般消费决策相似，也包括需要识别、搜集信息、评估备选方案、实际购买、购后评价等阶段，但旅游购买决策也有不同于一般商品购买决策的特点。

（一）一次旅游消费活动包含一系列的决策过程

旅游消费活动的时空范围比较大，因此一次旅游消费活动会包含一系列的决策过程。旅游消费者不仅要选择目的地和旅行路线，还要进行何时去、如何去、在何处下榻和就餐、到目的地参加哪些活动以及如何分配资金和时间等一系列决策，每一项子决策都可能会影响到其他的子决策。

例如，如果消费者决定乘飞机旅游，则意味着他可以在目的地安排更多的旅游活动，但可能也意味着他要压缩住宿开支。包价旅游产品在旅游市场上大行其道的重要原因，正是因为它把许多产品和服务组合起来，节省了消费者依次做出若干项决策所耗费的时间和精力。

（二）旅游消费者的购买行为更容易受情感的驱动

消费者购买产品时一般会依据逻辑或事实来判断该产品对他是否有特定的功效。然而，在旅游消费中，消费者可能更多地运用情感来判断。消费者钟情于特定产品和品牌的情况在旅游业中是很正常的现象。其主要原因是，旅游业是情感密集型产业。

旅游消费者接受服务的过程通常就是与旅游企业员工交往的过程。在人与人的交往中产生的情感会影响旅游者未来的购买行为。在旅游服务中，有时，一个员工的行为就能决定接受该员工所提供服务的旅游者是否会再次购买该企业的服务。

（三）旅游产品的无形性

旅游产品不可触摸、不可事先体验，旅游消费者在购前难以准确地评价和选择旅游产品。旅游消费者一般不能确定他们的决策是否正确，从而在购买决策的第二、第三和第四个阶段徘徊，并经常出现购后的认知失调。

购买的行为越重要，投入的金钱和精力越多，旅游消费者在消费过程中的心理活动水平的期望越高，就越可能发现最终购买的旅游产品与他们的期望相差太大，因而产生失调感。

（四）不同旅游消费者评估旅游产品的标准差别很大

同一旅游产品对不同旅游者的效用差别往往大于一般商品对不同消费者的效用差别。例如，商务旅游者一般都希望饭店能在客房提供复印和上网服务，在大堂公示航班抵离信息；但是，休闲旅游者就不重视这些服务，也不愿为之付费。

此外，同样是商务旅游者，女性比男性旅游者更关注客房门锁的安全性，以及是否配备有化妆镜、吹风机等生活用具的情况。

第四节　影响旅游消费者决策的因素

消费者进行旅游决策的过程，也就是采取旅游行为的过程。旅游消费决策过程受消费者个体所处的环境及消费者个体心理差异等因素的影响。这些影响因素主要包括文化因素、社会因素和个人因素等。

一、文化因素

文化因素是指人类在社会历史发展过程中所创造的物质财富和精神财富的总和，包括民族传统、宗教信仰、风俗习惯、教育层次和价值观念等。任何一个旅游者都处于特定的社会之中，而社会则是由一定的地理范围、人群及特定的文化因素等组成，所以文化因素深刻地影响着旅游者的购买行为。

（一）文化

文化是影响和调节人们社会行为的有力因素，对人们行为的影响是潜移默化的。文化具有继承性，许多社会行为大多是出于文化的影响，如东亚区域许多国家用烟花爆竹庆祝春节，而欧美大陆则用圣诞树、圣诞花环庆祝圣诞节。每一种文化都包含着某些行为规范，这些行为规范为社会所认可并制约着每个成员的行为。最为普通的日常行为规范被称为习俗，而对人们影响十分明显的行为规范则是道德规范。

旅游营销是跨文化的营销，旅游营销人员进行营销活动时首先应遵循顾客的道德规范，在此基础上还应了解旅游者的习俗以及介于习俗与道德规范之间的行为规范。

文化是一个复合体，它包括价值观念、生活方式、人们用以表现人类行为的创造物和符号，以及具有历史继承性的人类行为模式。建筑、艺术品、服装等都是文化的有形形式，而宗教、习俗、价值观以及经济政治体制则是文化的无形形式。文化是社会所有成员共有的，并且可以通过接受者的学习过程得以继承。

1. 民族传统

各民族都有自己的文化传统。例如，中华民族一向有勤劳、节俭的传统，在消费上表现为重积累、重计划等，在选择商品时追求实惠和耐用，相对而言不太注重外观包装，而且大部分开支是用于日用品，讲理智。而西方有些国家则不同，强调享受人生，在消费行为上表现为注重当前消费效果，购买时不太讲实用，冲动性购买较多，选择商品时讲究环境，追求商品外观装饰等。

2. 风俗习惯

不同的国家、民族和地区都有其独特的风俗习惯，这些风俗习惯有的是因历史、宗教而形成的，有的是由自然环境、经济条件所决定的。例如，东方国家习惯上把红色作为吉祥的象征，在法国和瑞典则视红色为不祥之兆。在我国，有端午节吃粽子、中秋节吃月饼的传统，因而每年的端午节和中秋节都会出现对粽子和月饼的购买热潮。

3. 教育层次

现实社会中，人们所受教育的程度和层次是存在差异的，这些差异也影响着人们的消费行为。例如，教育层次较低的旅游者在购买旅游产品时多选择“一线多点”的旅游项目，以花费少游览的地方多获得满足感；教育层次较高的旅游者在购买旅游产品时多选择经过合理组合的“深度游”旅游项目，了解当地的文化特色，欣赏当地的自然风光和风土人情，在“第二现实”的环境中享受旅游的快乐。

4. 价值观念

价值观念是指人们对事物的是非与优劣的评判原则和标准。例如，崇尚节约的旅游者总是希望选择经济的旅游项目，住宿餐饮费用低廉，使用汽车、火车和普通轮船作为交通工具，愿意为了少花钱而多花些时间完成旅游活动。崇尚享乐的旅游者总是希望选择豪华的旅游项目，住宿餐饮费用高昂，使用高档汽车、飞机和豪华轮船作为交通工具，愿意为了得到超常旅游服务多付些钱。

（二）社会阶层

社会阶层是指一个社会中，人们按等级排列，社会阶层是由具有相同或类似社会地位的社会成员组成的具有相对的同质性和稳定性的群体。社会分工形成了不同的行业和职业，个人的地位、声望和资源的不同，会在社会水平分化的基础上形成垂直分化，从而形成社会阶层。每个社会阶层的成员具有类似的价值观、兴趣爱好和行为方式。

旅游者均处于一定的社会阶层。在大众旅游阶段旅游者来自各个社会阶层，具有不同的旅游需要，呈现多元化和多样化的特点。通常同一社会阶层的人在经济地位、利益、价值取向、思维方式、兴趣、消费需求、消费偏好、购买行为等方面存在着许多相似之处。处于不同阶层的人，往往在上述方面存在着较大的差别。

二、社会因素

旅游者的购买决策也受到社会因素的影响，其中包括相关群体、家庭、角色和地位等，这些社会因素在很大程度上影响着旅游者的购买决策。

（一）相关群体

一个人的态度和行为要受到许多群体的影响。群体指的是具有共同目标或兴趣的两个或两个以上的人联结而成的人群。相关群体则是指对一个人的态度和行为等具有直接或间接影响的一群人。

群体结合得越紧密、交往过程越有效、个人对群体越尊重，对个人的购买决策影响就越大。相关群体对个人购买决策的影响，可以概括为几个方面。

① 为个人提供可供选择的行为模式或生活方式。

② 影响人们的价值观、审美观、消费偏好、消费需要，引起人们的仿效欲望。

③ 影响人们对产品品种、品牌、购买方式乃至价格的看法和选择，促使人们的行为趋向于某种一致性。需要指出的是，相关群体对个人的影响因产品不同而有所区别。

旅游企业应着重于设法影响有关的相关群体的意见领导者，即相关群体中有影响力的人。意见领导者的建议或行为影响力较大，他们一旦夸奖了或使用了什么产品，就会对该产品起到有力的宣传和推广作用。旅游企业应注意研究相关群体中意见领袖对旅游者决策的影响，从而达到对本企业及产品进行有效宣传和推广的作用。

（二）家庭

家庭是社会组织的最基本单位，也是最重要的相关群体。一个人在其一生中一般要经历两个家庭。第一个是父母的家庭，在父母的养育下逐渐长大成人；然后又组成自己的家庭，即第二个家庭。消费者做旅游购买决策时，必然要受到这两个家庭的影响。

家庭不仅影响家庭成员的购买行为，而且相当一部分旅游活动是以家庭的形式进行的。与和朋友、同事以及其他群体等出游频率相比，家庭的出游频率是最高的。

家庭购买决策大致可分为三种类型：一人独自做主；全家参与意见，一人做主；全家共同决定。这里的“全家”虽然包括子女，但主要还是夫妻二人。

但是随着社会的发展，孩子在家庭购买决策中的影响力也不容忽视，随着孩子的成长、知识的增加和经济上的独立，他们在家庭购买决策中的参与度逐渐加大。因此，旅游工作者要仔细研究家庭这一特殊的相关群体对旅游者个体购买决策的影响，并且深入了解家庭各成员的旅游购买决策的过程。

三、个人因素

购买决策也受到个人因素的影响，如性别、年龄、家庭生命周期、职业、经济状况、生活方式和自我形象等。

1. 性别

不同性别的旅游者，因生理和心理上的差异而在旅游消费需要方面存在着明显的不同，此外，在接触媒体、信息来源、购买方式等方面也存在着一定的差别。

例如，从纯粹的生理意义上说，首先，男性和女性的感官功能有某些差异，因此对旅游活动的反应也有差别。其次，男性和女性在体力上也有较大差异，因此在选择旅游项目时也有区别。

从心理意义上说，由于男性和女性在家庭和社会两方面所处地位和作用不同，其旅游动机的产生和发展也有较大区别。例如，男性由于主动性、冒险性、猎奇心理等特点，容易萌发外出旅游的愿望，并容易把其旅游动机付诸实施；女性由于被动性、保守性、求实心理等特点，其旅游动机的产生容易受其他因素的影响和制约，在旅游动机向旅游行为转化方面，也显得犹疑、迟滞和稳重。另外，在选择旅游目的地、旅游项目、旅游价格方面，男性和女性也有较大的心理差异。

2. 年龄

年龄的差异往往意味着生理和心理状况、收入水平以及旅游经验的差别。因此，由于年龄的差异，不同旅游者在选择旅游产品的种类、品牌以及在旅游过程中的购买行为也有很大差别。年龄是划分旅游市场的传统标志。一般来讲，年轻人喜欢新颖的和刺激性与冒险性较强的、体力消耗较大的旅游活动，老年人则倾向于节奏舒缓、舒适并且体力消耗较小的旅游活动。年龄也是家庭生命周期阶段划分的主要依据。

3. 家庭生命周期

家庭生命周期是指家庭从建立到最后消亡的全过程。一般把这一过程分成七个阶段，即未婚阶段、新婚阶段、子女幼小阶段、子女学习阶段、子女成年阶段、子女分居阶段和独身老人阶段。旅游者的决策在家庭的不同生命周期阶段都有各自的特点。

几乎任何一项旅游活动都需要耗费一定的体力和精力，因此旅游者的身体健康状况成为直接影响旅游决策的因素。健康状况不同，旅游者对交通工具、住宿设施及饮食要求也有很大差异。生理健康状况有时也会影响到旅游者的心理状况，从而间接影响到旅游者的决策。

4. 职业

一个人的职业在很大程度上决定了其收入水平，同时也决定了一个人闲暇时间的多少。一个人的收入水平决定了其购买能力。可支配收入的充足性是旅游购买决策产生的必要条件，收入的多少直接限制了旅游者购买旅游产品的种类、品牌、购买方式以及购买数量。闲暇时间是影响人们旅游购买决策的另一个客观因素。有的从业者可能在冬季才有度假机会，有的从业者则只能在夏季得到度假机会，因此，职业在一定程度上影响到旅游者购买决策的时间性。

职业也意味着购买者的工作性质和生活经历。不同职业的人由于工作性质不同可能会促使其选择不同的旅游产品。工作繁杂程度高、人际交往频繁、工作任务重的就业者倾向于选择放松型的度假旅游，追求闲散舒适，而不再热衷选择刺激性强的旅游项目。不同的职业的旅游者对旅游服务质量的期望值也有所不同。

5. 经济状况

一个人的经济状况，是指其收入状况（收入的水平、稳定性和时间分布）、储蓄和财产状况、借贷能力等方面的综合情况。经济状况决定着个人的购买能力，并在很大程度上制约着购买决策。消费者的经济状况较好，就易于做出购买决定；经济状况较差，在支出方面就较为慎重，偏重于满足生活必需品的需要，减少对非生活必需品的消费，这必然会限制人们的外出旅游活动。

此外，对开支和储蓄的态度也影响着个人的实际购买力和购买决策。消费者对开支和储蓄的态度，不仅受收入水平、消费习惯和传统风尚的影响，而且受利率高低、物价稳定程度等因素的影响。因此，旅游企业要密切注意消费者个人收入、储蓄、利率、旅游以及相关产品价格等的动向，以便根据实际情况及时调整营销策略，保持旅游产品对目标顾客的吸引力。

6. 生活方式

生活方式指的是人们在自己的价值观念、个性心理及经济条件等因素的制约下，在一系列外部环境因素的影响下形成的物质生活和精神生活的风格，它通过人们的活动、兴趣和想法表现出来。生活方式也是影响旅游者购买行为的一个重要因素。具有不同生活方式的旅游者，在个人偏好、需要特征、购买决策等方面具有许多不同的特点。

有些人属于把大量时间与精力投入到工作和学习中，期望在事业上做出成绩的事业型；有些人属于希望生活丰富多彩，增加生活情趣，注重生活方面的满足，并乐于在旅游度假等方面开支、花费时间和精力的享乐型；有些人属于重视家庭生活，依惯例行事的归属型。调查旅游者生活方式可以让旅游企业制定出针对性较强的旅游产品的营销方案和策略。

7. 自我形象

自我形象，一般是指人的实际自我认识或理想自我认识，即一个人怎样看待自己或希望怎样看待自己；有时也指人的社会自我形象，即一个人认为别人和希望别人如何看待自己。由于人们总是希望保持、增强和改善自我形象，并把消费和购买行为作为表现和塑造自我形象的一种重要手段，因此消费者一般总是选择符合或能够改善自我形象的产品。

自我形象对休闲项目的选择具有重要意义。例如，那些自认为外向和活跃的青年人，如果把乘船度假这种旅游产品视为一种适合老年人躺在摇椅上消磨时光的旅游方式的话，他们就不会购买乘船度假这种旅游产品。他们更有可能选择一种潜水或滑雪旅游项目产品。因此，旅游企业研究目标市场中旅游者的自我形象，有助于更好地满足他们上述方面的特定需要。

本章小结

1. 态度是个体对某一具体对象所持有的较为稳定、持久和一致的心理和行为倾向。

2. 态度的形成和发展受到个体过去的知识、经验、动机等因素的影响，由认知成分、情感成分和行为倾向成分构成。

3. 旅游者的决策一般分为产生旅游动机、收集旅游信息、评估选择、决定购买行为、购买后行为五个阶段。

复习思考题

1. 旅游需要。
2. 旅游动机的产生原因。
3. 旅游消费行为产生的过程。
4. 旅游者的购买决策过程。
5. 影响旅游消费决策的因素有哪些？
6. 结合实例阐述旅游态度对旅游消费决策的影响。
7. 如何通过改变态度来影响旅游行为？

实践课堂

组织一次去旅游景点参观的活动，分析讨论需要、动机和行动之间的关系，在实际旅游决策中的具体作用。

第六章

旅游社会文化心理

学习要点及目标

1. 掌握亚文化概念，了解旅游亚文化群体的心理特点；
2. 了解旅游资源地居民与旅游者之间存在着的心理冲突类型；
3. 了解我国主要旅游资源地居民的亚文化心理；
4. 正确看待旅游活动对旅游资源地居民亚文化的影响。

引导案例

谐趣园中知鱼桥

北京颐和园万寿山东麓的"园中之园"——谐趣园，始建于乾隆十六年，原名惠山园，仿江南无锡惠山寄畅园而建。嘉庆十六年大修，改名谐趣园。光绪十九年重建。知鱼桥是一座汉白玉的石桥，桥头石牌楼上横额"知鱼桥"为乾隆题写，牌楼上还刻有乾隆所写的对联、玺印和诗作。对联："月波潋滟金为色；风濑琤琮石有声。"桥身贴近水面，便于观看水中鱼游动之态，享受"知鱼之乐"。

知鱼桥用庄子和惠子"子非鱼"的典故命名，"知鱼"的名称出自《庄子·外篇·秋水》记载的庄子与惠子"濠上问答"的故事：庄子与惠子游于濠梁之上。庄子曰："儵鱼出游从容，是鱼之乐也。"惠子曰："子非鱼，安知鱼之乐?"庄子曰："子非我，安知我不知鱼之乐?"惠子曰："我非子，固不知子矣；子固非鱼也，子之不知鱼之乐，全矣!"庄子曰："请循其本。子曰'汝安知鱼乐'云者，既已知吾知之而问我。我知之濠上也。"

（资料来源：https://baike.so.com/doc/9259274-9592794.html.）

【点评】

旅游资源地的风光景色与当地文化相结合形成特色旅游景观，文化意蕴成为旅游景观的点睛之笔，极大提升了旅游景观的思想内涵，吸引旅游者前来观光。"江山之美全在导游之嘴"，旅游者参观"知鱼桥"时，导游员对旅游景观文化背景的讲解提升了旅游者对旅游景观的认识水平，使旅游者获得更多精神享受。

第一节 旅游亚文化群体的心理特点

旅游社会文化心理主要由不同的亚文化构成，直接影响旅游者、旅游工作者和旅游资源地居民的行为。旅游活动是旅游者离开惯常的环境进入游资源地增加亲身体验与经历的过程，能在欣赏自然风光的同时了解当地的文化。

不同文化的交流与碰撞体现了文化的多样性，旅游本身也是一种文化现象，带有浓厚的人文特点。各种不同亚文化的特色之处也是旅游开发的内容之一。文化的传承流变不断发生，随着社会的进步发展不断发生改变。

一、亚文化的含义

亚文化是指某一个主文化群体所属次级群体的成员共有的独特信念、价值观和生活习惯。每一种亚文化都包含其所在的更大社会群体中主要的文化信念、价值观和行为模式。目前，国内外营销学者普遍接受的是按民族、宗教、种族、地理划分亚文化的分类方法。

1. 民族亚文化

几乎每个国家都是由不同民族所构成的。不同的民族，都各有其独特的风俗习惯和文化传统。民族亚文化对旅游者行为的影响是巨大、深远的。

2. 宗教亚文化

不同的宗教群体，具有不同的文化倾向、习俗和禁忌。例如我国有佛教、道教、伊斯兰教、天主教、基督教等，这些宗教的信仰者都有各自的信仰、生活方式和消费习惯。宗教能影响人们行为，也能影响人们的价值观。

3. 种族亚文化

白种人、黄种人、黑种人都各有其独特的文化传统、文化风格和态度。他们即使生活在同一国家甚至同一城市，也会有自己特殊的需要、爱好和购买习惯。不同种族的消费者对于旅游产品的购买决策过程是不同的。

4. 地理亚文化

地理环境上的差异也会导致人们在消费习俗和消费特点上的不同。长期形成的地域习惯，一般比较稳定。自然地理环境间接影响着一个地区人们的生活方式、生活水平、购买力和消费结构，从而在不同的地域可能形成不同的商业文化。

因此，旅游企业在开展营销活动时必须重视亚文化的影响。

二、旅游亚文化群体的心理特点

旅游亚文化群体主要包括旅游者、旅游资源地居民、旅游工作者。

（一）旅游者的心理特点

旅游者出来旅游主要是受旅游动机所支配。动机是引发或维持人的活动并使活动指向一定目的的心理倾向。旅游者的心理特点主要有以下方面。

1. 保持健康的需要

维持人生命的延续以及保证人的身体健康所产生的衣、食、住、行等基本需要，是人的生理需要。人们出来旅游就是想要在工作生活之余出来放松心情，缓解身体疲劳，以便今后能够以良好的心态和健康的身体更好地生活、工作和学习。

2. 求新求知的需要

好奇心人皆有之，旅游者会对自己未知的新鲜事物产生接触、了解和尝试的愿望。一般情况下，人们会选择自己未到过的地方去旅行，所以新奇的旅游服务项目或文化含量较高的旅游服务产品常会激发旅游者的购买欲望。例如浙江乌镇、周庄风景区，北方旅游者会对这些江南古镇产生极大的兴趣，而南方旅游者会对黑龙江哈尔滨的北方的冰雪风光产生浓厚的兴趣。

3. 满足情感的需要

这主要是指旅游者因情绪和情感变化，如由于喜、怒、哀、乐等短暂性的情绪和偏好、责任等稳定性的情感，而产生想出去旅游的心态。人会因心情郁闷想去海边晒晒太阳，希望广阔的大海能够舒解一下内心的不愉快。

4. 寻求自我发展的需要

这种需要是旅游者想把旅游服务消费作为发展自我、实现自我的手段。旅游者通过与旅游工作者、当地居民和其他旅游者接触，可以放松身心，给自己的人生重新定位，并获得自己个性的完善与知识、阅历的增长。所以，现在的旅游项目开发会更注重旅游者的参与和知识的传授。

（二）旅游资源地居民的心理特点

旅游的发展会给旅游资源地的经济和社会发展带来一定的改善，不过也会带来相应的负面影响，所以对于旅游资源地居民来说，旅游的发展、旅游者的涌入会使他们陷入非常矛盾的心理状态之中。

1. 亲切、友好的心理

有些旅游资源地居民会对旅游者的到来表示出亲切、友好的态度，这主要是由于旅游业的发展，旅游者的到来会给当地居民带来收入的增加，从而可以改善当地人的生活水平。同时随着旅游的发展，相应的配套设施也会得到改善，这样也会使当地人民的生活质量得到提高。因此，他们会对旅游业的发展和旅游者的到来表示欢迎。

2. 厌恶、仇视的心理

在旅游业发展的初始阶段，旅游资源地居民持好奇、犹疑和观望的态度，他们是乐于见到旅游业的欣欣向荣发展的。而随着旅游业的发展，伴随着旅游者的大量涌入，旅游资源地居民的生活氛围和当地的文化被破坏，以及各种负面的影响因素出现，旅游资源地居民开始对旅游业甚至对旅游者产生厌恶、仇视的情绪。

（三）旅游工作者的心理特点

1. 受尊重的心理需要

旅游业作为服务行业，是一个较为特殊的行业。在人们的传统观念中，认为旅游服务工作是“侍候人”的工作，有些旅游者心理上也存在这样的偏见，所以人们对旅游从业者的地位常常贬低。在现实的服务工作中，由于基层旅游工作人员，如导游员、饭店餐饮服务员等，极易产生自卑的心理，使他们产生了强烈的受尊重的心理需要。他们希望人格受尊重、希望个人的服务和工作受到肯定等。

2. 职业安全和个人发展的需要

旅游服务行业常被人们看作是吃青春饭的行业，特别是导游员和服务员，所以旅游工作人员到了一定的年龄会寻找新的出路。在这种观念的作用下，有许多工作人员从走上自己的岗位起就开始思考自己职业安全的问题。因此，他们期望旅游企业能够为自己提供更多的发展条件和发展空间，希望得到更好、更多的职业培训和锻炼机会，获得职位晋升和职业发展空间。

3. 对工作的厌烦心理

有些旅游从业者从事的工作是经常性的重复劳动。例如，有的导游员总带游览同一个线路的不同旅游团，每天重复讲述同样的景点解说词，饭店服务员每天重复做同一种工作。这样时间长了，旅游工作者就会产生生理和心理疲劳，对工作产生厌倦。但是，出于旅游从业者的工作职责就是要为旅游者服务，他们又不能把这种厌倦情绪带到工作当中，因此作为旅游从业人员，要做好心理调适，消除生理和心理疲劳防止厌倦情绪。

第二节　旅游资源地居民与旅游者心理冲突

人与人之间相处并非总是融洽的，也会有矛盾和分歧。同样，旅游资源地居民和旅游者在相处时，可能也会产生心理冲突。不同亚文化背景的人，除了相互好奇之外，还会有利益和心理冲突，由此产生文化震撼和冲击。

一、文化冲突给旅游者带来的心理冲击

文化差异对人们旅游行为的影响是一分为二的，既有积极的，也有消极的。

从积极的方面来看，文化上的差异会对旅游者产生巨大的吸引力。旅游资源地文化越有特色，就越会对旅游者产生强烈的吸引力，因为旅游资源地与客源地文化相互碰撞产生的文化震撼会非常强烈。例如，住在寒冷地区的人们希望能够到热带地区旅游，内陆城市的人们喜欢去沿海旅游胜地度假，西方国家的人们喜欢去东方有悠久文化传承的国度游览。

从消极的方面来看，文化差异又会给旅游者带来文化冲突。旅游者一直在自己的文化背景中长期生活，从思想到行为方式上已经形成了一种固定的模式，当旅游者刚刚进入

一种全新的文化环境时,必然会产生一些不适和排斥反应。

旅游者的心理冲击可以分为以下三个阶段。

1. 强烈的冲击阶段

旅游者刚刚来到旅游资源地时,旅游者的心情是十分兴奋的,对目的地的许多事物都会产生强烈的兴趣。但是在接下来的相互接触过程中,旅游者会发现目的地文化有好多独特之处,有些甚至与自身文化完全对立,这使他们的视觉、听觉、嗅觉等感觉都受到强烈的冲击,变得敏感,甚至焦虑,心情也由开始的亢奋变得收敛和谨慎。

例如,刚刚来到哈尔滨的南方游客可能会对哈尔滨的冰和雪非常感兴趣,可是当他们游览冰雪大世界,在里面领略了北方特有的寒冷后,他们可能在感觉上会有些不适应,由开始的兴奋变得有些"胆怯"。

2. 适应与协调阶段

在这一阶段,旅游者在与旅游资源地居民频繁接触中逐渐摸索出一些经验,开始入乡随俗,掌握了与当地人沟通的技巧和方法,在内心欣赏并吸收不同文化中他们感兴趣的部分。此时,旅游者的心情变得平衡而舒畅,他们会无意识地把自己的文化表现出来,从而形成不同文化的渗透与融合。例如,来到北方的南方客人会渐渐地理解并适应在冰天雪地的状态下吃冰棍,来到草原的客人会欣然接受主人敬的味道有些怪的酥油茶。

3. 不适应和恢复阶段

这主要是旅游者在旅途结束后回到自己本土所要经历的阶段。在被异域文化冲击后,旅游者的思想和行为会自觉不自觉地适应一些东西,因此,在重新回到自己的日常生活时,会经历一个调整和恢复的阶段。

我们为什么旅行?

皮寇·爱耶尔

我们去旅行,最初是想迷失自我,我们去旅行,最终是要找到自我。我们去旅行,开阔眼界,敞开心扉,去了解这个不能仅仅从报纸上了解到的世界。我们轻装上阵,以我们有限的知识,去领略地球上其他地方的富饶。我们旅行,使自己返老还童,让时间放缓它的脚步,沉溺于其中,再一次坠入爱河。

"旅行"意味着"自找苦吃",至少我自己的旅行,很大程度上,是去寻找艰辛,包括感受自己的艰难和体验旁人的辛苦。这样一种意义上的旅行,可以让我们取得理性和感性的完美结合,一方面清晰地看世界,另一方面真实地思考。不加思索的观光显然是漫不经心的,而离开观察的思想又可能是盲目的。

旅行带来的最大的乐趣就是:将我所有的想念和确定的事情统统留在家里,然后在不同的光线下,以不同的角度去审视那些我曾经认为完全了解的事情。我们在旅途中学到的第一课,就是我们脑海中的许多自认为"放之四海而皆准"的概念,往往在其他地方、其他的时间并非如此。我们将价值观、信仰和新闻带到要去的地方,在世界的许多地方,我们就是活动的电视和报纸,是将他们从根深蒂固的局限性中带出来的唯一频道。

我们旅行是为了寻找更好的问题，而不是为了寻找答案。我们在审视别人的同时，自己也成为别人审视的对象；我们在吸收外界文化的同时，也被这一文化吸收着。普鲁斯特有句古老的格言：真正探索的旅程，并不是去看新的地方，而是用新的眼光。

（资料来源：https://www.taodocs.com/p-135270587.html.）

二、旅游带给旅游资源地居民的心理冲击

旅游业的发展，旅游者的大量涌入，虽然给旅游资源地人们带来了一些经济和社会效益，但同时也会使当地居民产生一些不适应，产生心理冲突。

旅游者的到达，必然同当地人发生接触，甚至将当地人当成了观赏目标，对旅游资源地的社会道德和风尚产生影响。这种影响当旅游资源地的社会同旅游者所处的社会差异越大，就越明显，它不利于旅游资源地原社会形态持续，最明显的就是原来的热情、好客、勤劳、简朴、平等的精神被削弱了。例如，旅游者去西双版纳看傣族人的泼水节，本来是傣族人自己的节日，现在却要作为观赏的表演节目来被旅游者观看，影响当地人自享其乐。

旅游者的增加，也必然会同当地居民争用宝贵的资源，从土地、水源、山林、能源、道路到食品、日用物资等，将会引起物价的浮动、交通和能源的紧张，同时还会对当地的生态环境产生一些负面影响。流水的旅游者，固定的景点，旅游者走了，可是由他们带来的一些冲击却一直在影响着旅游资源地居民的生活，给他们带来一系列的不适应。

旅游资源地居民与旅游者心理冲突表现在以下几个方面。

1. 影响生态环境

旅游者的大量涌入会对当地的生态环境产生不利影响，山不再绿了，水不再清了，垃圾多了。旅游资源地居民的正常生活受到了影响，对旅游者的到来，不再有旅游业发展初期的热情、友好态度。

2. 文化差异的碰撞

由于旅游目的地和旅游客源地人们所处的环境不同，文化背景也不同，当外地人来到本地时，尤其是两种差异巨大文化发生碰撞时，不仅会对旅游者产生心理冲击，同时也会引起旅游资源地居民巨大的不适应。旅游者的价值观、生活方式等都会对旅游资源地居民产生心理冲击。

3. 不能使全体旅游资源地居民受益

旅游业的发展未必会让全体旅游资源地居民受益，得不到实惠的居民可能会对旅游者的到来表示不友好，从而影响当地的旅游形象。

第三节　旅游参与者的心理调适

旅游者、旅游工作者和旅游资源地居民分属不同的亚文化群体，在一起相处时，可能会产生冲突和不适，因此了解旅游工作者、旅游资源地居民和旅游者的心理，做好心理调

适是非常重要的。

一、旅游工作者的心理调适

旅游服务工作是一项不仅需要体力而且要付出相当大脑力的繁杂工作。每天要与不同职业、不同层次、不同地域的形形色色的人和部门打交道，时间长了，旅游工作者也会产生心理上的不愉快。例如，导游员在带团的过程中可能会遇到下述情况。

导游员是北京人，而客人是上海人，他们分属不同的地域，所属的亚文化特质也不相同，可能在带团的过程中会发生相应的碰撞。同时，导游员把团队带到了东北，东北人的豪爽和上海人的细腻也存在着很大的不同。这样导游员、旅游者、旅游资源地居民他们三者之间，由于所属亚文化的不同，从而会导致对待很多问题的看法、做法的不同，容易产生矛盾，如果处理不当则会产生一系列的不良影响。

作为旅游工作者，首先应该明确：我们是服务者，客人是我们的服务对象，我们所做的一切就是能够为客人提供更好、更周到、更细致的服务，让客人高兴而来，满意而归。旅游工作者因此必须做好以下几个方面的心理调适。

（一）情绪稳定

情绪稳定表示一个人的中枢神经系统活动处于相对平衡的状态，愉快的情绪反映出一个人的身心活动和谐与满意。作为旅游工作者首先应当做到无论在任何时间和任何情况下都要保持情绪上的稳定。

（二）个性良好

个性是一个人有别于其他人的独特心理特征，具有相对的稳定性。性格是一个人个性中最本质的表现。旅游工作者的个性应当保持相对稳定，性格开朗、热情、大方、勇敢、谦虚、诚实、乐于助人。

（三）正确认识自己，接纳自己

虽然社会上有些人对旅游工作存在偏见，认为是“伺候人”的行业，但是旅游工作者应该能够体验到自己存在的价值，能够了解自己工作的性质，能够接受社会对自己的工作、能力、性格和特点的评价，并努力发挥自身的潜能。例如，旅游工作者在遇到经济条件比自己优越的客人时，不应该盲目羡慕，而应正确看待别人的财富和社会地位，同时也要正确评价自己的社会财富和社会地位。

（四）努力营造和谐的人际关系

作为旅游工作者，要乐于与人交往，无论是与同事交往还是进行客我交往，要认可别人存在的重要性和作用。当遇到不同文化背景的旅游者时，旅游工作者要以接纳包容的态度与其相处，尊重旅游者和旅游资源地居民的风俗习惯。在遇到旅游者投诉的时候，旅游工作者不要带有抵触情绪，要以认真、诚恳的态度来解决问题。

二、旅游资源地居民的心理调适

旅游业的发展会给旅游资源地居民的生活带来一系列的影响，有积极的也有消极的。

作为旅游资源地居民应当调整好心态，客观地看待这种变化，这样才能与旅游者相处融洽，使当地的旅游业能够更好地发展，居民才能够获得更多的收入，生活也会得到相应的改善。

（一）对待旅游者要友好

远道来的都是客，"有朋自远方来，不亦乐乎"。中国自古以来就是一个好客的国家，客人从远道来了，我们都会把好酒、好菜拿出来招待客人。随着市场经济发展，人们的这种纯朴天性有所变化，但是友好待客的这种传统是不应该改变的。旅游资源地居民应当认识到，旅游者的到来，会在一定程度上增加当地的就业机会，增加居民的收入，可以在一定程度上改善旅游资源地居民的生活。

同时，随着旅游业的开发，旅游者的到来可以扩大旅游资源地的知名度，宣传当地的文化。例如外地人本来对乌镇是不太了解的，可是因为《似水年华》的拍摄，使乌镇的名气增大了，无数的旅游者开始来到这个江南古镇。人们来到这里，除了欣赏江南小镇的风景之外，还想感受一下当地人那纯朴的热情。

（二）心态平和

外地旅游者可能是来自发达国家或发达地区，他们的生活水平和质量可能要比旅游资源地人高很多，在与旅游者的日常接触当中，可能会对当地人产生一定的影响。尤其是一些偏远的地区，当地人可能从未离开过自己的家乡，他们对外面的世界可能不太了解，当遇到新鲜事物时，可能会产生羡慕或妒忌的心理，对自己目前的生活状态可能会产生一些不满。

旅游资源地居民应当正确看待这种由于地域或文化、经济条件所带来的差异，保持心态平和。当然，我们得承认由于年龄、性别、受教育程度、对旅游影响的了解程度和文化倾向等带来的旅游资源地居民意识的差异，有些当地人可能会很快地适应这种变迁，有些人可能适应得比较慢。但无论适应时间的长短如何，对于旅游接待地居民来说，应以平和的心态来看待旅游者的到来所引起的一系列变化。

三、旅游者的心理调适

对于旅游者来说，出门旅游无非是想放松身心、增长知识和阅历，因此在旅游之前应当想到"入乡问俗、入乡随俗"这一人际交往原则。当到达一处旅游区时，旅游者应当事先了解当地有什么样的习俗和禁忌，要想赢得主人的欢迎，首先就得尊重主人家的规矩。旅游者在进入一地旅游时，应该清楚此时是在"打扰"当地人的正常生活状态。

除此之外，旅游者还要客观地评价和对待当地自然环境、社会环境和人文环境，不要用带有偏见的审美标准来评判当地的环境和居民。旅游者无论到什么地方旅游都要与当地人友好相处，尽量减少不必要的麻烦和冲突，这样既尊重了别人的习惯，同时也会为自己的旅游生活提供相应的方便，一举两得。

本章小结

1. 从社会文化的角度说明旅游者、旅游工作者、旅游资源地居民的亚文化特点。

2. 讲述了旅游者、旅游工作者、旅游资源地居民分属不同的亚文化群体，他们之间文化心理的冲突及调适的路径。

3. 阐述了旅游活动对旅游资源地经济、社会和环境等产生的影响，统筹规划有利于旅游业良性发展。

复习思考题

1. 什么是亚文化？
2. 旅游亚文化群体的心理特点？
3. 旅游工作者如何进行亚文化心理调适？

实践课堂

调查当地少数民族的亚文化特点，分析当地旅游业发展对该亚文化的影响。

第七章

旅游产品设计心理

学习要点及目标

1. 掌握旅游产品的心理特征；
2. 认识心理因素在旅游产品设计中的重要性；
3. 理解旅游产品开发设计过程意义；
4. 了解旅游产品设计心理原则；
5. 了解现代旅游电子商务变化趋势。

引导案例

草原之夜

词：张加毅　曲：田歌

美丽的夜色多沉静
草原上只留下我的琴声
想给远方的姑娘写封信
可惜没有邮递员来传情
等到千里冰雪消融
等到草原上送来春风
可克达拉改变了模样
姑娘就会来伴我的琴声

可克达拉（“可克达拉”，为“绿色的原野”之意）的“草原之夜风情园”是世界著名东方小夜曲《草原之夜》的诞生地，也是目前新疆唯一的一座人造景观园，2004 年夏天正式对公众开放。《草原之夜》是 1959 年八一电影制片厂拍摄的电影纪录片《绿色的原野》中的插曲，自此久唱不衰，成为中国民歌经典，被称为“东方小夜曲”，1985 年曾被联合国教科文组织定为世界著名小夜曲。

草原之夜旅游将历史传奇、世界名曲、民俗风情融为一体，使旅游者感悟可克达拉的神奇魅力。通过蔬菜采摘、泛舟垂钓、篝火晚会、夜观群星、写明信片等活动,使旅游者体验到爱情之乡的柔情,享受浪漫的休闲之旅。

(资料来源:https://baike.so.com/doc/5893731-6106618.html.)

【点评】

"旅游搭台,文化唱戏"表明文化已成为旅游产品创新的重要路径。"草原之夜风情园"的设计表明旅游景观是文化的载体,体现文化的思想性。蕴含文化的旅游景观对旅游者具有极大的吸引力,以开发文化内涵为核心的旅游产品,能够提升旅游资源地的价值,实现旅游业的可持续发展,形成新的旅游热点。

第一节　旅游产品的心理学特征

旅游产品的开发是旅游业发展的基础。在旅游产品设计开发过程中愈来愈重视心理因素的作用,对旅游产品中的心理因素的功能研究已引起业内人士的广泛关注。

旅游市场竞争已从低层次的"走马观花"型产品为主的阶段,进入以旅游产品个性化为核心的阶段。具有新颖创意和独到之处的新、奇、美、特、古的旅游产品,结合心理因素开发的令旅游者感兴趣的旅游产品,增加了旅游者的旅游乐趣。应用旅游产品设计心理理论,开发符合旅游者需要的旅游产品吸引旅游者参加旅游,进一步拓展旅游市场规模。

通过满足旅游者的需要获得经济效益和社会效益,促进旅游行业发展扩大。随着旅游业的快速发展,旅游市场竞争日益激烈,新、奇、美、特、古的旅游产品不断推出供旅游者选择和消费。旅游企业通过营销活动吸引旅游者做出消费决策,通过提供多样化的旅游产品满足旅游者需要,促进旅游业发展,进一步扩大旅游市场。

一、新颖性

旅游者总是追新求变,对新旅游产品充满期待。旅游者不仅希望有愉快、美好的旅程经历,而且希望通过享受旅游新产品增加个人的人生体验。旅游者能否发现新的吸引人的旅游产品,是影响旅游效果的重要因素之一。

(一)立意新

立意新颖的旅游产品是开发旅游市场的重要方面,直接影响旅游企业的经济效益,为了搞好旅游产品的设计,应当针对旅游者的心理特点设计新颖的旅游产品,满足旅游者的旅游消费新需要。差异化的旅游新产品可以迎合不同旅游者的需要,为不同的旅游者提供各具特色的旅游产品。

1. 特色鲜明

旅游产品特色鲜明有利于吸引旅游者,提高市场占有率,扩大市场规模。旅游产品的特色表现为,与国外的旅游产品相比具有突出的民族特色;与国内的其他旅游资源地的旅游产品相比,具有突出的本旅游地区的特色;与其他旅游景点的旅游商品相比,具有突出本旅游景点的特色。

旅游产品具有突出的民族、地区和旅游景点的特色，有利于促进旅游产品的销售。独具特色的旅游产品，能够满足旅游者的心理需要，激发好奇心，引起购买行为。旅游产品特色鲜明是旅游产品的心理学主要特征之一。

2. 寓意新

旅游者外出旅游总是希望把自己从生活现实中解脱出来，走进瞬间真实的旅游环境中，寓意新奇的旅游产品就会吸引旅游者参加旅游活动。在实用动机的支配下所产生的购买行为主要与旅游者的个性特点有关，而与其经济收入水平并无直接关系。

 小贴士

天门狐仙——新刘海砍樵

刘海砍樵这段爱情传说在湖南可以说家喻户晓，随着花鼓戏《刘海砍樵》的演绎和传唱，也为全国不少观众所熟悉。《天门狐仙——新刘海砍樵》的故事取材于湖南传统花鼓戏《刘海砍樵》，进行了艺术再创造，成为以山涧峡谷为表演舞台的山水实景演出。修炼千年的白狐仙，向往人间的生活，爱上贫穷快乐的樵夫刘海，两人在张家界天门山不期而遇，一段感天动地的人狐之恋就此开始。

魔界与凡间的抗衡、道与情的取舍、仙与俗的矛盾如同大山重重阻隔着两颗相爱的心。悲伤、欢乐、笑容、泪水交合成一个曲折动人的故事。该剧宏大而绚丽的视觉特效令人惊叹。特别是横跨峡谷跨度达 60 米的高空飞桥、奇幻美丽的人造月亮、逼真的漫天飞雪等场景无不令观众连声惊叹。剧情高潮部分，天门群峰瞬间被灯光照亮，恢宏壮观的场景令人感到巨大震撼。

(资料来源：张家界·武陵源，http://www.hnzjj.com/index.php/Kmgy/show/30.html.)

（二）形式新

1. 冲击力

旅游产品应具有视听冲击力，设计旅游产品时应注意旅游者的心理需要，尽量设计符合其兴趣和需要的旅游新产品，才能获得更好的销路。

例如，夜游作为新的旅游产品，近几年发展迅速，夜游的核心是观赏夜间的景观。夜游已成为旅游产品创新的重要路径。夜游产品包括夜间大型山水实景、人文表演、光影创意秀表演、主题公园灯光秀夜游、夜间大型游船夜游等观赏性项目，还有公园夜跑、夜骑等运动性项目，以及篝火晚会等群体性项目。夜游产品能显著提升餐饮、休闲、购物等方面的综合消费，成为拉动旅游经济发展的新增长点。

 小贴士

故宫首次开放夜游

2019 年正月十五和十六两晚，故宫建院 94 年来首次举办“灯会”。“紫禁城上元之夜”活动地点主要安排在故宫博物院的午门展厅、太和门广场、故宫东城墙、神武门等

区域。

快600岁的紫禁城第一次以博物院身份办“灯会”，紫禁城古建筑群将首次在晚间被较大规模点亮，首次在晚间免费对预约公众开放……这么多个“第一次”，激发了公众“进宫刷夜”的无限热情，也难怪首次开放预约门票一抢而空，二次开放预约，蜂拥而至的流量直接把故宫官网给整“崩溃”了。很多人连购票网站都没登进，票就没了。

活动太过火爆，两天的票都已被抢空，抢票激烈程度堪比“决战紫禁之巅”。许多网友不甘心，在微博上纷纷@故宫博物院：“真的不考虑二次放票吗？”

从目前官方放出来的效果图来看，不少网友纷纷点赞，认为有创意，迫不及待想一睹夜晚的故宫美景。

（资料来源：http://www.sohu.com/a/252432283_821595.）

2. 多样性

旅游者购买旅游产品的需要、动机和兴趣是可变的心理因素。旅游企业在设计旅游产品时应对变化的旅游者心理做出反应，在产品的多样化上下功夫。旅游产品的设计者应当通过市场调查，对旅游者心理因素变化趋势做出预测，不断设计新的类型品种的旅游产品，以适应旅游者心理的需要，保持旅游产品对旅游者的吸引力。

2011年10月1日，由“印象铁三角”的张艺谋任艺术顾问，王潮歌、樊跃任总导演，投资约2亿元的大型山水实景歌会《印象·武隆》，在重庆市武隆县桃园大峡谷首度公演。桃园大峡谷呈U形，高低落差达180米，以高山沟壑作为舞台背景构成演出现场，观众座位被安排在露天阶梯上，得到看台融入舞台的效果，观众与演员零距离接触。通过抬滑竿、火锅摇滚、纤夫拉船、哭嫁、川江号子、抬石号子等表现重庆本土文化的表演，让观众亲身体验巴蜀大地壮美的自然景观和独特的风土人情。

二、适销性

（一）分层次

1. 年龄段

不同年龄段的旅游者的兴趣爱好不同，身体条件不同，对旅游产品的偏好各异。旅游者形形色色、各有不同，其购买习惯也是千差万别。旅游产品应尽可能满足旅游者的心理需要。

2. 消费能力

销售旅游产品要注意旅游者的消费能力，以恰当的方式推介旅游产品。旅游者经济条件不同，使他们在需要、兴趣和选择方面具有一定的差异性。旅游产品在品种、形式、规格、价格等方面要具有多样性，适应不同消费层次的旅游者。既要有优质高价的旅游产品，又要有物美价廉的旅游产品，这样才能满足不同水平旅游者的需要。《印象》系列演出每天的门票收入高额稳定。《印象》演出在全国的火爆，让投资人逐渐找到了《印象》的价值和定位。

莫干山民宿

莫干山坐落在浙江省湖州市德清县西部，是国内四大避暑胜地之一，每年的暑假都会迎来大量的旅游者。莫干山是国内民宿文化的发源地——国内最早的民宿就出于莫干山，莫干山民宿也成为莫干山旅游的一大亮点。

莫干山的民宿主要分为三种。

第一种被称为“洋家乐”，是莫干山最早的民宿形式，主要服务对象是外国人。通常由外国人参与投资，价格五千到一万元一晚。

第二种是传统的农家乐，住在当地人的家里，可以深入体会风土民情和当地人的待客热情，价格千元左右一晚。

第三种是特色民宿，民宿主人本人也都充满了故事，其身份有都市白领，也有知名设计师，或是金融精英。这些民宿都采用独特的设计和拥有良好的环境，适合休闲度假，价格两千至一万元一晚。

（资料来源：https://www.sohu.com/a/239343935_759344.）

（二）文化性

旅游是社会文化交流的一种形式，文化是旅游产品重要的构成因素。旅游产品的文化属性是旅游的重要卖点，能够让旅游者获得精神与智力的满足。著名的自然山水、历史人文在旅游发展过程中被人们赋予各种文化内涵，形成旅游文化。旅游产品设计者需要将文化与资源有机结合，赋予旅游产品文化属性，使旅游产品更具有内涵和市场竞争力。旅游行业也被视为文化创意产业之一，旅游产品的文化性成为新旅游产品的亮点。

例如，山西省晋商文化博物馆，位于祁县古城内的渠家大院，成为晋商文化的新载体，1996 年 9 月 22 日对公众开放，意在弘扬晋商精神，宣传“商可富民兴晋”的观念。晋商在中国商界称雄达 500 年之久，晋商是具有商业烙印特征的中国传统儒家文化的代表，丰富的展览内容展现了晋商的辉煌历史，成为旅游者了解晋商文化的重要场所。

三、营利性

旅游企业的生存和发展以盈利为前提。在市场经济条件下，旅游企业经营旅游产品的目的是获得利润，适销对路的旅游产品活跃了旅游市场。旅游产品低成本、高回报的特点吸引了大量的旅游投资，旅游业的发展增加了就业机会，扩大了旅游收入。

（一）成本低（物美价廉）

大众化的旅游产品以物美价廉占领市场，适合多数旅游者求实惠的心理，具有良好的适销性。大城市周边的乡村旅游即低成本旅游产品的代表。乡村旅游是以乡野为旅游载体，以乡土民俗体验、自然生态观光、乡野游憩和农事体验为特色的旅游形式。城郊农民利用自家庭院、果园、农田、鱼塘等资源打造乡村旅游产品，形成集住宿、餐饮、旅游、娱乐为一体的乡村旅游项目。由于乡村旅游产品成本低廉，迅速在城近郊区普及开来，成为极具特色的大众化旅游项目。

乡村旅游产品发展迅速，迎合了城市人群渴望贴近大自然，感受田园生活的需求，成为城市居民休闲旅游的热点。乡村旅游已经突破了刚起步时“吃农家饭、住农家屋、干农家活、享农家乐”的传统农家乐形式，向观光农业园、民俗旅游村、休闲农庄、体验农业等多种类型转化，成为旅游者度假旅游、放松身心的好去处。

多项政策持续推进　乡村旅游迎发展契机

在旅游业快速发展的大背景下，乡村旅游这一新的旅游形态开始被越来越多人关注。中商产业研究院数据显示：2017年，中国乡村旅游接待游客28亿人次，占国内游客接待人次的56%；营业总收入超7400亿元，占国内旅游总收入的16.2%。与此同时，乡村旅游行业市场规模也得到了快速发展，截至2018年8月，全国休闲农业和乡村旅游示范县(市/区)共388个，中国美丽休闲乡村560个。

乡村旅游的兴起和市场规模的扩大，离不开相关政策的持续深化和推进。2018年10月，国家发展改革委等13个部门联合印发《促进乡村旅游发展提质升级行动方案(2018—2020年)》，提出“鼓励引导社会资本参与乡村旅游发展建设”，加大对乡村旅游发展的配套政策支持。

2018年12月，文化和旅游部、国家发展改革委等17部门联合发布《关于促进乡村旅游可持续发展的指导意见》，指出要优化乡村旅游环境，丰富乡村旅游产品，到2022年，实现乡村旅游服务水平全面提升，基本形成布局合理、类型多样、特色突出的乡村旅游发展格局。

(资料来源：https://baijiahao.baidu.com/s?id=1626054272407596549&wfr=spider&for=pc.)

（二）高价格(物美价贵)

个性化的豪华旅游产品成为小众产品。旅游者愿意付出高价格消费旅游产品，参加物美价高的豪华旅游活动，获得超级的精神享受，使高端的旅游产品成为奢侈消费的一种形式。旅游产品的特殊性在于使旅游者得到独特的个体人生经历，通过情理之中意料之外有惊无险的愉快的旅游活动，使旅游者对所获得的独特体验在其头脑中留下美好的记忆。获得旅游的愉快感受，对旅游活动的美好想象和向往，形成深刻印象和回忆的预期，享受高端旅游产品的文化内涵的魅力，这一切吸引旅游者产生强烈的旅游动机。

以奢侈品为经营主项的英国布莱汉姆国际展览集团曾与上海博派展览公司合办了高价旅游项目“顶级欧洲游”，人均报价高达8万元人民币，比普通欧洲游的价格高出近4倍，成为开放欧洲游以来人均报价最高的团队游产品。

与高昂的旅游价格对应，“顶级欧洲游”的内容极尽奢华，在为期7天的旅游中，游客不仅可以游览巴黎、尼斯、摩纳哥等旅游胜地，还可以在巴黎顶级的马克希姆餐厅享用法式大餐，入住法国丽嘉酒店，在尼斯乘豪华游艇出海，乘专机抵达摩纳哥，在蒙特卡洛体验顶级跑车试驾，甚至还将被安排与欧洲皇室成员、社会名流和国际影星共进晚餐。游客可以尽情享受欧洲贵族生活。

2017 年，高端在线旅游平台的在线用户中，有 42%的消费者在过去一年选择了私人订制和小团队的新型旅游。旅行社提供的定制化旅游产品越来越个性化，越来越丰富，除了满足用户对酒店和机票等标准化旅游产品的需求之外，还开发出很多新的旅游产品以满足客户不同的需要，提供让旅游者能够感受到原汁原味的旅游目的地的本土文化的旅游产品。旅行社将专属个人的私人定制旅游业务，作为一种时尚消费方式向富裕人群推出，受到旅游者极大的欢迎。

旅游经营者根据旅游者的需要，以旅游者的偏爱为主导进行旅游活动行程设计，安排旅游线路、交通方式和旅游服务等内容，形成具有浓郁个人专属风格的旅游方案。旅游者享受私人定制旅游带来的个性化的专属“一对一”的高品质旅游服务的乐趣，避免了“上车睡觉，停车撒尿，下车拍照”的枯燥的观光旅行。旅行社不断推出多种主题的私人定制旅游产品，如蜜月之旅、极地之旅、摄影之旅、古堡之旅、直升机旅游、海洋潜水之旅、酒庄品酒之旅、奢华钟表之旅、时尚产品之旅、豪华游艇之旅等。

小贴士

小的更好

安缦酒店是全球最知名的度假酒店之一，选择环境美丽幽雅的地方，建立小巧迷人、隐秘有趣、温馨舒适的私人度假场所。北京颐和安缦酒店开业时间 2008 年 9 月 27 日，客房总数 51 间(套)，毗邻标志性的皇家园林——颐和园，犹如一座世外桃源。酒店由一系列院舍结集而成，其中有些是具有超过百年历史的建筑，其客舍及套房汲取了传统中国建筑的美学特征，形成与颐和园一脉相承的庭院风格，为整座酒店带来经典高贵的气氛。

(资料来源：https://baike.so.com/doc/6329103-6542713.html.)

携程旅游网的北京颐和安缦酒店 2019 年 10 月预订价格：普通客房(一间)4025 元/晚，庭院客房 6325 元/晚，普通套房 7935 元/晚，豪华套房 10465 元/晚，庭院套房 11269 元/晚，金玉满堂御套房 67620 元/晚。

(资料来源：https://hotels.ctrip.com/hotel/74615.html.)

第二节　旅游产品的设计

旅游业具有综合性、关联性、敏感性、季节性的显著特征，旅游消费者具有异地性、闲暇性、享受性、消费性、地域性的特点。

在旅游产品价格竞争为主的时期，物美价廉符合旅游者求实惠的心理，旅游产品设计以低价产品占领市场。

在旅游产品服务品质竞争为主的时期，物美价高，以旅游者满意为中心，旅游产品设计以质高价优的旅游产品开发市场。旅游产品设计在旅游产品开发竞争为主的时期，应以创新的旅游产品为核心开展营销活动,发现旅游者的潜在旅游消费需要,开发新型的旅游产品成为企业生存和发展的保证。

一、旅游产品生命周期理论

产品生命周期理论是美国哈佛大学教授雷蒙德·弗农(Raymond Vernon)1966 年在《产品周期中的国际投资与国际贸易》中首次提出的。费农认为:产品生命周期是产品的市场寿命,即一种新产品从开始进入市场到被市场淘汰的整个过程。产品要经历导入、成长、成熟、衰退的阶段所形成的周期。

(一) 产品生命周期

产品生命周期是指一种产品从进入市场到退出市场所经历的市场生命循环过程。20 世纪 80 年代初,该理论被引入到旅游研究领域,从而形成了旅游产品生命周期理论。旅游产品生命周期理论认为,旅游产品与其他产品一样,在市场上的发展过程要经历导入、成长、成熟、衰退四个阶段。

1. 导入期

在导入阶段,旅游产品还未被广大消费者所认识,产品在旅游市场上知名度较低。旅游产品首次投入市场后的最初销售阶段,消费者对新旅游产品不太了解,销量低、利润少,新旅游产品的质量不太稳定,没有建立稳定的分销渠道,分销和促销费用高,一般没有竞争者。

营销目标是通过促销让消费者了解新旅游产品,建立分销渠道,促使那些具有超前意识和革新精神的消费者购买新旅游产品建立产品知名度,利用“领头羊效应”逐步打开市场。同时,旅游业者通过修建旅游设施、改善交通条件,加强宣传促销,旅游者人数增加很快,从而进入到成长阶段。

2. 成长期

在成长阶段,消费者已了解该新旅游产品,提高了对产品的认知水平,销售量迅速增加。市场规模扩大,生产成本下降。大批竞争者加入,市场上同类旅游产品增多,竞争开始加剧。旅游企业已建立稳定的分销渠道,单位促销费用大幅下降。

旅游企业在适当的时候要降低价格,以吸引对价格敏感的潜在旅游产品购买者扩大市场份额增加利润,提高旅游产品质量,增加旅游服务的种类,以提高旅游产品的竞争力;努力寻求和开拓新的细分市场,开辟新的分销渠道;树立旅游产品形象,使消费者形成品牌偏好。

3. 成熟期

在成熟阶段,新旅游产品销售量增长缓慢,逐步达到最高峰,然后开始缓慢下降。旅游市场竞争十分激烈,不同品牌的同类旅游产品和仿制品不断出现。企业利润开始下降,绝大多数属于购买者的重复购买,只有少数迟缓购买者进入市场。本阶段是产品生命周期中最长的一个阶段,游客增长速度趋于平稳,在旅游旺季,游客人数达到最高,对旅游的投入已开始产生良好的经济效益和社会效益。

随着旅游产品的特色逐渐为更多的人所熟悉,其吸引力会随之逐渐下降,游客人数达到峰值后开始出现缓慢下降趋势。旅游企业或有关部门应进一步改善旅游设施,延长旅游产品的生命周期,积极开展促销活动,采取价格竞争手段,巩固市场占有率,准备产品的更新换代。

4. 衰退期

在衰退阶段,旅游目的地的承载力已达极限,由于市场竞争和新的旅游产品的吸引,加上严重的环境和社会问题,消费该旅游产品的旅游者人数明显下降,一些旅游设施处于闲置状态。旅游经营者须采取延长该旅游产品的成熟阶段时间的策略,尽力从忠实于这种旅游产品的旅游者中获得利润。

旅游产品生命周期的发生属于客观规律,旅游新产品的开发的意义在于使旅游市场总是有新旅游产品出现,丰富旅游市场,满足旅游者的需要。任何一项旅游产品的吸引力都会随时间的推移而发生变化,都有一个开发与导入、成长与成熟、衰退与淘汰的过程。由于旅游市场需要不断变化,因此旅游产品生命周期过程所经历的时间长短不同。旅游企业只有了解旅游产品生命周期的变化趋势,了解市场需要的变化方向,采取必要的策略和措施,才可能延长旅游产品的生命周期。

小贴士

重庆欢乐谷夜场升级

重庆欢乐谷,有百余项各具特色的游乐设备,令人心跳指数爆表的木质过山车、大摆锤、浪漫梦幻的摩天轮、旋转木马、飞翼过山车、天地双雄、激流勇进和海盗船等都是游客来园的必玩项目。游客白天没玩够,晚上还能接着玩。重庆欢乐谷夜场大升级,天天开放,超长待机,运营时间延长到晚上22:00。重庆欢乐谷夜景的万盏灯火璀璨夺目,晚上也能打卡飞翼过山车、天地双雄、跳楼机等明星设备,还能欣赏到电音狂欢大巡游、极限扣篮秀等演艺项目。

此外,近期重庆欢乐谷还有一票通玩优惠活动,买欢乐谷门票送玛雅海滩水乐园门票,不容错过!而玛雅海滩水公园也将上演夏日吃鸡战场、玛雅迎宾、水上飞人等丰富的异域表演,与欢乐谷共同开启双园超强夜游模式。

重庆欢乐谷夜游项目丰富了重庆市民和旅游者的夜生活,带动当地"夜游经济"发展,为当地文化旅游活动再添新亮点。

(资料来源:http://www.huanyu1992.com/case_xq.php? bm=case&bid=1&id=64.)

(二)影响旅游产品生命周期的主要因素

旅游者需要的变化、旅游资源地环境、旅游产品特色、旅游产品的营销等是影响旅游产品生命周期的主要因素。

1. 旅游者需要的变化

旅游者在社会生活中受到环境的影响消费观念会发生变化。经济形势的改变导致收入的增减,旅游市场不断出现的新旅游产品、新旅游景点、新旅游线路,旅游资源地环境变化,旅游服务质量不稳定都会影响旅游者的消费需要。

流行文化、时尚潮流的变化，也会引起旅游者发生兴趣转移和旅游动机改变，导致旅游客源市场的变动。旅游者根据各自的不同条件和需求，对处于不同旅游产品生命周期的旅游产品进行选择，购买消费旅游产品，形成不同的旅游市场状态。

2. 旅游资源地环境

旅游资源地环境包括自然环境与社会环境。旅游资源地环境构成旅游产品的载体，旅游产品除了其自身的魅力外，更多地依赖于当地的环境。旅游资源地优美的自然环境和良好的社会环境，吸引旅游者前往。

旅游资源地的物理环境和心理环境影响旅游者的旅游感受，为旅游产品的销售提供全面的支持。受人欢迎的旅游产品与旅游资源地居民对旅游者的友好态度结合，提供具备安全卫生的游览条件和方便快捷的交通设施，形成了旅游资源地旅游产品的吸引力。旅游产品吸引力越大，其生命周期越长，旅游资源地旅游业才能获得稳定发展。

3. 旅游产品特色

旅游产品是旅游经营者凭借旅游吸引物、交通和旅游设施向旅游者提供的用以满足其旅游活动需要的全部服务。旅游产品包括有形的产品、无形的服务和自然存在物。旅游产品生命周期理论中的旅游产品指单一旅游产品或组合旅游产品，一般具有社会性、无形性、不可分离性、差异性、不可贮存性、互补性和缺乏所有权性等特点。

旅游产品的特色明显，目标市场清晰，旅游消费群体稳定，其生命周期的成熟期越长，越利于旅游业的经营者获得高额利润。旅游产品的特色不明显，极易被其他企业仿制，市场竞争激烈，最后低价销售导致无利可图，旅游产品就会消亡。

4. 旅游产品的营销

在旅游市场竞争日趋激烈的情况下，实施旅游产品的营销是旅游产品经营者的中心工作，应对处于旅游产品生命周期不同阶段的旅游产品采用不同的营销策略，设法延长旅游产品生命周期的成熟阶段。旅游产品经营者要改变经营观念，通过市场细分找准目标市场，制定正确的旅游产品的营销策略，实施营销组合，加大促销成本投入，以求保持和扩大旅游市场规模。

旅游经营者要广泛收集旅游市场信息，发现旅游者的潜在需要，寻找目标顾客群，设计开发新旅游产品，对新旅游产品进行恰当的市场定位，通过营销组合将新旅游产品推入市场，促使旅游者购买新旅游产品，缩短导入阶段的时间，加快成长阶段，延长旅游产品的生命周期的成熟阶段，推迟进入衰退阶段。

二、旅游产品设计的心理特色

（一）新

“人无我有，人有我变，人变我新。”这句话已成为旅游新产品开发的座右铭，一成不变的旅游产品不能满足旅游者的个性化需求。旅游产品自我保护性差，容易被模仿，更新换代快。游客的需要也在不断变化提高，特别是进入信息化时代，对旅游产品的创新要求越来越高。旅游企业只有顺应市场环境的改变，适时更新旅游产品以适应市场需求，才能靠提供差异化的旅游产品满足不同目标市场的消费人群。

小贴士

中国首个特色夜间野生动物园正式试点开园

2019年8月8日傍晚,中国首个特色夜间野生动物园在上海野生动物园正式开园。

据园方介绍,夜间动物园开园前进行了一系列内部测试,试运营后,园区还将继续进行市场评估,并根据动物的适应能力、游客的需求,对一些动物的布局、展出形式以及夜间的设施进行不断完善和优化。园方希望通过多方不懈的努力,探索打造独具特色的夜间动物园,让众多的市民和游客不出国门,在家门口就能感受到夜间动物园带来的无限魅力。

相关负责人介绍,今年上海野生夜间动物园作为全市夜间经济的试点项目,园方积极探索打造的具有“国际范”“上海味”“时尚潮”,以“动物园奇妙夜”为主题的夜间动物园,汇集了100多种,近5000头(只)动物。

园方运用独特的灯光设计与布局,将动物与自然相融合,以探索发现、互动沉浸、秘境光影为特色,主推六大动物主题展示区、三大特色主题表演、三大特色动物主题餐厅以及七个夜游商业网点,满足了游客的游、演、食、购、娱等多元化需求。上海野生夜间动物园的开放,不仅推动了夜间经济的发展,更为广大市民和游客提供了一处夜间休闲的好去处。

为了增加游客的互动和参与度,园方首次推出“夜间动物大巡游”,营造独具特色的夜间氛围。另外,在海狮剧场、国际马戏剧场内将上演特色主题秀,与游客分享动物的魅力和炫酷的异域风情,给游客以极致的游园体验。

园区还开放了浦东地区地标之一——最高“极光摩天轮”等四个适合亲子的游乐设施。三大特色动物主题餐厅也将正常营业。

(资料来源:http://mini.eastday.com/a/190809073415501.html.)

(二)奇

天下无奇不有,旅游要探奇访秘。一方面指以探奇为目的的旅游新产品,包括探索、探秘、新奇体验。人人皆有的好奇心成为旅游动力之一,自然界的奇异风光、神奇景色,引人入胜;不同亚文化间的差异、不同的生活方式,丰富了旅行者的人生经历。另一方面指打破常规旅游产品的设计思路,制造新奇亮点,增强旅游产品的参与性、体验感、情趣化、时尚化,以引发游客,特别是年轻人对新生事物的好奇心而产生的旅游行为。

小贴士

中国四大自然奇观

吉林雾凇、长江三峡、桂林山水、云南石林,被誉为中国四大自然奇观。

吉林雾凇

“一江寒水清,两岸琼花凝。”这是对吉林雾凇奇观的典型概括。当雾凇出现的时候,漫漫江堤,披银戴玉,仿若柳树结银花、松柏绽银菊一般。一时间,雾凇奇景便把人们带进如诗如画的仙境之中。

长江三峡

长江三峡是瞿塘峡、巫峡和西陵峡三段峡谷的总称。三峡西起重庆市奉节县白帝城，东至湖北省宜昌市南津关，全长193千米。瞿塘峡雄奇壮丽，有"夔门天下雄"之说；巫峡多秀峰云雾，以绮丽闻名；西陵峡滩多流急，以险著称。

桂林山水

桂林是世界著名的风景游览城市，拥有举世无双的喀斯特地貌。这里的山，平地拔起，千姿百态；漓江的水，蜿蜒曲折，明洁如镜。山多有洞，洞幽景奇，于是形成了山清、水秀、洞奇、石美的桂林山水"四绝"。

云南石林

石林因其发育演化的古老性、复杂性、多期性和珍稀性，以及景观形态的多样性，成为世界上反映此类喀斯特地质地貌遗迹的典型范例和"石林"二字的起源地。云南石林保存和展现了最多样化的喀斯特形态，几乎世界上所有的喀斯特形态都集中在这里，构成了一幅喀斯特地质地貌的全景图。

（资料来源：https://baike.so.com/doc/432319-457785.html.）

（三）美

游客对旅游产品美的欣赏和追求是产生旅游行为的核心要素之一。各地旅游资源差异造成的旅游产品之美也千差万别。美丽的自然资源、古建遗存、人文民俗、民族风情、特色美食等能给游客带来视、听、感、悟、味等多重美好的体验与回忆。生活中不缺少美而缺少的是具有发现能力的眼睛，遍布各地的旅游风景名胜数不胜数，不同的美成为吸引天下旅游者的核心。

（四）特

各地在漫长的自然演化和人类发展过程中形成了独特的自然景观、人文遗存和自然人文复合型旅游资源。因各地区地理、气候因素差异巨大，形成的自然景观各具特色，而各地区人类活动形成的历史人文差异明显、历史遗存特色突出，在人类历史上对自然的利用和改造形成的历史遗存也有自身的特色。

各地区特色旅游资源构成吸引旅游者的核心吸引物。旅游企业应基于自身资源结合市场需求设计辨识度高的特色旅游产品，引发游客好奇心，吸引旅游者前往。旅游者能够欣赏特色之美，探究原因，愉悦身心，增长知识。

小贴士

坎 儿 井

坎儿井，是"井穴"的意思，早在《史记》中便有记载，时称"井渠"，而新疆维吾尔语则称之为"坎儿孜"。坎儿井是荒漠地区一种特殊的灌溉系统，普遍见于中国新疆吐鲁番地区。坎儿井与万里长城、京杭大运河并称为中国古代三大工程。吐鲁番的坎儿井总数达1100多条，全长约5000公里。

坎儿井是开发利用地下水的一种很古老的水平集水建筑物，适用于山麓、冲积扇缘地带，主要是用于截取地下潜水来进行农田灌溉和居民用水。

坎儿井的结构，大体上是由竖井、地下渠道、地面渠道和涝坝（小型蓄水池）四部分组成。吐鲁番盆地北部的博格达山和西部的喀拉乌成山，春夏时节有大量积雪和雨水流下山谷，潜入戈壁滩下。人们利用山的坡度，巧妙地创造了坎儿井，引地下潜流灌溉农田。坎儿井不因炎热、狂风而使水分大量蒸发，因而流量稳定，保证了自流灌溉。

（资料来源：https://baike.so.com/doc/5346117-5581564.html.）

（五）古

人类的文明史延续数千年，产生的历史文化丰富多彩，从古至今人们对寻古、探古、仿古的兴趣爱好与追求从未间断。伴随旅游业的发展，世界文化遗产的保护和利用引起各国政府的重视，“古”成为吸引旅游者的眼球的热点，新增的旅游景点许多是具有古色古香特点的古代文物遗迹。探索和欣赏古代文明的成果，也是旅游者心向往之的活动。

良渚古城遗址申遗成功

第 43 届联合国教科文组织世界遗产委员会会议（世界遗产大会）2019 年 8 月 6 日在阿塞拜疆巴库继续进行，中国良渚古城遗址当天获准列入世界遗产名录。至此，中国世界遗产总数达 55 处，位居世界第一。

世界遗产委员会表示，良渚古城遗址展现了一个存在于中国新石器时代晚期以稻作农业为经济支撑，并存在社会分化和统一信仰体系的早期区域性国家形态，印证了长江流域对中国文明起源的杰出贡献。遗址真实地展现了新石器时代长江下游稻作文明的发展程度，揭示了良渚古城遗址作为新石器时代早期区域城市文明的全景，符合世界遗产的真实性和完整性要求。

良渚古城遗址位于浙江省杭州市，是太湖流域一个早期区域性国家的权力与信仰中心。遗产构成要素包括公元前 3300 年至公元前 2300 年的城址、功能复杂的外围水利工程和同时期分等级墓地（含祭坛）。同时，一系列以象征其信仰体系的玉器为代表的出土文物也为其内涵及价值提供了有力佐证。

（资料来源：http://www.xinhuanet.com/politics/2019-07/06/c_1124719055.htm.）

第三节　旅游电子商务

旅游电子商务是电子商务在旅游业中的应用。旅游业是信息密集型和信息依托型产业，由此决定了信息技术与旅游业之间的深层次互动关系，作为两者结合产物的旅游电子商务已经并将继续显现出充分的活力和广阔的发展空间。旅游电子商务是指以网络为主体，以旅游信息库、电子化商务银行为基础，利用最先进的电子手段运作旅游业及其分销系统的商务体系。旅游电子商务为广大旅游业同行提供了一个网络平台,提供涉及食、住、行、游、购、娱等要素的旅游产品,将各旅游部门连接起来形成提供旅游服务的综合体。

一、旅游电子商务的作用

旅游电子商务是运用因特网这一电子工具从事以旅游产品交换为中心的经济活动的总称。旅游电子商务可以提高旅游产品交易的效率,利用在线交易降低成本,通过点对点的即时信息服务增大旅游产品的针对性,为个性化旅游提供服务。旅游业的发展必须利用旅游电子商务的优越性,开发新产品拓展旅游市场,改变传统旅游业的营业模式,促进旅游业实现电子化和信息化,满足旅游者求廉、求便、求快、求简、求新的需求。

(一) 满足旅游者求廉的心理

2019 年年末,全国纳入星级饭店统计管理系统的星级饭店共计 10281 家,旅行社共有 37939 家。

2019 年 8 月 30 日,中国互联网络信息中心(CNNIC)在京发布第 44 次《中国互联网络发展状况统计报告》,截至 2019 年 6 月,我国网民规模达 8.54 亿,互联网普及率达 61.2%,我国手机网民规模达 8.47 亿。

2018 年,中国国内旅游收入约 5.13 万亿元。携程 2018 年全年总交易额为 7250 亿元,全年净营业收入为 310 亿元,总交易用户数达到 1.35 亿。我国的旅游电子商务市场发展迅速,由于人口基数大仍存在着巨大的市场潜力。

由于旅游者的惯常居住地与旅游资源地两相分离处于空间隔离状态,造成旅游客源地理分布广泛。分散在不同地点的旅游企业和中介机构提供食、住、行、游、购、娱等旅游产品,完成旅游接待服务工作,造成旅游业务运营费用高昂。旅游企业经营者通过旅游电子商务整合旅游资源,提供一条龙服务,减少销售中介环节,实现旅游产品的零渠道销售,降低整个旅游行业的经营成本,满足旅游者求廉的心理。

(二) 满足旅游者求便的心理

网络平台将旅游服务涉及的多个部门和众多环节集中起来,可以为旅游者提供旅游全程业务服务,方便旅游者完成旅游活动。旅游者在任何时间、任何地点只要能够上网就会得到所需的旅游信息和服务,利用旅游电子商务实现"进一家门办诸家事"的愿望,满足其求便的心理。

1. 旅游信息查询

旅游信息内容一般涉及景点、旅行社、饭店、旅游交通、游览线路和业务流程等方面的资料。旅游者可查询有关旅游产品、景区景点、旅游常识、旅游注意事项、旅游新闻、货币兑换、旅游资源地天气、环境、人文、旅游观感等资料,结合自己的旅游经验为旅游消费决策做准备。

2. 办理旅游业务

旅游者通过旅游电子商务网站检索旅游产品及其促销信息,从网上直接挑选和购买自己需要的旅游商品,预订和购买旅游产品,享受一对一的旅游服务,并约定售前、售中和售后服务内容。旅游企业经营者利用网络平台完成旅游信息的汇集、传播、检索和导航,实时发布有关旅游产品的种类、质量、价格、优惠、折扣等信息，使旅游者根据随时查到的情况变化信息做出决策。

（三）满足旅游者求快的心理

旅游者通过旅游电子商务活动一条龙服务。旅游企业经营者遵循“以服务为中心”的原则，将不同部门的产品整合后，提供一站式服务，节约了旅游者的时间，实现了一对一的旅游产品推广和消费模式。旅游企业通过电脑实时预订系统进行全国的散客运作，显示出准确、迅速、方便的规模化统一运作优势，由于网络成员不断增加，形成了一个旅游产品代理商预订系统。旅游电子商务通过整合旅游资源，实现网络化经营，提高工作效率，缩短业务办理时间，满足旅游者求快的心理。

（四）满足旅游者求简的心理

旅游者希望把更多的时间和精力用于旅游活动。旅游者在机场可以快速通关，自助办理身份验证，白助办理行李托运，人脸识别智能登机；在酒店通过人脸识别进行身份认证登记入住，智能门锁，客房实行智能管家服务；在景点，通过身份验证人脸识别入园，得到智能语音导览服务，利用智能手机听取景点解说内容，参加景区虚拟现实的体验活动。旅游者通过接受网络智能化服务满足求简的心理。

（五）满足旅游者求新的心理

旅游者借助旅游网络平台购买个性化定制服务旅游产品。这种形式的旅游产品充满时尚新颖的色彩，受到旅游者的极大关注。从网上预订车票和酒店，靠查阅电子地图在旅游网站的指导下实现在陌生的环境中观光、购物等旅游活动，这种以自定行程、自助价格为主要特征的网络旅游逐渐成为旅游的主导方式。旅游者在网络平台得到个性化旅游线整建议，规划个性化定制服务旅游产品，与网络平台实时互动进行旅游咨询，享受个性化定制服务旅游产品带来的快乐，满足求新的心理。

旅游企业经营者利用网站、网页、短信、微信等方式，发挥创造力和想象力，通过运用多媒体技术使旅游产品推销日益互动化、丰富化、多彩化、人性化。旅游者从网络平台获得采用音频、图片、动画、视频、虚拟现实技术制作的多种媒体信息，并与网络平台进行实时信息交流。

一机在手　天下尽游

数字化旅游，运用音视频资料、电子地图、手机彩信以及通过 VR 等技术，让游客不出门就可以了解景点资源信息、行程价格比较、线路比较。

游客想逛景区，只要通过手机移动电子旅游平台购买电子门票后，在景区门口的“电子眼”上扫描一下，便可轻松进入景区。以手机短信、微信、手机视频、手机充值卡等信息化的手段全面整合旅游资源亮点的同时，通过推广电子门票、电子导游系统等信息化业务让景区预订更便捷、管理更高效，极大推动旅游产业跨越式发展。

（资料来源：https://baike.so.com/doc/8809846-9134547.html.）

二、我国旅游电子商务发展的趋势

中国已成为全球最大的旅游市场，基于广大的市场规模，我国旅游电子商务的发展十分迅速，业务内容不断丰富，覆盖范围日益扩大。

（一）拓展旅游服务内容和范围

旅游电子商务在旅游服务内容方面，由单纯的旅游信息发布和网络营销向全方位交易服务发展，建立起集预订、组团、缴费、服务监控、投诉管理于一体的"一站式"服务系统。旅游电子商务为旅游企业提供网络整合营销平台，进一步鼓励旅游企业扩大旅游服务范围，开发具有特色的旅游产品，提供特色旅游服务，拓展旅游新市场，弥补传统经营模式下偏重大团队旅游、产品单一的不足。

旅游电子商务需要金融机构参与旅游业务活动。信用卡公司和银行参与旅游电子商务形成网络交易的环境，使在线交易和在线支付顺利完成，改变了旅游者网上查询和预订旅游产品、网下进行交易和结算的方式。旅游电子商务通过因特网传输两类信息，一类是有关促销和交易的信息，如旅游产品介绍、询价报价和成交决定等，是在买卖双方间传输的信息；另一类是成交后的拨付款信息，如金额、付款时间和付款方式等，是在旅游企业和银行双方间传输的信息。

（二）进一步融合旅游电子商务

旅游电子商务经过多年的发展走向新的融合。首先是同类兼并，大量定位相同或相近、业务内容同质化的网站，经过激烈竞争形成兼并融合。其次是不同类别网站之间互补性的兼并。处于领先地位的旅游电子商务企业在资源、品牌、客户规模等方面的优势是相对的。著名电子商务企业在扩张的过程中必然会采取收购策略，主要的模式将是互补性收购。最后是形成旅游电子商务战略联盟。每个网站在旅游信息资源方面的有限性以及客户需要的差异性，要求不同类型的网站以战略联盟的形式进行相互协作，实现旅游电子商务的进一步融合。

（三）体现个性化服务

旅游者的个性化信息需要和个性化商品需要将成为旅游业的发展方向，旅游者将把个人的偏好置于旅游产品的设计和开发过程中去。旅游电子商务通过信息双向交流的互动过程，为旅游者提供旅游产品的个性化的定制服务。

在满足旅游者个性化旅游服务需要的带动下，旅游企业专门面向特定目标群体的自助式旅游服务产品的设计和开发不断发展。提供个性化旅游服务产品的旅游电子商务网站数量持续增加，是面向旅游消费者的专业化趋势增强。我国上网人口以中高收入水平的人群为主，他们受教育程度较高、购买力强，旅游消费个性化需要明显，能够提供"一条龙"旅游服务的旅游电子商务网站发展潜力更大。

（四）整合旅游信息资源

大型旅游企业将会在电子商务领域投入更多的资金和先进的技术，扩展旅游电子商务网站功能，丰富旅游信息，增大服务范围，提供多样化的旅游产品和支付方式，供旅游者按照其个人的偏好选择旅游产品，满足其个性化需要。而缺乏资源优势的中小型旅游企业的旅游电子商务网站将无法在激烈竞争中继续生存，只能利用互联网的优势化竞争为合作，形成旅游企业联盟，追求双赢模式下的平均利润以维持生存与发展。

旅游电子商务网站的不断增加掀起了各网站之间的激烈竞争，中小型旅游企业增进互联与整合，将各自拥有的旅游资源提供给旅游企业联盟实现资源共享，达到旅游企业间的合作双赢，旅游业信息资源将获得整合。

（五）培养复合型旅游电子商务人才

由于旅游电子商务是旅游业务与电子商务功能的结合，只有具有电子商务和旅游业务专业知识和经验的复合型人才，才能将电子商务的技术手段和功能模式紧密联系到旅游业务的组织管理和业务流程之中，优化其价值链。旅游电子商务的基础设施将日臻完善，支撑环境逐步趋向规范化和标准化，复合型旅游电子商务人才将成为进一步拓展旅游电子商务的功能核心。

本章小结

1. 旅游产品应具有新颖性、适销性和赢利性，满足旅游者多样化和个性化的需要。

2. 设计具有新、奇、美、特、古的心理特色差异化的旅游产品，才能吸引旅游者参加旅游活动，消费旅游新产品。

3. 大众化旅游阶段通过旅游电子商务销售旅游产品十分便利，“一机在手，任意出游”，旅游电子商务的便捷性和对旅游市场的广泛覆盖，为旅游者出游提供方便。

复习思考题

1. 旅游产品的心理学特征。
2. 旅游产品的特点。
3. 旅游产品生命周期的主要内容。
4. 旅游产品设计原则。
5. 旅游电子商务在旅游新产品促销中的作用。
6. 说明旅游产品设计应具有新、奇、美、特、古的心理特色的原因。

实践课堂

设计“做一回古镇居民”的体验式旅游产品，讨论该产品中应安排体验的内容和方式。

第八章

旅游者不同旅游阶段的心理

学习要点及目标

1. 掌握旅游者在旅游活动的不同阶段的心理变化；
2. 理解针对旅游活动的不同阶段的心理变化的服务对策；
3. 了解旅游者的风险知觉。

引导案例

你今天微笑了吗?

美国人希尔顿，生于1887年，用父亲留下的2000美元和自己的3000美元在得克萨斯州买下了一家旅馆，凭借着自己的聪明才智和良好的管理，以及独到的经营眼光，很快，希尔顿就让5000美元变成了5100万美元。当他欣喜而自豪地把这一成就告诉母亲时，母亲却淡然地对他说："依我看，你跟从前根本没有什么两样，你必须把握更重要的东西：除了对顾客诚实之外，还要想办法使来希尔顿旅馆住过的人还想再来住，你要想出一种简单、容易、便宜而且行之久远的办法去吸引顾客，这样你的旅馆才有前途。"

为了找到一种具备母亲所说的"简单、容易、便宜、行之久远"四个条件的办法，希尔顿逛商店、串旅店，以自己作为一个顾客的亲身感受，终于找到了答案——微笑服务。希尔顿要求每个员工不论如何辛苦，都要对顾客投以微笑，笑容是真实的、发自内心的。他经常提醒职工："万万不可把我们心里的愁云摆在脸上，无论旅馆本身遭受的困难如何，希尔顿旅馆服务员脸上的微笑永远是旅客的阳光。"

希尔顿经营旅馆业的座右铭是：你今天对客人微笑了吗？微笑成了希尔顿酒店的经营信条，并落实到每一位员工，要求员工即使很辛苦，心情不愉悦也必须对顾客微笑，如有违反，轻则罚款，重则开除。希尔顿本人在80岁高龄时，还不停地奔赴在各个国家的希尔顿酒店，目的就是看看各个地方的微笑服务有没有落实到位。

(资料来源：https://baijiahao.baidu.com/s? id=1620980903680169217.)

【点评】

希尔顿坚持“微笑服务”并通过严格的管理给住客以宾至如归的心理感受。员工真实的、发自内心的笑容是给住客的最亲切的礼物，能使住客得到友好的服务乐趣。微笑中的人情味拉近了彼此的心理距离，产生安全感和亲切感。贯穿服务始终的微笑形成愉悦的氛围，给人留下了深刻的温馨印象，使得人们多次入住希尔顿酒店，不断感受“微笑服务”的魅力。

第一节　旅游者在旅游初始阶段的心理

好的开始是成功的一半。大量事实表明，旅游者在旅游初始阶段进入旅游资源地，处于兴奋和好奇的状态中，如果在这个阶段旅游工作者提供及时、周到、热情的服务，旅游者将会格外满意，对旅游工作者产生信任感。“第一印象”的心理效应将会影响旅游者的全程活动。旅游者处在陌生的环境之中，面对周围的一切会产生强烈的好奇和探究的心理，对所参加的旅游活动具有浓厚兴趣，新颖别致的旅游资源地的景观吸引他们进入一次新的人生经历。

一、旅游者心理分析

旅游者在旅游初始阶段的心理状态十分敏感，易受环境因素变化的影响。旅游者通过出行前对旅游目的地和旅游项目的了解，在头脑中形成了一幅想象图景，然后在旅游活动过程中，将现实的场景与想象的图景相对照，寻求二者之间的异同，丰富旅游经历。旅游者以个体的亲身经历感受旅游资源地景色的美丽和景点的魅力，在旅游工作者的帮助下了解旅游资源地的文化习俗，满足自己求新和求异的愿望，在新的环境中获得成就感和满意感。

旅游初始阶段是适应阶段，旅游者在旅游活动中面对陌生的环境，心理需求比较复杂，对旅游活动充满期待。随着主客开始交往，旅游工作者和旅游者双方彼此进入相互了解状态，并开始互相适应进入共同活动。旅游者在这一阶段的需要一般表现在以下几方面。

（一）对安全和方便的期待

根据马斯洛的需要层次论，安全的需要是人类最基本的需要之一。旅游者怀着美好的憧憬踏上旅途，一路上都在为正在经历和即将经历的新鲜事物而激动。与此同时，初次进入一个陌生环境的旅游者，又不免心绪不宁、担心紧张，对即将参加的旅游活动充满担忧之情，对此行能否一切顺利充满疑问。旅游资源地的生活条件、方便程度直接影响旅游者的情绪状态，生活便利会使旅游者产生宾至如归的感受，使其对旅游活动充满信心。

1. 对安全的期待

安全就是不受到伤害。保障安全是旅游活动的基础，无安全便无旅游活动。旅游者喜欢有惊无险的旅游活动,惊险刺激而又安全的旅游活动项目是旅游者的首选。到达旅游目的地,当地良好的卫生条件和平静的治安情况,旅游工作者热情服务和旅游资源地居民的友好相待,使旅游者体会到好客和安全,获得平等和亲切的旅游感受。旅游者在安全的环境中了解当地的风土人情,享受自然风光和人文关怀。

每个旅游者在旅游资源地都会产生身处异乡、无亲无友的想法,自觉应对困难的能力不足,易产生不安全感。旅游途中登山涉水和车船劳顿都蕴含着一些不安全的因素,旅游者的心理准备会起到十分重要的作用,不以身涉险和回避危险的环境,才能保证自身的安全。有时,旅游者个人的特殊经历也会使其产生不安全感。

例如,个体特殊的经历强化个体的不安全感受。旅游者的亲友乘车外出旅游时,所乘车辆出现意外事故,会导致该旅游者对乘车的安全性产生疑虑,可能很长一段时间内都不会选择乘坐汽车外出旅游。"一朝被蛇咬,十年怕井绳",就是对这类创伤性经验造成的不安全感的描述。个体特殊的经历所形成的不安全心理阴影,可以通过旅游工作者优质的服务和完善的安全措施,去克服和削弱,从而提高旅游活动的质量。

职业微笑

职业微笑时应注视对方面部的双眼和鼻子所形成的倒三角形区域,同时嘴角上翘,露出上排前面的6～8颗牙齿,眉梢上扬形成微笑表情面容。当旅游者离你3米时就要发出职业微笑,使旅游者获得安全感,产生宾至如归的感受,力求给人以深刻印象。

职业微笑是指通过态度坦诚,潜台词为"我已准备好为您服务"的笑容,对旅游者表现出热情、亲切、真诚、友好的表情方式。微笑是人际交往的润滑剂和通行证,在旅游服务过程中旅游工作者实行微笑服务能够提高旅游者的满意度。

2. 对方便的期待

作为一名旅游者,寻求方便是其最基本的心理期待之一。初次到异地旅行,特别是缺乏旅游经验的旅游者,都会或多或少地产生对方便的期待。旅游者的心理紧张往往来自对生活方便性的担忧,如担心居住环境嘈杂、通信联络不便、饮食不合胃口等带来的不便直接影响旅游活动的品质。

针对这种情况,旅游工作者必须要对整个旅游过程做到胸有成竹,尽可能分析到有可能出现的不方便的情况,备有解决此类问题的预案。在旅游初始阶段的服务要给予旅游者更多的关心和帮助,解决他们可能会遇到的问题,使旅游者确立信心,感觉到旅途生活的便利,带着轻松愉快的心情去享受旅游活动的乐趣。旅游工作者应使旅游者在"第二环境"中,获得便利生活带来的舒适感,摆脱对生活条件的担忧,形成愉悦的心情参加旅游活动。

旅游者的年龄、性别、职业、偏爱有所不同,但担心水土不服、接待不周的心情都是一样的。例如,许多中国旅游者习惯饮用热茶,希望及时获得热水冲泡茶叶,此时酒店或景点如果能够提供热水,方便嗜饮茶水的旅游者续水,会使这些旅游者感到温暖和舒适。提供热水所产生的便利使这些旅游者提高了满意度,形成惬意的旅游行程。

(二) 对服务态度的期待

旅游者参加旅游活动本身就意味着要离开自己熟悉的环境,面对旅游资源地的陌生环境,大多数旅游者会对此产生一种茫然和不知所措的感受,他们期待着能够得到热情周到的旅游服务,使自己获得安全感。如果此时旅游工作者能够提供满足旅游者需要的服务,整个旅游过程将会非常顺利;反之,旅游者将会出现很多出乎意料的问题,旅游活动也会变得索然无味。

根据调查,90%以上的旅游者希望到达某一旅游目的地时,能够遇到一位通情达理、和蔼可亲、体贴入微的旅游服务人员。由此可见,旅游工作者服务态度的好坏将直接影响旅游者对服务质量的评价。因此,旅游工作者一定要针对旅游者的心理需求,提供热情、及时、周到的服务。旅游者对良好服务态度的期待直接体现在旅游者的行为之中,以遵时守约的方式与旅游工作者共同开展旅游活动,能使旅游工作者和旅游者的关系进入良性循环。

旅游者希望通过得到旅游工作者的热情服务,减轻陌生环境带给自己的心理压力,提升自己的旅游体验。旅游者和旅游工作者在旅游活动中频繁接触和交往,人与人之间形成良好人际氛围,有利于双方互相关心、积极合作、分享旅游乐趣。在旅游活动过程中,旅游者情感需求得到满足,会偏爱特定旅游工作者的旅游服务。旅游工作者如果能够准确理解旅游者的想法和心理,提供优良的服务,就会形成双方的愉快合作。

(三) 对服务效果的期待

从心理学的角度分析,旅游者所购买的旅游产品其实是一种经历,属于无形产品。旅游者对服务效果的期待,往往成为他本人衡量旅游服务质量的一把尺子。旅游这种“经历产品”和其他产品类似,也有质量高低之分,只是“经历产品”的质量主要依靠旅游者在参加实际旅游活动中的体验和旅游活动之前的期望相比较进行评价,符合程度高则旅游服务质量高,符合程度低则旅游服务质量低。旅游者的主观评价往往具有个体色彩。

在旅游活动之前,旅游者都会对所参加的旅游活动有一种期望值,期望可以通过享用旅游企业所提供的服务达到自己的旅游目的。这种期望值是基于旅游者以往的旅游经验或是其他人的旅游经验的一种直觉判断。根据这种期望值,旅游者会在旅游过程中将自己所消费的旅游产品和期望值进行比较,如果实际接受旅游服务质量高于或相当于期望的服务质量,旅游者就会满意;反之,旅游者将会感到不满意,甚至失望。

旅游服务效果直接影响旅游者对旅游工作者的评价,旅游服务工作做得不到位就会使旅游者乘兴而来,最后扫兴而归。在旅游初始阶段,旅游工作者的服务工作效果直接影响后续的行程。旅游工作者应改善和提高旅游服务质量,为旅游者提供优质的旅游服务,使其获得高水平的旅游服务,促进旅游者的旅游目标实现。旅游工作者应通过各种方式来了解旅游者的期望值,并不断提高自身的旅游服务质量,形成良性循环。

二、旅游服务的心理策略

人的心理是客观现实的反映。在旅游活动开展之初,旅游者的心理变化往往复杂多变,会因环境的变化产生不同的需要。旅游工作者要不断地分析旅游者的需要,提供全面的旅游服务以满足旅游者的需要,使之享受旅游乐趣,为后续的旅游行程奠定基础。旅游者在购买旅游产品时一般会依据逻辑或事实来判断该产品对自己是否有特定的功效,选择购买特定的旅游产品以期达到预期的效果。在旅游活动初始阶段,主要的旅游服务的心理策略如下。

(一)美好的环境

旅游活动的开展必须依赖一定的环境条件,而旅游者最先接触到的环境会使他形成对旅游目的地的第一印象。第一印象十分重要,会形成极为鲜明的记忆,也会形成思维定式,造成晕轮效应,并且可以长久保留在旅游者的头脑中,左右其对旅游服务质量的判断。因此,在旅游初始阶段,旅游工作者留给旅游者良好的第一印象,是旅游服务工作的目标。美好的环境使旅游者身在其中感到舒适惬意,能使旅游者形成良好的心理感受并成为顺利开展旅游活动的前提。

第一印象成为旅游者的旅游行程的起点。旅游资源地的独特环境构成旅游资源的主要景观。例如青岛的碧海蓝天红房顶,沙滩栈桥崂山景,形成独具特色的旅游景观。旅游者面对大海,呼吸着带有海洋气味的空气,一下子就进入到海滨城市的氛围中,在海洋空气的包围下,愉快地享受旅游活动带来的乐趣。除自然环境之外,旅游环境还包括人文心理环境,旅游资源地居民好客亲切的态度,会使旅游者感受到人生的美好。

例如,贯彻"师法自然"设计观念的苏州的小桥、流水、人家景观,形成"人造"胜"天然"的美好环境,像一幅色彩丰富的画卷展现在旅游者眼前,成为人们日常生活活动的背景,给人一种与众不同和耳目一新的独特感受,使初到苏州的旅游者一下子就沉浸在优美温柔的江南景色之中,产生对古代中国园林设计的钦佩,深刻体验到"上有天堂,下有苏杭"的魅力。江南美景长盛不衰的吸引力在于它所包含的天人合一的中国文化底蕴。

(二)良好的仪表

旅游工作者良好的仪表不仅反映个人的形象和精神面貌,而且关系到旅游者对旅游服务质量的评价,直接影响到旅游者对旅游资源地文化的认知。因此,旅游工作者要特别注重自己的仪表,服饰要大方得体,服务态度要亲切自然。旅游工作者的仪表就是要体现全面服务、严谨规范、积极进取、奋发向上、殷勤好客的宗旨,表现出敬业的精神面貌,这样有助于为旅游者提供优质的服务。

旅游工作者着装得体能够体现职业风采,表现出为旅游者服务的特点。旅游工作者作为服务者要为旅游者提供全面、优质和有特色的服务,体形和容貌具有一定的审美价值,能对旅游者产生一定的积极影响,良好的仪表有助于拉近旅游工作者和旅游者的心理距离,便于旅游工作者开展旅游服务工作,和旅游者建立平等的合作关系。旅游工作者良好的仪表有助于旅游者对旅游工作者建立信任感,便于旅游工作者开展旅游接待工作。

旅游工作者良好的仪表具有审美价值。例如在中国传统风格的酒店中,身穿中式服装有助于形成中国风格的旅游服务,更能体现旅游工作者的善意。旅游者在享受旅游服务的同时能感受到浓浓的中国文化之风,耳濡目染,受到中国文化的熏陶,感受到好客礼让和合作分享的中国文化之美。设计独特的职业服装所体现的克己待人、尊卑有度和不卑不亢的职业精神,有助于服务与被服务的社会角色确认,使宾客至上的理念得到呈现。

（三）礼貌的用语

语言是人们表达思想、交流信息和表达情感最直接、最快捷的基本方法，也是建立良好人际关系的重要途径。在实际工作中，旅游工作者礼貌得体的语言可以使旅游者感到被尊重和被关心。特别是在一个陌生的环境中，旅游者更需要得到关心和慰藉。因此，旅游工作者的一言一行就显得非常重要，都会对旅游者的心理造成一定的影响。

良言一句三冬暖，恶语伤人六月寒。在旅游服务中，旅游工作者语言的运用直接影响着旅游者的心理状态，恰当地使用服务用语有助于形成良好的服务氛围。在旅游服务中，旅游工作者应使用柔性语言开展工作，提供温馨的心理环境，使旅游者感到温暖舒心，产生受到尊重的感受。旅游工作者使用服务用语开展工作，既能体现服务的诚意，也能和旅游者建立良好的人际关系，密切合作完成旅游活动，得到预期的旅游效果。

言为心声。旅游工作者的服务品质通过专业的柔性语言表达出来，为旅游者服务的职业心理素质通过服务用语体现出来。使用恰当的称呼形成亲切感，可以拉近旅游工作者和旅游者的心理关系，扩大心理宽容度，构成合作完成旅游活动的基础，有效的沟通为双方的愉快合作和顺利完成旅游行程提供了有力的保障。旅游工作者在旅游服务中使用专业的柔性语言，有助于提供优质的旅游服务，为旅游企业获得更好的经济效益和社会效益。

（四）优质的服务

在旅游活动中，旅游者希望得到优质的服务，圆满顺利地完成旅游活动形成独特的经历。在实际旅游服务工作中，旅游者主要通过心理感受对无形的旅游服务产品作出评价，表现为对旅游服务的满意度的高低。在定性评价的基础上，把旅游服务评价指标量化开展客观化评价是旅游管理的一项重要任务。通常优质的旅游服务具有实用性、享受性、高效率、标准化、个性化等特征。

1. 实用性

实用性是指旅游工作者要为旅游者解决在旅游活动中涉及的食、住、行、游、购、娱等方面的各种具体问题。旅游工作者只有设身处地地为游客着想，不做表面文章，切实解决旅游活动中遇到的具体问题，才能使旅游者满意，这已经成为最基本的优质旅游服务内容。旅游者在旅游活动中遇到的问题直接影响到旅游感受和旅游效果，旅游工作者只有提供实用性的旅游服务才能使旅游者感受到旅游服务的魅力所在。

细节决定成败。旅游服务重在细节，旅游服务工作由众多的细节组成，细节服务到位体现了旅游服务的实用性特征。旅游工作者为旅游者提供当天的天气预报，提供雨具协助旅游者完成雨中的游览活动，在保障安全的前提下，为增加旅游乐趣设计安排雨中游览的特色活动项目，充分利用天气变化提供的机会，欣赏雨中旅游景观，丰富旅游者的旅游经历形成特色旅游产品。

2. 享受性

享受性是指旅游服务人员不仅要为旅游者解决实际问题，而且要通过旅游企业所提供的各种有形和无形的产品，满足旅游者的需求，使旅游者感到身心愉快，这属于更高层次的旅游服务。北京城的建设具有独特之处：先规划后建设，皇城位于城市中心体现皇权中心的理念，棋盘格的城市道路分布便利于南来北往、东行西去的交通活动，城市功能分区明确，在现代表现为城市环路加放射线公路的交通体系。

旅游产品除涉及食、住、行、游、购、娱等满足旅游者的物质需要外，还提供精神享受。一方水土养一方人的饮食背后蕴含文化，旅游者在享用美食的同时也增进了对旅游资源地文化的认识深度，有助于了解当地人的个性。文化的魅力蕴含在具体的事物之中，旅游者在游山玩水之中受到传统文化的熏陶，体会高山流水遇知音的人生意境，提升文化欣赏水平，获得精神享受。

3. 高效率

在现代社会，时间就是金钱已成为人们的共识。旅游者大多是利用有限的闲暇时间来参加旅游活动，因此，旅游者希望在旅游活动中，一方面享受旅游的乐趣，另一方面也希望能够减少不必要的时间浪费。这就要求旅游企业和服务人员能够提供方便、快捷的服务。"旅短游长"成为旅游者进行游览活动的准则，旅游企业要缩短在途时间，延长旅游观览时间，尽最大的努力提高旅游的效果。

高效率体现在旅游产品的设计上，旅游产品张弛结合，能够提高旅游者的心理感受，释放压力，建立新的心理平衡，保持心理健康，提高工作效率。旅游者通过旅游迅速完成"第一现实"和"第二现实"的转换，平衡个人生活节奏，转换社会角色，适应社会生活。高效率的旅游活动成为旅游者的追求，现代社会的高速运转带动旅游产品的升级换代，为旅游者设计高效率的旅游活动成为旅游企业的任务之一。

4. 标准化

在旅游服务的管理体系中，标准化的服务能够满足旅游者的共性需要。从旅游心理学的角度看，标准化的服务可以体现旅游工作者的一视同仁，坚持旅游服务的初心，使旅游者感到公平、合理、高效。这种满足旅游者共性需要的服务会被旅游者认为是理所当然，不提供此类服务会使旅游者感到不满意，提供了也不会使旅游者感到特别满意。

建立旅游服务标准化管理体系，有利于旅游企业提高旅游服务质量，增加旅游服务的可衡量性，为改进旅游服务提供衡量尺度。标准化的旅游服务为旅游者评价旅游服务提供了标尺，有利于旅游工作者个体服务的统一管理，为训练旅游工作者提供了统一的标准操作，提供规范化的旅游产品，有利于提高旅游服务质量，为旅游服务管理升级奠定基础。

5. 个性化

个性化的服务是为满足旅游者的独特需要而提供的出乎旅游者意料的或是旅游者急需的差异化服务，能使旅游者消除不满意并感到特别满意。旅行社为旅游者提供定制服务是差异化服务的具体体现。旅游企业通过满足旅游者个性化需要，挖掘旅游者的潜在需要，设计个性化的旅游产品，把多样化的旅游产品提供给旅游者，丰富旅游市场的供应，扩大旅游市场规模。

设计和提供个性化的旅游产品已成为旅游企业的核心任务。在当代旅游业发展过程中，需求个性化已成为新潮流，旅游者的个体需求多样化，导致旅游产品日益差异化，定制旅游成为旅游业的时尚产品。满足旅游者的潜在需要成为旅游企业发展的方向，不断研究开发旅游新产品满足旅游者的个体多样化需求，成为旅游企业获利的新生长点。

作为旅游企业，一定要在提供高质量的标准化服务的基础上，针对旅游者的不同需要提供个性化服务，而具有实用性、享受性、高效率、标准化、个性化的特征的旅游服务才是真正的优质旅游服务。

请讲我们爱听的

一次，北京的导游员王小姐接待了一个来自中国台湾地区的旅游团。在接待过程中，她按照接待西方人的方式，讲解了中国大陆的历史、对外政策、改革开放和人民生活水平的变化等。虽然她讲得很认真，但旅游者们的反应却不是十分热烈。

王小姐征求了领队的意见，领队告诉她，要多讲些轻松的话题，如老百姓的吃、穿、住、行、收入、工作和生活情况，多讲一些笑话、野史、趣闻，举行歌唱活动等，不必讲太多的政治形势，因为旅游者来大陆是散心的、游玩的，不是来上课的。

听了领队的意见，王小姐注意改变讲解的内容，果然得到了旅游者们的响应。在讲解故宫时，她把溥仪皇帝从三岁登基到成为普通公民的历史讲了一遍。她虽然讲得十分紧凑，但客人却时常打断她，让她讲一些皇帝日常的起居生活和三宫六院的趣事。于是她又改变了讲解内容，重点介绍皇帝结婚、用膳、宗教活动……旅游者们被她的讲解所吸引，越听越感兴趣，再也不打断她的讲解了。

（资料来源：程新造.导游接待案例选析[M].北京：旅游教育出版社，2004.）

第二节　旅游者在旅游中间阶段的心理

旅游中间阶段，即游览活动阶段，是旅游工作的重点阶段。在这个阶段，随着主客交往的深入，旅游工作者和旅游者双方对彼此有了进一步的了解，并开始互相适应、深入合作，共同完成旅游活动。旅游工作者的服务水平将全面展示在旅游者面前，旅游者对于旅游服务质量也有了更深的体验。

在旅游中间阶段，各种矛盾冲突的发生和解决、心理差异的协调、优质服务的提供与接受、旅游者确定旅游感受品质、对旅游服务质量的评价形成最终印象等都发生在这个阶段。同时，旅游者也会在旅游初始阶段的基础上，对旅游工作者提出更全面、更具体、更具个性化的要求。因此，旅游工作者做好旅游中间阶段的服务工作，对旅游者形成心理满足具有决定性的作用，旅游服务质量的高低决定旅游者的满意度的高低。

一、旅游者的心理要求

旅游中间阶段的主要的组成部分是游览活动，旅游者对于此阶段的期望是最高的，他们往往通过此阶段的各种旅游活动来达到自己旅游的主要目的，旅游者的要求具体而详细，对旅游服务的细节的质量极其敏感。旅游者这一阶段的主要心理要求由以下几部分构成。

（一）实现美好的愿望

旅游者参加旅游活动的动机多种多样，如游览观光、放松心情、探新求异、社交等，无论出于哪种目的，旅游者都希望能够通过旅游工作者来协助他完成自己的愿望。旅游者实现美好愿望的初心形成强大的心理动力，促使旅游者发生旅游行为，然后通过旅游活动实现美好的愿望，丰富个人的人生经历和体验。

“读万卷书，行万里路。”旅游活动提供给旅游者的收获，在于旅游者在新的环境中了解旅游资源地的风土人情，欣赏自然风光，将旅游所得到的印象与个体的日常生活对比，感受新鲜感，惊讶于世界的多样性，为获得的新知识和新体验欢欣鼓舞。旅游者通过参加旅游活动拓宽个体的视野和丰富人生经历，为旅游结束期的评价收集素材，形成对旅游活动的全面认识，提升个体的旅游价值观念。

（二）对服务的要求

旅游者在游览活动期间，由于脱离了自己熟悉的环境，需要旅游工作者的全面帮助才能顺利完成旅游活动，因此往往有求于旅游工作者。在旅游的中间阶段，旅游工作者和旅游者间的人际关系十分微妙，旅游工作者积极主动处理好双方关系成为旅游活动的核心内容。在此阶段，旅游者对于旅游服务有了更具体的要求，主要有以下几方面。

1. 对主动服务的要求

主动服务是指旅游工作者提供服务在旅游者开口之前，也叫超前服务。旅游者在旅游活动期间都希望旅游工作者能够主动关心他们、理解他们和帮助他们，把他们当成有血有肉活生生的人，能主动提供他们所需要的服务。旅游工作者的主动服务会使旅游者产生超级满意的效果，为旅游者提供超前服务免除旅游者的后顾之忧，可以使旅游活动更加顺利，旅游者在其中获得更多的享受。

旅游工作者要有良好的职业素质，持有“旅游者至上”的服务态度，充分发挥主观能动性，主动了解旅游者的需要和心理状态，认真观察旅游者的需要变化和心理状态发展的趋向。旅游工作者只有通过听其声、观其颜和察其行推测旅游者的需要，才能把旅游服务工作做在旅游者开口之前，为旅游者提供所需的服务使旅游者安心满意。旅游工作者对旅游者的需要的前瞻能力和对旅游者心理状态的判断能力决定其旅游服务的水平。

2. 对热情服务的要求

旅游者都希望得到旅游工作者真诚的和发自内心的、自始至终热情友好的服务。在实际工作中，旅游者对旅游工作者服务态度的评价，很大程度上是根据其是否热情、微笑和有耐心做出的。因此，旅游工作者具有高水平的职业能力，能够对旅游者心理有深入的认识，理解旅游者的心理和情感需求，提供热情全面的旅游服务，会使旅游者感到更大的心理满足，特别是对于接受旅游工作者所提供的“超常服务”的旅游者，会认为自己享受到物超所值的旅游服务。

例如，旅游资源地的景点对于旅游者来说是奇观异景，可能一生只有这一次的观光机会，但对于旅游工作者来说那里的景色已是司空见惯。在这种情况下，旅游工作者必须拥有角色意识，认识到自己是为旅游者服务的导游员，为旅游者提供独具特色的旅游讲解服务是我的职责。当旅游者为景观的新奇激动不已时，旅游工作者应积极鼓励旅游者充分享受当前的美景，积极主动讲解为旅游者助兴，而不能显得无动于衷，甚至表现出一副不耐烦的表情，对此旅游者将会感到十分扫兴和沮丧。

3. 对周到服务的要求

周到服务是指旅游工作者在服务内容和项目上，尽可能周全，做到无微不至，落实到对旅游者的服务中就是处处方便旅游者、体贴旅游者和帮助旅游者，千方百计帮助旅游者实现旅游目标。周到服务表现为细节到位，旅游活动复杂多样，稍有不慎极易造成事故，旅游工作者要做到详细告知信息，严密安排活动程序，恪守时间节点，全面执行防止发生意外的措施，保证旅游者旅游活动的安全。

旅游工作者在细节小事上要让旅游者感到受到周到服务，避免因小失大而冒犯旅游者，处理好和旅游者的关系，务必不使细节小事成为发生矛盾的导火索，避免引发放大效应导致问题升级，给双方造成损失。旅游工作者在提供周到的服务之后会获得旅游者的良性回报，旅游工作者提供的重在细节的服务，充分体现周到服务的实质。

例如在旅游者进行景区游览时，旅游工作者除应事先告诉旅游者集合时间、地点外，还应该补充提醒旅游者记住车牌号码、车型种类、车身颜色和特定标志以便于完成参观后寻找车辆，同时公布旅游工作者的联络方式，详细说明景区内卫生间的位置以及走失时的补救措施等，使旅游者感到旅游工作者的周到服务。

4. 对舒适服务的要求

现代意义上的旅游不仅仅是脱离原有生活圈子到异地游览的一种活动，更是一种高层次的精神享受方式。旅游者都希望整个旅游活动能在一种舒适友好的氛围中进行，从而身心放松，获得精神的愉悦。舒适的旅游环境既包括由适宜的温度和湿度、光线良好的客房和舒适的旅游车等构成的物理环境，也包括由旅游工作者使用服务用语和柔性语言营造出体贴温馨的氛围和舒适周到的服务共同形成的心理环境。

旅游活动过程中，旅游者的体能和精力消耗大，身心容易疲惫，舒适服务能够满足旅游者生理的和心理的双重需要，有利于消除疲劳。旅游工作者提供的舒适服务符合旅游者的需要，提升了旅游服务水平，使旅游者获得良好的主观感受，贴心的旅游服务温暖了旅游者的心，促使旅游者对未来的旅游活动充满期望。

（三）对友好交往的要求

人们都有将自己的某种心情与别人分享的心理。旅游者在旅游期间，面对新的环境，会迫切地希望同其他旅游者和旅游工作者进行友好交往。良好的人际交往能够使旅游者心情愉悦，促进旅游工作者和旅游者之间的融洽关系，从而获得心理上的欢乐和享受。旅游工作者和旅游者相互合作，共同完成旅游行程，得到旅游乐趣，使旅游者保持愉快的心情，不断从旅游活动中得到新的享受。

旅游工作者和旅游者关系融洽，旅游者心情愉悦，都是建立在旅游工作者尊重旅游者，并以此来赢得旅游者尊重的基础之上。旅游工作者不仅要尊重那些表现良好的旅游者，也要尊重那些表现不好和行为失当的旅游者，要通过自己的工作和引导，改善他们的行为，使其自觉遵守景区的规定。

旅游工作者面对某些素质低的旅游者，更要注意自身素质的良好表现。对于素质低的旅游者，需要高素质的旅游工作者为其服务，提升他们的基本素质，通过旅游活动促使这些旅游者不断提升其自身素质，享受旅游带来的快乐。

二、旅游服务的心理策略

在旅游中间阶段，旅游者和旅游工作者一起参加旅游活动，彼此相互有所了解，双方逐渐互相适应，互相合作共同完成旅游活动，旅游者得到旅游活动带来的享受。在这一阶段，为了加深旅游者对旅游服务的良好印象，旅游工作者要注意应用以下心理策略。

（一）微笑服务

微笑是美的象征，微笑的脸庞总是美丽的，亲切的微笑能让人产生信赖感，消除陌生感和恐惧心理。微笑是情感沟通的桥梁，微笑可以化解冲突，增进人与人之间的谅解。旅游工作者的职业微笑成为人际关系的润滑剂，可以创造一种和谐融洽的氛围，让旅游者感到愉快和温暖，使旅游者对旅游工作者产生信任感，一起共同完成旅游活动，从而获得旅游带来的欢乐。

旅游工作者在与旅游者交往中面带微笑，表明有充分的自信能够为旅游者提供优质服务，自然放松的精神状态可以缩短双方的心理距离，使旅游者产生愿意交流的愿望，实现有效的沟通。在旅游服务工作过程中，旅游工作者要坚持微笑服务，表现出交流的诚意，为旅游者提供实用的丰富的旅游活动行程建议，使旅游者得到更多的不同体验。

（二）尊重客人的服务

根据马斯洛的需要理论，旅游是在生理和安全的基本需要得到满足之后，人们为满足更高层次的需要而从事的社会活动。尊重是一种让人感到受重视的文明社交方式，是建立良好的人际关系的基石，能为顺利开展工作奠定基础。求尊重是旅游者最基本的心理需要，旅游工作者体现对旅游者尊重的心理策略有以下几方面。

1. 用姓名称呼客人

初次见面不久，你就能记住对方的姓名，会使对方感觉到你对他很重视。一个人是否受到尊重，主要表现为他在别人心目中的地位高低。当旅游工作者第二次见到客人时，使用客人的名字称呼客人，会使客人产生亲切感和受重视感。旅游工作者对待他人要有礼貌，与旅游者交谈见面时，要注意自己的良好形象，要用文明敬语。

旅游者对自己的名字十分敏感，在旅游服务中使用敬语称呼旅游者，会引起旅游者对旅游工作者的亲近感，使旅游者感到自己受到了重视，为之后的旅游活动打下相互交流的基础。旅游工作者记住旅游者的名字，在再次见面时使用名字称呼对方，直接引起旅游者的注意，使其体会到受重视的感受，拉近了双方的心理距离，为彼此的合作和交往形成了好的开端。

2. 保护客人的自尊心

自尊心就是人们尊重自己，往往与优越的地位相联系，是维护自己的人格尊严，不容许别人侮辱和歧视的心理状态。保护旅游者的自尊心实际上就是对旅游者的一种尊重，能使旅游者获得积极的主观感受。旅游者来自社会各阶层，在旅游活动中不同社会阶层的人背景各不相同，对于同一事物会有不同的观点，“仁者见仁，智者见智”，并无高下之分。旅游工作者应平等待人，使不同背景的旅游者和平相处，保护他们的自尊心，以便共同完成旅游活动。

虚荣心是一种扭曲的自尊心，它是自尊心的过分表现，是人类的一种心理状态。虚荣心强的旅游者往往好大喜功，盲目攀比，过分看重别人的评价，有时有强烈的嫉妒心等。虚荣心的本质仍然是自尊心。旅游工作者要平等对待有虚荣心的旅游者，在他们处于尴尬状况中的时候，要把他们从尴尬中解脱出来。在旅游者陷入窘境时，旅游工作者要以礼相待，尽量帮助他们掩饰，使其尽快脱离现场，保全旅游者的尊严。旅游工作者要尊重旅游者的文化习俗和个人特点，做好旅游服务工作。

3. 对客人有礼貌

有礼貌也是对客人表示尊重的一种重要方式。礼貌主要表现在旅游服务人员的言行举止当中，包括说话的用语、语气、面部表情、操作规范等。旅游工作者以礼待人属于基本的职业修养，当遇到旅游者情绪不好的时候，不与之争辩对错，想办法疏导旅游者，避免与旅游者发生纠纷。旅游工作者要采取"以礼服人"的方式解决问题，避免对立和冲突，平心静气地与旅游者携手合作共同完成旅游活动。

以礼待客是旅游工作者的基本职业能力，礼貌礼仪约束旅游者遵守社会规则，旅游工作者运用礼仪礼貌对待旅游者，按照社会规则行事约束双方平等合作共同取得旅游的成功。有礼走遍天下，以礼待人友好协商解决旅游活动中各种问题，在遵守社会礼义的前提下形成合作局面，双方共同为旅游事业的发展贡献力量。

4. 坚持客人至上

旅游工作者在服务中要坚持客人至上的原则，为旅游者提供优质的服务。旅游者是旅游活动的发起者，促进了旅游业的发展，摆正旅游工作者和旅游者的地位关系，才能更好地为满足旅游者需要提供服务。旅游工作者是旅游服务的提供者，处于为旅游者服务的地位，而旅游者是旅游服务的接受者，处于被服务的地位。旅游工作者和旅游者的法律地位平等，但在旅游服务中的地位不同，客人至上的原则成为约束旅游工作者服务的标准。

旅游工作者为旅游者提供旅游产品和服务，旅游者作为消费者购买消费旅游产品和服务。旅游工作者依靠销售旅游产品和服务获得经济效益和社会效益。旅游者的消费提供了经济效益和社会效益，繁荣了旅游市场，增加了就业机会，在旅游业中处于核心地位。旅游工作者应坚持客人至上的原则，不断开发新产品，满足旅游者的需要，促进旅游业发展。旅游工作者在旅游服务过程中，不要与旅游者争高低和争论谁对谁错，如果旅游者固执己见，旅游工作者也可以采取变通的办法解决问题，以求顺利完成旅游行程。

（三）提供针对性服务

由于旅游者的性格特征和旅游目的各不相同，他们对旅游服务的要求也有所不同。因此，在旅游服务的过程中，旅游工作者除遵守规章制度和相关的操作程序之外，必要时可以采取灵活多变的方式，提供针对性服务满足旅游者的需求。旅游工作者要研究旅游者的需要，提供能够满足旅游者需要的旅游产品，为不同的旅游者提供各具特色的旅游产品，使旅游者高兴而来、满意而归。

旅游者来自不同的地域，居于不同的社会阶层，具有各不相同的需要。旅游工作者提供针对性服务，以求满足每个旅游者的需要，从而扩大旅游市场，增加旅游收入。旅游工作者要能够发现旅游者需要，主动提供针对性服务，优化旅游产品，不断开发新的旅游市场，研发新的旅游产品，为旅游者提供更多的选择机会，促进旅游者做出旅游决策和消费旅游产品。

（四）正确处理客人的投诉

旅游者投诉是指旅游者在购买、消费旅游产品和接受旅游服务的过程中，与经营者之间发生消费者权益争议后，请求消费者权益保护组织调解，要求保护其合法权益的行为。如果旅游者对旅游企业所提供的旅游服务有不满之处，旅游企业应该鼓励旅游者进行投诉。旅游者投诉是帮助旅游企业改进工作、提高旅游服务质量和旅游者满意程度的有效方法。旅游企业应公正地对待旅游者的投诉，发现问题，解决问题，改善工作内容和流程，提高旅游产品质量，从而为旅游者提供更新更好的旅游服务。

旅游者投诉的目的是要解决问题，挽回损失，获得补偿。事实上，旅游者投诉的问题反映出了旅游企业的经营缺陷和旅游服务产品的空白区。借助旅游者投诉的内容，旅游企业要全面检查管理流程，找出薄弱环节，然后通过强化管理提高服务质量，改变组织结构适应市场变化，开发新产品满足旅游者的需要。

（五）对游客行为的积极诱导

诱导是一种把游客需要变成旅游产品和服务的路径，是为推进旅游产品和服务的销售而进行的工作。诱导的目的一方面是为了满足旅游者需要开发新产品，另一方面也丰富了旅游活动的内容，增加了旅游收入。旅游工作者通过对旅游者行为的积极诱导，为旅游者提供新的、优质的旅游产品和服务，把旅游者的行为引导到消费新旅游产品和服务，开拓新的旅游市场。

例如，有的旅游消费者喜欢在树上刻下自己的名字作纪念，但这样做会对森林树木造成一定程度的破坏。为了满足旅游者作纪念的需要，同时又不破坏森林资源，一家饭店的经理请住店的旅游者在饭店大楼后面的一块空地上种下一棵树，并以种植者的名字命名该树。这样做的结果，不仅满足了旅游者作纪念的需要，还对旅游区进行了植树造林，吸引种植者经常来看望以自己名字命名的树。

一定让老人登上长城

2003 年 10 月，某旅行社一位导游员带一个由 18 人组成的来自新加坡的旅游团。团里有一位 81 岁的老人偕女儿同行，他是一位下肢瘫痪的残疾人。旅游团到达此次旅程的第一个目的地后，导游员安排旅游者的住宿，马上就到客房去看望老人。老人深情地告诉导游员："41 年了，这是我们父女俩第一次一起回国观光。我有个心愿，在我走之前要看看长城，不到长城心不死啊，可是……"老人伤感地看着自己的腿。

导游员听罢，对老人说："您克服这么大的困难，不远万里回到祖国观光，我一定设法使您尽量多看看，帮助您实现登上长城的愿望。"一路上，导游员不厌其烦地与各城市的机场、饭店联络，要求提供轮椅和通行的方便，并尽量满足老人的心愿。

在西安，她亲自推着轮椅带老人看兵马俑。在北京，当汽车停在长城脚下时，她先带领全团旅游者登上长城，然后又跑回来找来4个解放军战士，向他们说明情况并请求帮助，战士们欣然同意把老人连同轮椅一起抬上长城。老人感激得说不出话来。旅行团即将返回新加坡时，老人拉住导游员的手，热泪满面地说："这样好的导游员只有中国才有，此次回到祖国真正感受到人间的爱……"旅行团的领队决定将此次旅行的录像带带回新加坡，作为宣传中国导游员优质服务的见证。

（资料来源：秦明.旅游心理学[M].北京：北京大学出版社，2005.）

第三节　旅游者在旅游结束阶段的心理

旅游结束阶段是指旅游者即将离去，旅游工作者与旅游者交往即将结束，直至旅游者离开的这段时间。在这个阶段，旅游者会对旅游期间所接受的服务进行整体回顾和综合评价。旅游工作者在此阶段需对此前的整个旅游期间的旅游服务工作情况进行全面检查，尽量对不完善的地方实行补救服务，通过满足旅游者的补偿心理使其对整体服务认可，起到补充完善旅游服务的作用，保证全程的旅游服务质量。

旅游工作者要做好旅游结束阶段的旅游服务工作，最关键的还是要了解旅游者此时的心理需要，提供相应的旅游服务，如果忽视了这最后阶段的服务，就无法给整个服务画上一个圆满的句号，也将使旅游者带着遗憾离去。

一、旅游者心理状态

在旅游结束阶段，旅游者的心理是比较复杂的。当旅游者快要结束旅游活动返回原居住地的时候，又会出现与旅游初期类似的迫切感和不安感，只是表现形式上有所不同，主要有以下几方面。

（一）紧张不安的心理

在这个阶段紧张不安的心理一般会表现为：旅游者的思乡之情开始产生，急切地想回家与亲人团聚，想回到原来的生活之中，并向他们讲述自己的旅游亲历。与此同时，离开前有许多事情要做，而旅游者对处理这些事情的结果没有把握，所以又有点焦躁和不安。旅游者还会对回到原来的工作状态，重新进入原角色，过原有的生活，表现出近乡情更怯的心理状态。

作为旅游工作者，在这个阶段应设法平静和放松旅游者的情绪，用旅游的快乐与到家的温馨来引导旅游者的感觉，通过回顾旅游行程中的热点活动和美好经历，回忆旅游中的独特感受，把对旅游者诚挚美好的祝愿说得感人肺腑，让旅游者带着服务的"余热"踏上回家的旅途，使旅游者产生留恋之情和再次惠顾之意。

（二）选择性记忆

在整个旅游活动中，旅游者会接触到不同的环境、形形色色的人和事物，往往也会产生不同感受。每个旅游者的特点不同，会对旅游行程的内容出现选择性记忆，只记住自己感兴趣的部分和特别经历的部分，从而形成对旅游的美好印象，把自己偏爱的内容保留在头脑中，成为自己的精神财富。

有的旅游者会记住那些美好的人和事物，有的旅游者却会记住一些矛盾和问题。作为旅游工作者，应当通过自己的服务使旅游者在旅游活动中留下更多美好的回忆，产生留恋的感觉，才有可能促成其以后再次成为旅游者参加旅游活动。

（三）消费的衡量

旅游者在结束游览活动的时候，往往会对自己在这一阶段所接受的服务进行整体评价，对自己付出的费用和得到的价值进行比较和衡量，也会拿以前的经验或是其他人的经验与自己接受到的服务进行比较。每一位旅游者都希望自己得到最佳的服务回报，得到物超所值的旅游享受。

旅游者通过消费衡量旅游产品的性价比，对所参加的旅游活动做出评价，为再次做出旅游决策、参加旅游活动准备信息。良好的旅游经历会促使旅游者再次安排旅游出行，获得旅游带来的乐趣，享受旅游的美好之处。旅游者的偏爱为旅游企业开发新的旅游产品和服务提供资料。旅游工作者收集旅游者的出行愿望、获得旅游者下次外出旅行的意向、选择旅游目的地的标准，将有助于旅游企业开发新产品和服务，吸引旅游者再次外出旅游。

二、做好旅游服务工作

旅游结束阶段是旅游企业和旅游服务人员创造完美形象，对旅游者后续行为施加重要影响的服务阶段。根据近因效应，旅游者在认知过程中，新近得到的信息比先前得到的信息更具影响力。因此，在这一阶段，旅游服务人员应积极采取措施，争取给旅游者留下美好的印象，促使旅游者再次出游时选择同一家旅游企业，培养忠诚的顾客。旅游工作者在本阶段的主要服务策略有以下几方面。

（一）优秀的结束语

最后的结束语对于消除或者弱化旅游者的紧张和不安情绪起着非常重要的作用，它既要体现出旅游工作者对旅游者的诚挚祝福，又要表达出对即将离去的旅游者的留恋，同时还要强化旅游者在旅游活动过程中留下的美好感觉。优秀的结束语能使旅游者产生依依惜别之情，留下对旅游活动的美好印象，并且为下一次的旅游活动奠定基础，促进旅游者的旅游决策，鼓励旅游者再次到本公司安排出游。

制作优秀的结束语是旅游工作者的一项工作，充满人情味的结束语，总会触碰到人们心中最柔软的部分。大部分旅游者重人情、喜欢热闹，容易与人建立较为亲密的情感关系，心地善良又热情好客，往往和旅游工作者形成良好的人际关系，人情关系会促使旅游者下次选择此次提供服务的旅游企业，最终成为忠诚的消费者。

（二）灵活送行

为了进一步强化旅游工作者的美好形象，要采取灵活多样的送别方式，如对于老弱病残和行李较多的旅游者要主动帮忙搬运行李，对旅游者的特殊而合理要求应当在条件允许的情况下尽量满足。根据旅游者的不同情况，为他们解决所遇到的问题，建立负责任的旅游工作者的形象，有利于吸引旅游者再次出游和成为本旅游企业的客户。

（三）认真善后

旅游者在离开旅游团之际，往往会有一些遗留问题。这时，旅游工作者要做到尽职尽责，根据承诺一丝不苟地按旅游者的要求和企业的工作原则处理好这些遗留问题，力求给旅游者留下一个完美的印象。做好善后工作，对于创造企业良好形象具有重要作用。

第四节　旅游者在旅游活动中的风险知觉

旅游者在旅游途中时常会遇到危险，旅游参与者为避免处于危险境地应事先规划线路，选定活动方式，将风险消除或最小化，以保障旅游出行的安全。旅游过程中，旅游参与者针对不同情况应采取必要的有效措施防止受到伤害。旅游者要不断强化风险意识，在旅游时提高警惕，遇到危险或发现危险迹象要及时报告。旅游工作者要及时采取措施，按照预案做出应对行动，迅速脱离危险环境，保障旅游参与者的安全。

一、旅游风险知觉

旅游活动一直处于风险之中，风险是客观存在的，不可避免。旅游者人数的增多、旅游目的地的扩大、旅游业的复杂性等必然会导致旅游风险的加大。旅游过程中由不同风险造成的损失呈现出逐年增多的趋势。旅游者关注旅游风险、增强风险意识对旅游业的发展有重要意义。

（一）旅游风险

风险指某一特定危险情况发生的可能性和后果的组合。风险具有客观性、偶然性、损害性、不确定性、相对性（或可变性）。旅游风险知觉指在参加旅游活动时，旅游者希望在未来的旅游活动中获得快乐和享受，同时也会担心在旅游活动中产生意外和损失，从而对旅游活动中一系列潜在的损失、危险和现实伤害等风险的知觉。

（二）旅游风险的特点

任何消费活动都是具有消费风险的，旅游消费活动尤其如此。旅游风险不同于一般的消费活动中的风险，具有自身的特点。

1. 旅游消费的异地性

绝大多数旅游活动都是在旅游者不熟悉的环境，即异地开展的。相对于熟悉的环境，异地文化、民俗民风、生活习惯等都会给旅游者带来陌生感、危机感和奇异感，这就不可避免地产生一定的消费风险。例如，有些旅游者在不了解当地土特产的质量情况下，盲目购买后发现上当受骗。

2. 旅游消费的综合性

由于旅游产品在构成上具有综合性的特点，使得旅游消费也具有此特点。旅游消费中的食、住、行、游、购、娱，每一个环节都有可能存在消费风险，任何一个环节处理不当都有可能影响整个旅游活动的质量，甚至会造成旅游者人身和财产的损失。

3. 生产和消费的同步性

旅游产品是一种特殊的商品，其最大的特殊之处在于旅游企业生产产品的同时即被旅游者消费，几乎没有中间环节。这使得旅游者在购买旅游产品之前往往看不到和无法感受产品，只有在消费时才看到和感觉到旅游产品的质量。生产和消费的同步性使旅游产品本身就存在一定的不确定性和潜在的风险。

（三）旅游风险知觉的种类

旅游者在旅游活动中有可能会遇到的风险知觉主要有以下几种类型。

1. 功能风险

功能风险是一个涉及旅游产品质量和服务优劣的问题。在一般情况下，当旅游者购买的旅游产品和享受的各种服务不能达到预期目标那样满意时，就存在着功能风险。旅游服务中的功能服务，由于各种原因不能达到预期的质量也会形成功能风险。

2. 资金风险

资金风险是指旅游者花在旅游上的金钱是否买到了物有所值的旅游产品和优质服务。在实际旅游活动中，旅游者在购买旅游产品时是很难预料到资金风险的。例如，有些旅行社声称旅游费用里包含了门票费，但事实上所谓的“门票费”只是景点的大门票费，而景区中的某些景点的门票却是不包括的，这些门票往往既多又贵。因此，旅游者要完整地游览完一个大的旅游景点，门票的支出将是一笔额外的费用。

3. 安全风险

安全风险是指旅游者所购买的产品或服务是否危及旅游者的健康和安全。随着旅游业的发展，旅游者的需要层次有了更高的诉求，一些个性化的旅游方式随之出现，比如现在非常流行的探险旅游，虽然受到很多旅游者的追捧，但是其面临的安全风险也比普通旅游方式要高得多。很多探险旅游者缺乏必要的探险经验和能力，因此出现了很多悲剧。另外，一些新型的旅游设施配套不够完善，存在一定的隐患，如蹦极、高空弹跳、攀岩等运动，如果不能正确使用设备和缺乏专业训练，极易发生事故。

4. 时间风险

时间风险是指在旅游活动中能否在预定的时间内完成旅游活动。旅游者所购买的旅游产品往往要在有限的时间内完成，这就要求旅游企业在设计产品时应尽量缩短无意义的时间和空间距离，以保证旅游者能按时完成旅游计划中所有的项目。但是，目前有些不规范的旅行社为了降低旅游成本，提高利润率，往往将旅游者宝贵的时间浪费在无用的路途之中。

比如一个北京团到广州旅游，可直飞广州，方便快捷。但如果先飞到佛山，再坐车到广州，虽然旅行社节约了成本，但浪费了旅游者大量的时间，必然也就压缩了游览的时间。此外，旅游团中也会有个别旅游者不遵守团体活动时间安排，这样也会造成旅游时间的浪费。

5. 不可抗力风险

不可抗力风险是指由于地震、洪水、传染病、社会动荡等原因造成的风险。旅游业在面对不可抗力风险时，其实是很脆弱的，不可抗力风险通常具有不可预测性，当灾难来临时对人的影响非常巨大，直接破坏旅游业务的进行，造成旅游活动中断。

6. 心理风险

心理风险是指旅游产品或服务能否增强旅游者的幸福感和自尊心的风险，反过来说，即是否引起了旅游者的不满和失望情绪。大多数旅游者出外旅游的动机之一就是提高自我价值、放松心情，因此，消除或减少旅游者心理风险就显得十分重要了。一般来说，旅游者所承担的心理风险要比实际发生的事实风险大得多。

二、旅游风险知觉产生的原因

不同旅游者对风险知觉的认知是不同的。一方面受旅游者的个人特征、文化水平、经济水平等方面的影响。例如，性格内向、做事谨慎的旅游者往往属于高风险知觉者，其偏好在很小的范围内选择旅游产品和服务，以减少做出错误的选择，而性格外向的旅游者恰恰相反。另一方面也受旅游者购买的旅游产品或服务种类的影响，如相比较远距离的旅游，近距离旅游的显得风险要小。

当然，旅游者知觉的风险并不等于实际存在的风险，但是对旅游风险的知觉，则会影响旅游者的旅游决策。旅游者通常会在下列情况下感知到旅游风险。

1. 目标不明确

尽管有些旅游者已经决定出外旅游，可不知道到哪里旅游、乘坐什么样的交通工具、是随团旅游还是单独行动等，问题多，缺乏明确的目的性。在这种情况下，旅游者就会感知到风险的存在。

2. 缺乏旅游经验

一个很少外出旅游的人，在面对众多旅游产品时往往会被弄得眼花缭乱、不知所措。比如想去旅游，可到底去哪家旅行社报团？是去参观人文景观还是自然景观？到底要购买包价旅游产品还是其他类型的产品？诸如此类问题，如果旅游者缺乏必要的经验，是不好轻易决定的。

3. 掌握的信息不够充分

缺少信息或相互矛盾的信息也能使旅游者感知到旅游风险。如果旅游者对于要游览的目的地一无所知，那他们在进行旅游决策时也会犹豫不决。或是旅游者对于某一旅游景区向往已久，但当他听朋友说“此地毫无必要去，去了也会后悔”，这会使他陷入矛盾之中，感到无所适从，这时旅游风险也就产生了。

4. 受相关群体影响

个体的行为一旦与相关群体中其他成员的行为不一致时，便会感到来自相关群体的压力，随之产生旅游风险感知。任何人对群体的偏离都会冒很大的风险，为了避免这一风险，大多数人会选择与群体保持一致，追随大多数人的行为。

三、减少旅游风险知觉的策略

正因为旅游者在决策过程中会知觉到各种风险，为了使旅游活动顺利进行，旅游者总是会想方设法地去防范在旅游活动中遇到的各种风险，以减少、消除或避免风险。这些方法主要有以下几类。

1. 广泛地搜集信息，并认真地比较、衡量

旅游者在决定要购买某项旅游产品前，首先应当从多渠道全面地了解该产品的情况。例如，通过报刊、网络等媒体了解该地旅游资源的情况，向有经验的人了解当地情况等。旅游者搜集的信息越多，对可能遇到的风险和危害的认识也就越清楚。当旅游者认为旅游的风险很小，或是通过一定的措施可以降低风险时，便会作出到该地旅游的决定。

2. 尽量购买知名度高、信誉度好的旅游产品和服务

一般情况下，正规、具有良好企业形象的知名旅游企业的产品质量较高，实力雄厚，工作流程规范，带团经验丰富，能够保质保量地完成旅游日程的出游任务。另外，在选择旅游产品时，旅游者也应该选择品牌产品。例如选择去知名的旅游景点游玩，由于这些景区的配套设施相对完善，服务也很规范，很容易使旅游者感到满意，从而有效地避免风险。

3. 放弃某些旅游活动

作为一名理性的旅游者，在面对种类繁多的旅游活动时，应当做到理智的放弃，盲目的从众行为不可取。当然，如果是必须要做出选择的话，在理性的前提下，一个很有效的办法就是采取从众型的购买行为，一般可以有效地减少风险。当旅游者看到大家都在选购某种品牌的产品时，其产品质量必然较为可靠，其中一定有相应的理由，即使不是最好的选择，也绝不会出现最坏的后果。

本章小结

1. 本章主要阐述了在不同的旅游阶段，旅游者有着不同的心理活动。

2. 根据旅游者各个旅游阶段的不同心理，运用不同对策提高旅游服务质量。

3. 为减少旅游风险，旅游者应购买知名度高、信誉好的旅游产品且要理性地放弃某些旅游活动。

复习思考题

1. 在旅游初始阶段，旅游者的心理表现有哪些？旅游服务人员应采取何种服务策略？

2. 在旅游中间阶段，旅游者的心理表现有哪些？旅游服务人员应采取何种服务策略？

3. 在旅游结束阶段，旅游者的心理表现有哪些？旅游服务人员应采取何种服务

策略？

4. 什么是旅游风险知觉？旅游风险知觉有什么种类？

5. 旅游风险知觉产生的原因有哪些？

6. 如何减少旅游风险知觉，有何策略？

实践课堂

民族习惯与客房服务

北京某五星级酒店住进了一位中东国家的旅游者，他从入住房间的第一天起，就在房间里摆放了礼拜用的方毯。客房服务员在清洁房间的时候，由于不了解旅游者民族的风俗习惯，就把礼拜毯挪动了方向和位置。当旅游者晚上回到房间后，看到了这种情况，当晚旅游者就投诉了该服务员。

原来在该饭店入住的这位中东旅游者是一位伊斯兰教的忠实信徒，定时、定向地做礼拜是他多年来的宗教习惯。因为礼拜是伊斯兰教的“五功”之一。

麦加是伊斯兰教的第一圣地，它坐落在沙特阿拉伯西部的撒拉特山区的一条狭窄的山谷里。公元622年，穆罕默德在此创立和传播了伊斯兰教。因此，穆斯林在做礼拜时，都朝向麦加方向。那位客房服务员在不了解这些宗教知识的情况下，在清洁房间卫生的时候，无意识地把旅游者做礼拜用的毯子调整了方向和位置，自然会引起旅游者的投诉。

（资料来源：牛志文.饭店服务员培训教材[M].北京：金盾出版社，2007.）

第九章

旅游从业人员的管理心理

学习要点及目标

1. 掌握人际沟通的定义,理解人际沟通的特点;

2. 理解人际沟通的不同方式,认识到旅游企业内部良好的人际沟通的重要性;

3. 掌握群体心理的概念,理解群体压力、群体动力和群体凝聚力等;

4. 认识心理健康的重要性,了解主要的心理问题的预防和自我调适的方法。

引导案例

东京迪士尼乐园员工培训

安全、礼貌、演技、效率。给游客以欢乐。

1. 学会扫地

学会使用三种扫把:一种是用来扒树叶的,一种是用来刮纸屑的,一种是用来掸灰尘的,三种扫把的形状不一样。开门时、关门时、中午吃饭时、距离客人15米以内等情况下都不能扫地。

2. 学会照相

最先进的各种不同品牌的数码相机摆在一起,每台都要学会使用,因为客人会叫员工帮忙照相,留下纪念。

3. 学会包尿布

学会抱小孩的正确动作,还要会替小孩换尿布,动作规范。孩子的妈妈可能会叫员工帮忙照顾小孩。

4. 学会指路

背下地图。指路说前后左右,重要地标,方位距离。有人上洗手间,"右前方,约50米,第三号景点东,那个红色的房子";有人买可乐,"左前方,约150米,第七号景点东,那个灰色的房子";有人要买邮票,"前面约20米,第十一号景点,那个蓝条相间的房子"。

5. 学会送货

专用运货通道。不与游客争空间。

6. 学会鞠躬、道谢

所有员工包括会计人员，每天早上开园时，直接面对游客鞠躬，道谢。

7. 学会和小孩讲话

要蹲下，蹲下后员工的眼睛跟小孩的眼睛要保持一个高度，不要让小孩子抬着头去跟员工讲话。

（资料来源：https://wenku.baidu.com/view/354a121e0975f46526d3e1d7.html.）

【点评】

"给游客以欢乐"就是企业管理人发动员工去工作，通过服务使消费者感受到"顾客至上"。旅游企业经营者调动员工的积极性，为旅游者提供优质的服务，必须学习管理心理知识，研究旅游工作者的心理，要采用科学的管理方法提高管理水平，激励员工保持心理健康、积极主动工作。

第一节　人际沟通

旅游工作者与旅游者共处在同一时空中，旅游服务的生产与消费同时当面进行，与人进行人际沟通成为完成旅游服务的基础。旅游活动中不同旅游参与者之间的沟通，在旅游服务工作中的合作，需要不同旅游参与者具有高水平的人际沟通能力，能够进行有效的信息交流，最终实现旅游目标、完成旅游任务。

一、人际沟通

企业管理中，管理者的大部分工作时间用来进行沟通，了解情况、制定对策、安排生产。旅游服务主要是和旅游者打交道，需使用人际沟通的方式完成沟通任务，为旅游者提供能够满足其需要的产品和服务。

（一）沟通的概念

沟通是指信息的双向传递，人们通过沟通实现信息交流，控制和调整行为，有效的沟通可以提高工作效率，降低管理成本，相互合作实现预定目标。人们每天生活和工作都离不开沟通。作为旅游工作者，每天都要面对不同的人、针对不同的事进行千差万别的沟通。

（二）沟通的含义

从管理的角度把沟通定义为：沟通是指信息从发送者到接受者的传递和理解的过程。根据这一定义，沟通有以下三个方面的含义。

1. 沟通是双方的行为

沟通活动必须有信息的发送者和接受者参与，其中双方既可以是个人，也可以是群体或组织。

2. 沟通是信息的传播过程

沟通是一个传递和理解的过程。如果信息没有被传递到对方,则意味着沟通没有发生。而信息在被传递之后还应该被理解。一般来说,信息经过传递之后,接受者感知到的信息与发送者发出的信息完全一致时,才是一个有效的沟通过程。

3. 沟通是通过信息载体符号实现的

沟通要有信息内容,但是这种信息内容不像有形物品一样由发送者直接传递给接受者。在沟通过程中,信息的传递是通过一些符号来实现的,如语言、身体动作和表情等,这些符号经过传递,往往都附加了发送者和接受者一定的态度、思想和情感。

二、人际沟通的分类

人际沟通依据不同的标准可以区分为不同的种类。

(一) 言语沟通和非言语沟通

信息沟通可以通过多种方式进行,其中最常见的有口头交谈、书面文字、非语言和文字的形式、电子媒体等。

1. 口头交谈

人们最经常采用的信息传递方式就是通过口头交谈,包括开会、面谈、电话、讨论等形式,如导游与游客的交流、上司与一般员工的交谈等。它的优点是用途广泛、交流迅速,有什么问题可以直接得到反馈。其缺点是事后无据,也容易忘记,当一个信息要经过多人传递时,由于每一个人以自己的方式传递信息,信息传到最后会发生扭曲。

2. 书面文字

以书面文字形式沟通信息往往显得比较正规和严肃。它的优点是有文字依据,信息可长久地被保存,若有有关此信息的问题发生,可以进行检查核实,这对于重要信息的沟通是十分必要的。另外,通过文字准备,可斟字酌句,更准确地表达信息内容。书面文字可使许多人同时了解到信息,提高了信息反馈机制,但书面传递难以确知信息是否送达,接受者是否能正确理解。

3. 非语言和文字的形式

有一些沟通既不是通过口头交谈,也不是通过书面文字形式进行的,它们采取的是非语言或文字的方式。例如,导游员用导游旗知会同一旅游团队的游客行进方向。人们在沟通中常用的非语言文字方式有手势、面部表情和身体姿势等。非语言和文字形式作为一种辅助的沟通方式,非常有助于加强信息的传递。

4. 电子媒体

随着电子技术的发展,电子媒介在当今世界信息传递过程中充当着越来越重要的角色。除了电信和邮政系统外,我们还可以通过闭路电视、计算机网络、录像等传递或保存、处理信息。通过电子媒体,可迅速提供准确信息,计算机和录像还可以用很小的空间保存大量的信息。电子媒体的缺点是成本高,另外,某些电子媒介如录像等不能提供信息反馈。

以上各种沟通方式，哪一种最好，取决于当时的情境。尽管研究表明，采用口头和文字结合的沟通方式比单独采取口头或文字方式好，但通常人们还是认为面对面的交流方式更好。

（二）正式沟通和非正式沟通

1. 正式沟通

正式沟通是指通过正规的组织程序，按权力等级链进行的沟通，或完成某项任务所必须的信息交流。

正式沟通渠道是组织内部明确的规章制度所规定的沟通方式，它与组织结构息息相关，主要包括按正式组织系统发布命令、规章、指示、文件，召开正式会议，组织正式颁布的规章、手册、简报、通知、公告，组织内部上下级之间、同事之间因工作需要而进行的正式接触。正式沟通按照信息的流向可以分为纵向沟通（上行沟通、下行沟通）、横向沟通（平行沟通）和斜向沟通。

(1) 上行沟通

上行沟通是指在组织中信息从较低的层次流向较高的层次的一种沟通，主要是下属依照规定向上级所提出的正式书面报告或口头报告。除此之外，还有鼓励向上沟通的一些形式，如征求意见座谈会、意见箱等。如果没有上行沟通，管理者就不可能了解职工的需要，也不可能知道自己下的指示或命令正确与否，因此，上行沟通十分重要。

上行沟通主要是启发式的，它通常存在于参与式管理和民主的组织环境之中。沟通方式除了正式报告外，还有提建议制度、申诉制度、请求程序、控告制度、调解会议、共同学习、小组会议等。有效地进行自下而上的信息沟通需要有一个使下属感到可以自由沟通的环境，而这个环境实际上主要由上层管理者来创建。

(2) 下行沟通

下行沟通是指组织中信息从较高的层次流向较低层次的一种沟通。下行沟通是传统组织中最主要的沟通流向，一般以命令方式传达上级或其上级所决定的政策、计划、规划之类的信息。

(3) 横向沟通

横向沟通的存在是为了增强部门之间的合作，减少部门的摩擦，并最终实现企业的总体目标，这对企业整体利益有着重要作用。从理论上讲，一个组织是一个有机的整体，每个部门都是整个企业大系统中相互影响、相互依存的子系统，协调每个子系统关系是为了更好地创造整体效益。

组织中各个部门的存在，不是作为一个孤立作战的个体，而是作为一个整体的部分而存在。认识到这一点，也就能清楚各个部门间存在合作的需要，而且这种需要又缔造出分享信息的需要。横向沟通正是为了满足不同部门间的信息共享而产生的。

根据沟通涉及的主体是否来自同一部门，可以得到两种类型的横向沟通：一种是同一部门内的横向沟通，另一种是不同部门间的横向沟通。简单地说，横向沟通包括部门经理间的沟通、部门内部员工间的沟通、部门经理与其他部门员工间的沟通、某部门员工与另一部门员工间的沟通。不同的横向沟通采用的沟通形式不同。跨部门的横向沟通通常采用的形式有会议、备忘录、报告等。部门内员工的横向沟通,更多采用面谈的形式。

(4) 斜向沟通

斜向沟通是指与其他部门中不同地位,即职权等级不同成员之间的沟通。这些沟通方式主要用来加速信息的流动,促进理解,并为实现组织的目标而协调各方面的努力和行为。斜向沟通广泛应用于各种组织之中,因为它有助于提高效率,跨组织层次交流可以比正式途径更快地提供和获得信息。例如,当负有职能权限的或有咨询权限的参谋人员同不同部门的业务主管交往时,此时信息的沟通超越了组织规定的沟通渠道路线。

正式沟通的优点是沟通效果好,比较严肃,约束力强,易于保密,可以使信息沟通保持权威性。重要的信息和发布文件来传达组织的决策等一般都采取这种形式。但它又存在沟通速度慢、刻板,易于使信息失真或扭曲。

2. 非正式沟通

非正式沟通是指没有列入管理范围,不按照正规的组织程序、隶属关系、等级系列进行的沟通。它是在正式组织途径以外构筑成的信息流通程序,一般是由组织成员在感情和动机上的需要而形成的。

在一个组织中,除了正式设立的部门外,不同部门的人之间还存在着朋友关系、兴趣小组等,因此非正式沟通的存在也就有它的必然性。但非正式沟通由于不负有正式沟通所具有的责任感和不必遵循一定的程序,因此其随意性较强、信息失真的可能性也较大,有时也会给组织带来一定的危害。

非正式沟通的特点如下。

(1) 非正式沟通的信息往往不是完整的,有些是牵强附会的,因此无规律可循。

(2) 非正式沟通主要是有关感情或情绪问题,虽然有时也与工作有关,但常常也会带上感情色彩。

(3) 非正式沟通的表现形式具有多变性和动态性,因此它传递信息不但会随着个体的差异而变化,而且也会随着环境的变化而变化。

(4) 非正式沟通并不需要遵循组织结构原则,因此传递有时较快,而且一旦这种信息与其本人或亲朋好友有关,则传递更快。

(5) 非正式沟通大多数是在无意中进行,其传递信息的内容也无限定,在任何时间、任何地点都可能发生。

非正式沟通与正式沟通不同,其沟通对象、时间及内容等各方面都是未经计划和难以辨别的,而且沟通途径也非常繁多,且无定型。非正式沟通的途径是通过组织内的各种社会关系来实现的,它们超越了部门、单位以及层次,较正式途径具有更大的弹性,它可以是横向流向,或是斜向流向,一般以口头方式为主,不留证据,不负责,也比较迅速。例如同事之间任意交谈,甚至通过家人之间的闲谈等,都算是非正式沟通。

非正式沟通一方面可满足组织成员社会交往的需要,另一方面可弥补和改进正式沟通的不足。非正式沟通比正式沟通传播速度快、传播范围广。通过正式沟通渠道需要经过几个层次、花几天时间才能得到回复的信息,通过非正式沟通渠道,可能只需要在电话上与朋友谈上5分钟就可得到回复。

非正式沟通的优点是沟通不拘形式,直接明了,速度快,容易及时了解到正式沟通难以提供的“内幕新闻”。其缺点是沟通信息难以控制,传递的信息不确切,容易失真,而且可能导致小集团、小圈子,影响组织的凝聚力和稳定性。

由于非正式沟通不必受到规定手续或形式的各种限制,因此,往往比正式沟通还要重要。但是,过分依赖这种非正式途径,也有很大的危险,因为这种信息遭受歪曲或发生错误的可能性相当大,而且无从查证。尤其与个人关系比较密切的问题,如晋升、待遇等。这种不实信息的散布,对于组织往往会造成较大的困扰。因此,人们既不能完全依赖非正式沟通获得信息,也不能完全加以忽略,而应当密切注意。

三、人际沟通的障碍

根据对信息沟通模式和个体行为对沟通的影响的分析,人际沟通中的障碍主要来自以下几个方面。

(一)语言问题

语言不通是人们相互之间难以沟通的原因之一。当双方都听不懂对方的语言时,尽管也可以通过手势或其他动作来表达信息,但其效果将大为削弱。即使双方使用的是同一语言,有时也会因一词多义或双方理解力的不同而产生误解。

(二)理解问题

语义曲解是另一个问题,由于一个人的知觉过程受多种因素的影响,常使人们对同一事物会有不同的理解。例如,当上司信任你,分配你去从事一项富有挑战性的新工作时,你可能会误解为上司对你原有的工作业绩不满意而重新给你分配工作。

我们常常认为别人也会像我们一样来理解这个世界,一旦对方的理解与自己不一样时,我们就奇怪怎样会这样。事实上,当人们面对某一信息时,是按照自己的价值观、兴趣、爱好来选择、组织和理解这一信息的含义的。一旦理解不一致,信息沟通就会受阻。特别是在国际环境中,由于各国的文化不同,沟通更容易受阻。

(三)信息含糊或混乱

信息含糊,主要是指信息发送者没有准确地表达清楚所要传递的信息,以至于接受者难以正确理解。这可能与发送者的表达能力有关,也可能是由于受时间等因素限制,而未能很好地表达清楚。在这种情况下,接受者不知所措,就按自己的理解行事,以至于发生与信息发送者原意大相径庭的后果。

信息混乱,则是指对同一事物有多种不同的信息。例如,令出多门,多个信息源发生的信息相互矛盾;朝令夕改,一会儿说这样,一会儿又说那样;言行不一,再三强调必须严格执行的制度,实际上却没有执行,或信息发送者自己首先就没有执行。所有这些,都会使信息接受者不知所措、无所适从。

(四)环境干扰

环境干扰是导致人际沟通受阻的重要原因之一。嘈杂的环境会使信息接受者难以全面、准确地接受(听清或记住)信息发送者所发出的信息。诸如人们交谈时相互之间的距离、所处的场合、当时的情绪、电话等传送媒介的质量等都会对信息的传递产生影响。环境干扰往往会造成信息在传递中损失和遗漏,甚至歪曲变形,从而造成错误或不完整的信息传递。

其他还有很多影响有效沟通的因素,如成见、聆听的习惯、气氛等都会影响人际沟通,但以上几方面是影响人际沟通的主要因素。

四、培养良好的人际沟通能力

作为旅游工作者,其工作性质决定了沟通更为重要。这样的沟通既包括内部管理者与员工之间的沟通,也包括旅游工作者与服务对象的沟通。人际沟通效果的提高有赖于那些影响人际沟通的障碍的消除。为此,信息发送者和信息接受者都要努力提高自己的沟通水平。作为信息发送者,要注意以下几点。

(一)要有勇气开口

作为信息发送者,首先是要有勇气开口。只有当你把心里想的表达出来时,才有可能与他人沟通。人与人之间存在很多矛盾的一个主要原因,就是当事人都只在自己心里想,没有勇气把自己的想法说出来,从而导致了很多的误解。

(二)态度诚恳

人是有情感的,在沟通中,当事者相互之间所采取的态度对于沟通的效果有很大的影响。只有当双方坦诚相待时,才能消除彼此间的隔阂,从而求得对方的合作。态度诚恳是双方交流信息的基础,坚持诚信为上的原则,抱着与人为善的态度,通过有效沟通积极解决问题。

(三)提高自己的表达能力

对于信息发送者来说,无论是口头交谈还是采用书面交流形式,都要力求准确地表达自己的意思。为此,要了解信息接受者的文化水平、经验和接受能力,根据对方的具体情况来确定自己表达的方式和用词等;选择准确的词汇、语气、标点符号;注意逻辑性和条理性,对重要的地方要加上强调性的说明;借助于手势、动作、表情等来帮助思想和感情上的沟通,以加深对方的理解。

(四)注意选择合适的时机

由于所处的环境、气氛会影响沟通的效果,因此信息交流要选择合适的时机。对十重要的信息,在办公室等正规的地方进行交谈,有助于双方集中注意力,从而提高沟通效果;而对于思想上或感情方面的沟通,则适宜于在比较随便、独处的场合下进行,这样便于双方消除隔阂。双方要选择情绪都比较冷静时进行沟通,当大家都理解,但感情上不愿意接受时,信息发送者身体力行可能是最好的沟通方式。

(五)注重双向沟通

由于信息接受者容易从自己的角度来理解信息而导致误解,因此信息发送者要注重反馈,提倡双向沟通,可以请信息接受者重述所获得的信息或表达他们对信息的理解,从而检查信息传递的准确程度和偏差所在。为此,信息发送者要善于体察别人,鼓励他人不清楚就问,注意倾听反馈意见。

(六) 积极地进行劝说

由于每一个人都有自己的情感,为了使对方接受信息,并按发送者的意图行动,信息发送者常有必要进行积极的劝说,从对方的立场上加以开导,有时还需要通过反复的交谈来协调,甚至采取一些必要的让步或迂回。

为此,交谈时间应尽可能地充分,以免过于匆忙而无法完整地表达意思;要控制自己的情绪,不要采取高压的办法,而导致对方的对抗;尽可能开诚布公地进行交谈,耐心地说明事实和背景,以求得对方的理解;耐心地聆听对方的诉说,不拒绝对方任何有益的建议、意见和提问。

第二节　旅游从业人员的群体心理

每个人在社会生活中都隶属于某个群体,随着个体的成长和生活领域的变化,会不断转换所属群体。每个人在群体中的社会角色各不相同,角色意识、角色规范、角色行为和角色期望都具有个体的特点,相互尊重、有效沟通、遵守规则、互相合作为实现共同目标而工作。

一、群体

人从出生就必然生活在一定的群体中,人的社会生活主要就是指在各种群体中的生活。例如,一个人一生下来就置身于家庭这个群体里,稍大要去幼儿园、学校,生活在老师、同学的群体中,以后工作,又要生活在企业职工群体中。

(一) 群体的定义

群体就是建立在其成员之间相互依存和相互作用的基础之上的具有特定目标和特定心理特征的有机体,它是社会活动和社会协作的产物。由定义可知,群体介于组织和个体之间,如果把一个旅游企业组织视为一个完整的人体,那么群体便是构成这个人体的各个系统,而个体则是构成系统的最基本的细胞。

在实际生活中存在着各种各样的群体,其中旅游企业就是一个群体。作为个体可以同时参加几个不同的群体,比如一个人可以既是旅游企业这个工作群体中的成员,同时又是某行业协会的成员,还可以是某娱乐群体的成员。这些群体不仅会对群体成员产生很大的影响,同时群体本身也受到群体成员个人的影响。

群体一般具有下列特征:群体都是由多个体构成的,任何群体都有自己特定的目标,群体以特定的结构形式构成,群体形成后都具有一定的凝聚力,群体都具有共同的价值观和群体规范。

(二) 群体的结构

所谓群体结构是指群体成员的构成特点。群体成员的构成特点各不相同,也就构成了不同特性的群体。比如群体规模特征，即群体由多少成员构成，形成大群体和小群体的区别。群体成员的基本结构有年龄结构、能力结构、专业知识结构等。

1. 群体规模

群体规模多大是最适宜的？有关群体规模的研究结果如下。

(1) 对一般群体而言，其规模为2～16人。有学者认为，12个人可能是成员可以同时对其他成员作出各种反应和进行相互交往的上限。

(2) 小群体在完成任务的速度方面比大群体要快速，但是在解决复杂问题时，12人以上的群体容纳能力更强，更善于吸收多种观点。

(3) 5～7人的群体在执行任务时，比其他规模的群体更有效，因为它避免了大群体所固有的一些缺陷，如少数人统治、形成派系、难以达成一致等，更能充分发挥每个成员的作用。

(4) 成员数量为奇数的群体似乎比偶数群体更受欢迎，这是因为在为决定而投票时可以形成大多数，可以避免僵局的发生。

2. 群体成员的角色

群体中的成员在完成任务的过程中，充当着各种不同的角色，其中主要有以下几种。

(1) 领导者

群体中肯定有核心人物，即领导者。成熟的领导者一般具有以下特点：品德高尚，善于团结人，对群体及群体成员抱积极态度；有一定预见能力，能预见群体的发展；有组织能力，能发挥每个成员的特长和积极性。如果成员认同领导者，则会产生对领导的期待。

(2) 追随者

追随者追随领导者，会听从领导者的管理，服从领导指挥的群体成员。

(3) 出主意者

每个群体中都有一些“小诸葛”，他们在遇到问题时能出主意、想办法，找出解决问题的途径和方法。

(4) 实干者

实干者对于工作能认真负责，踏实肯干，能够得到群体其他成员的认可。

(5) 调和者

调和者具有很强的号召力，善于协调人际关系，化解成员间的矛盾，在群体中能起到“润滑”作用。

(6) 孤立者

孤立者可能性格孤僻、喜欢孤独或是其他原因，总之，他们对与群体中其他成员的交往不感兴趣、不善交际。

二、群体动力

群体动力是群体意识的一种表现。群体动力对于群体的成员有很大的影响，因此，在研究群体成员的行为和建设群体时，对其不可忽视。

（一）群体动力理论

德国心理学家勒温(K.Lewin)首先提出了群体动力的概念。其基本观点主要有以下几点。

(1) 人的心理活动和行为表现决定于内在需要和周围环境的相互作用。勒温认为每个人的心理因素都会形成类似物理磁场的“心理场”。当人的需要没有得到满足,就会产生内部力场的张力,加之周围环境因素的影响作用,人便会产生一定的行为取向。同样,群体活动的动因同样取决于内部力场与情境力场的相互作用。正是这种“力场”中各种力的平衡,使得群体处于一种均衡状态。

(2) 群体中各种力处于均衡状态是相对的。勒温指出,由人所结成的群体,不是处于静止不变的状态,而是处在一种不断相互作用、相互适应的过程。这就像河流一样,表面上似乎平静,实际上在不断流动。他把这种现象称为准停滞平衡。

(3) 群体行为是各种相互影响的力的一种错综复杂的结合,这些力不仅影响群体结构,也修正群体中个体的行为。

(4) 群体不是个体的简单组合,而是超越了这种组合的有机体。同样,一个群体的行为并不等于各个成员个人行为的简单总和,它包含有集体智慧和相互作用的力量,因而产生了一种新的行为形态,使整体力量大于个体力量的总和,即 1+1>2。

(二) 群体动力的作用机制

群体动力之所以对群体成员的心理和行为发生作用,是由群体中的下述机制决定的:群体感受、群体舆论和群体风气。

1. 群体感受

群体感受,顾名思义是指一群人的感受。但这一群人的感受有时却可以由某一个人的感受所引起。例如,当旅游企业某个办公室的工作群体中一个成员为工作的事情而烦恼时,这种情绪会在其他成员中引起反响,蔓延开来,成为群体感受。

群体感受有积极和消极之分。积极的群体感受是指成员在群体中所获得的愉快、友爱、信任、自豪等情绪体验。消极的群体感受则是指成员在群体中所得到的沉闷、压抑、冷漠、猜疑、对立等情绪体验。群体感受直接反映了一个群体中的人际关系。在积极情绪体验占上风的群体中,通常不会发生冲突,其成员感情融洽,生活和工作得愉快,群体充满生气。而消极情绪体验占上风的群体,一般人际关系紧张,其成员彼此猜疑,关系冷淡,团体松散,无战斗力。

群体感受的作用主要有以下几点。首先,群体感受能改变群体成员的心境,而心境对人的生活、工作和学习影响很大,进而影响群体的工作效率。其次,积极的群体感受对群体成员的行动具有明显的推动力。成员所获得的积极情绪体验,构成一种心理的内在奖励,而这种奖励又强化了成员的工作动机,提高工作效率。最后,群体荣誉感作为一种群体态度,它是成员对群体尊严的认知和情感体验。它能促使人们珍惜群体的荣誉和存在价值,根据群体的要求与利益行动,养成忘我的精神。

2. 群体舆论

群体舆论又称公众意见,是群体中大多数人对共同关心的事情,用富于情感色彩的语言所表达的态度与意见的集合。群体舆论所反映的往往是人们的共同需要和愿望。

群体舆论有不同的分类标准,在形式上有自上而下和自下而上两种。其中,自上而下的舆论是指由领导机关首先发出的,在群众中传播的大众意见。自下而上的舆论是由个体或部分群体首先发出的,而后经由群体成员传播的舆论。

3. 群体风气

群体风气是集体形成的一种较稳定的精神状态,也可以说是一个群体的"个性"。它是在共同的目标下、在认识一致的基础上,经过全体成员长期共同努力,逐渐形成并表现出来的。群体风气由认识、情感、意志和行为意向等心理因素构成,包括了全体成员的态度和作风等一系列行为习惯。

培养良好的群体风气对于一个群体来说,具有重要意义。首先,良好的群体风气既是长期全面工作和教育的结果,也是推动各项工作、进行思想教育的手段和力量。其次,良好的群体风气是一种无形的力量和无声的命令,对群体成员的行为具有一种强大约束力,并对群体的每个成员发生着经常性的教育影响。最后,良好的群体风气可以为人们创造良好的工作环境、热烈的工作气氛、严谨的工作态度、勤奋好学的风气、高尚的道德风貌、鲜明的是非标准。

群体风气发生作用的途径是成员之间的相互感染,即它是以潜移默化、耳濡目染的形式发挥作用和影响,往往使人不知不觉地受到感染和同化。

群体感受、群体舆论、群体风气三者不是孤立的,而是相互制约、互为因果的。它们共同构成了一个群体的心理风貌,反映了一个群体的心理氛围,是群体建设的一项重要内容。

三、群体压力

在社会生活和工作中,群体压力普遍存在并影响着个体的行为,正确对待群体压力有助于保持心理健康。管理者在工作中运用群体压力进行管理可以收到良好的效果。掌握有关群体压力的知识可以帮助旅游工作者做好旅游服务工作,提高管理效率。

(一)群体压力的概念

1. 群体规范

群体压力是与群体规范直接相连的一个概念。群体规范是指为了保障群体目标的实现和群体活动的协调一致,而用来统一群体成员的信念、价值观和行为的一切行为准则。管理心理学所指的群体规范既包括群体中的规章制度,又包括人们心理活动的一切参考原则。

群体规范形成的内在心理机制是模仿、暗示、顺从。模仿就是人在非控制性刺激的影响下所引起的一种适应性行为,主要表现为个体与群体其他成员的行为相似。暗示是指以不明显的方式、有意识地向个体发出信息,使其无意识地接受,从而做出所要求的相应反应。顺从就是人迫于外部压力而做出相适应的行为。

2. 群体压力

群体压力就是群体的规范对群体成员态度和行为活动的约束力,这种约束力迫使个体的态度和行为与其他成员保持一致。现实中,特别是当群体中的某个成员的心理活动和行为表现出与群体规范有所不一致或违背时,该成员就会感受到群体压力。

群体压力有以下四类。

(1) 理智压力,即所谓晓之以理、以理服人,是指以讲事实和道理的方法使人服从。

(2) 感情压力,即动之以情,指通过各种感情的驱动,使个人趋向群体。

(3) 舆论压力,指通过正面或反面的舆论使个体感情不安。

(4) 暴力压力,指采取强制的办法使个体顺从群体规范的压力。

(二) 从众行为

1. 从众行为

当一个人在群体中与多数人的意见有分歧的时候,会因感到群体的压力在知觉判断、信仰及行为上违背自己的意愿,表现出与群体多数成员一致的倾向及行为,这种现象就是群体压力下的从众行为,或称顺从行为。从众是一种普遍存在的社会心理现象。需要指出的是,它是一种直接的、感情的心理与行为反应,不同于丧失立场和没有原则等。

2. 从众问题的心理实验

美国社会心理学家阿希(S.E.Asch)于 1951 年做了一个关于从众问题的典型实验。阿希在对被试者关于发生错误选择的原因的调查中,得出三种结果。

(1) 知觉歪曲

知觉歪曲即被试者把多数人的错误判断看成是正确的,把他人的判断标准作为自己的判断标准。另外还与判断物有无明显的特征有很大关系,如线条差不多,就表明特征不明显。

(2) 判断歪曲

判断歪曲指被试者对自己的判断缺乏信心,对判断是否正确没有十分把握。虽然有时自己知道自己看到的与别人回答得不一样,但总认为多数人的意见会比自己正确。

(3) 行为歪曲

行为歪曲即被试者明知别人的回答是错误的,却不愿意说别人的不对,在表面上采取了从众行为,以保持与他人的认知的一致性。但当群体压力一旦解除,他可能会说明自己原来的判断和意见,表明自己的态度。

从众行为实验

美国社会心理学家阿希(S.E.Asch)于 1951 年做了一个关于从众问题的典型实验。他以大学生为实验对象,把他们分成若干个组,每组 7 至 9 人。

在实验之前,阿希专门做了操纵性安排,每组的 7 至 9 人中只有一个是真正的被试者,其他人都已事先串通,作为真正被试者的陪衬者来参与。实验的内容是让各组大学生分别观看两张卡片,如图 9-1 所示,要求每个人必须从第二张卡片(右侧)中选择出与第一张卡片(左侧)相同长度的线段来。在正常情况下,被试者都能判断出 x=b,错误的概率小于1%。

有假被试者参与的实验中,假被试按照事先的安排,在实验中故意选择错误的答案(如 x=c),去欺骗最后回答问题的真正被试者。实验反复进行了 12 次。实验结果表明,

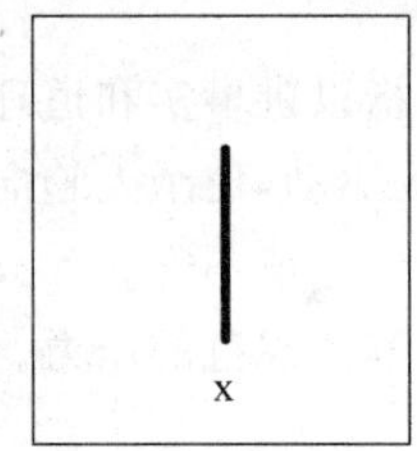

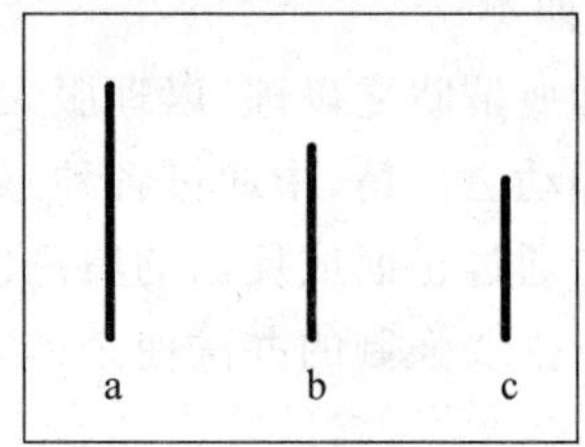

图 9-1　阿希实验卡片

那些真正的被试者中竟有37%的人放弃了自己的正确选择,遵从群体压力,做出同样错误的选择,以保持与群体成员的一致性。而且,大约有15%的真正的被试者在12次回答中竟有9次发生从众行为,占回答次数的75%。

阿希从多次实验中发现,一般情况下,当被试者只遇到群体中1人做出错误选择时,他将坚持自己的正确选择;当群内有2人做出错误选择时,群体压力便产生了,被试者接受错误选择的比率占13.6%;而当群内有3人做出错误判断时,被试者接受错误选择的比率就上升到31.8%。

(资料来源:https://baike.so.com/doc/1086901-1150184.html.)

(三) 从众行为的表现形式

在实际工作生活中,群体成员在群体压力下的从众行为是各不相同的,其中最本质的表现在于是内心从众还是表面从众,以及内心与表面的一致性程度。具体表现可分为四种形式。

1. 表面从众,内心接受

即口服心服型。这是心口一致的类型。对于那些有主见的群体成员,当他们认识到群体目标与个人目标的一致性关系时,采取了与群体要求完全一致的行为,那么,这时群体与个人间达到最理想的关系。另外一些最没有主见的群体成员,他们也会采取这种选择,事实上,对这类人来说,在群体压力面前采取这种随大流的态度是最好选择。

2. 表面从众,内心拒绝

即口服心不服型。这种现象是个体在众人的压力面前,尽管自己的态度没有改变,但为了保持行为的一致性,暂不坚持自己的意见,先按大家的意思办。这种现象要分不同的情况来看,假如个体在群体成员的意见正确的情况下采取这种从众行为,那么是应该的,符合群体规范的。若在群体成员的意见比较偏激的情况下,必要时个体也可以采取这种策略,但还应通过有效的方式坚持和表明自己的正确观点,尤其是在重大原则问题上,更不能没有立场和主见。

3. 表面不从众,内心却接受

即口不服心服型。这种现象比较复杂,比如有个别成员会因为个人矛盾关系等原因,尽管认识到群体意见的正确性和可接受性,但表面上故意与群体意见的对峙。再比如在评先进、论功绩时,某些成员会做出一些“虚让”的行为,而实际上内心则认为自己是最合适的。

4. 表面不从众，内心也拒绝

即口不服心不服型。这也是心口一致的类型，但性质与第一种完全相反，是不从众或反众。这种现象是不利于群体的行为。这种成员一般都会是群体成员中的孤立者，而其最终的结果有可能是脱离群体。

从众行为既有积极意义，也有消极意义，因此有必要创设一种适度的、良好的群体压力氛围。同时值得注意的是，无论哪种形式的从众行为，都与人的素质有很大关系，特别是在一些政治原则、道德问题上必然要受到个人世界观、价值观的支配。

（四）旅游企业从众行为的管理

在旅游企业内部，管理者针对各类群体的从众行为要进行关注和管理，而且针对从众行为的复杂性，需要从多方面予以综合考虑。

1. 注意对从众行为的分析研究

当出现从众现象后，管理者首先要考虑这种现象的产生有无什么背景，不要认为"一致"的就是好现象。事实上，有时候这种表面上的"一致"正是群体出现危机的先兆。其次，要从环境和个体自身两方面，认真分析可能制约从众行为的因素。最后，还要注意分析从众行为的表现形式，特别要认识到是表面从众还是内心从众。

2. 加强群体的民主管理

提高民主管理水平有助于避免被迫从众现象的发生。一般来说，越是民主管理水平高的群体，群体成员参与管理的观念和热忱就越高，从而能充分地发表自己的意见和看法。否则，搞形式主义，只谋求表面上的"一团和气"，这样必然会孕育新的危机，不仅群体没有战斗力，而且也影响工作效率。

3. 增强群体意识

加强对群体成员群体意识的培养，既有利于从根本上减少不必要的意见分歧，又有利于使群体成员在有关群体发展问题上充分发表意见，谋求新的统一。这是有效发挥从众行为积极作用的重要手段，也是提高群体有效性的重要管理措施。但在这方面需要特别注意群体意识的方向性，使群体意识符合国家利益、企业大局和大多数群体成员的利益，有利于企业的大目标，整个企业的目标要符合现代化建设的社会目标。

4. 提高领导水平

高水平的企业领导对确立正确的群体准则、科学有效的引导从众行为具有积极的作用，因此应该建立和选择一个好的领导集体，并且树立良好的领导作风。领导集体应由众望所归的人组成，他们一定要坚持原则、思维敏锐、明辨是非、作风正派、善于协调，更要有甘当公仆的精神。从另一方面，这也对领导的自我提高提出了明确的要求。

四、群体凝聚力

群体凝聚力能够使群体成员建立一致的理念，提高工作效率，进一步强化群体凝聚力。群体凝聚力高的群体往往工作效率高，群体成员间关系密切；群体凝聚力低的群体往往工作效率低，群体成员间关系松散。在群体建设中形成高群体凝聚力，有利于发挥群体的整体效能，克服困难，完成工作任务。

(一)群体凝聚力的概念

群体凝聚力,又称内聚力,就是指群体对其成员的吸引力和群体成员之间的心理亲和力。群体的凝聚力是群体动力的一个重要方面,它对群体具有非常直接的影响。

其具体表现为成员对群体的忠诚,成员间具有"我们的"感情,有相互合作的意愿、有一致的价值观念以及相近的心理感情等。

对于一个群体来说,凝聚力是维持群体得以存续的必要条件。如果一个群体丧失了凝聚力,对其成员不再具有吸引力,群体像一盘散沙,那么这个群体就将难以维持,或根本就丧失了存在的意义。群体凝聚力是实现群体功能、达到群体目标的重要条件。凝聚力越高,就越能发挥群体的效率和效果。

(二)群体凝聚力的影响因素

群体凝聚力受多方面因素影响,总结影响群体凝聚力高低的因素,主要可以从以下几个方面考虑。

1. 领导者的领导方式和领导作风等对群体凝聚力有较大影响

心理学家勒温研究表明,专制型、放任型领导方式会使凝聚力降低,而民主型领导会使凝聚力提高,而且人们往往愿意接受作风正派、踏踏实实的领导者的领导和管理。

2. 群体成员之间的相似性

群体成员在各个方面,如性格、兴趣、爱好以及态度和价值观等方面的感受和认知越是相近,就越容易产生共鸣,越容易形成良好的人际关系,增强群体的内聚力。相反,若群体成员缺乏这种相似性,就很难产生相互间的吸引力,群体自然就没有凝聚力。

3. 群体目标的实现程度

关于群体目标的实现程度与凝聚力的关系,美国管理学家唐纳利曾做过研究。他指出,成功与凝聚力是相互关联的,有效实现目标的成功会增强群体凝聚力,而增强的凝聚力又将使群体更有可能达到预期目标。另外,群体目标与成员个人期望目标的一致性程度,也会影响群体凝聚力,个人目标越是与群体目标接近,就越能增强群体观念和凝聚力。

第三节 旅游从业人员的心理保护和调适

旅游从业人员的心理健康已成为员工队伍建设的重要问题,旅游从业人员的心理健康状态直接影响行为,在为旅游者提供服务的时候也会影响到旅游者的身心状态,进而发生相互作用。旅游管理者要使员工保持心理健康,要做好员工的心理保护和调适,使员工积极工作,提高服务质量。

一、员工心理健康概述

企业员工的心理不是单纯的个人问题,还关系到一个企业员工的精神状况和工作效率。旅游企业从业人员的心理健康保健越来越成为企业管理的重要方面。由于旅游工作的性质,不同的员工心理素质和承受能力不同,因此在应对工作中的疲劳、职场中的竞争压力、挫折和失败等各种问题时表现出不同的心理状态。而旅游企业员工中存在心理疾病已成为一个普遍的问题,旅游企业必须重视员工心理保护和调适的必要性,积极采取一些措施,维护员工的心理健康,解决员工的心理问题。

(一)员工心理健康

健康是人类的基本需要之一,是每个人所渴望的。特别是旅游业的从业人员,不论是在宾馆、旅行社工作还是在其他旅游涉外部门工作,保持良好的身心状态尤为重要,可以想象一个身心不健康的员工会为客人提供什么样的服务。

1. 健康的概念

时至今日,健康的范畴已不仅仅是指身体上没有疾病或缺陷,健康已从生理方面推延至心理方面。一个人如果心理上不正常,那么身体再强壮,也不能算是一个健康的人。也就是说,人仅有身体结构和生理功能上的正常还不能算健康。健康的含义还应当包括思维等心理活动的正常、个性的正常与行为的正常。

世界卫生组织将健康界定为:既没有身体上的疾病与缺陷,又有完整的心理、心理状态和社会适应能力。心理学的相关研究也再次证明,人的健康状况是一个整体,身体状况与心理状况相互影响,身体的缺陷和长期疾病会影响到心理的健康和个体的发展,而心理的状况也会影响到身体的健康。不当的情绪反应会导致特定的身体症状,进而诱发疾病,某些特定的性格特点与某些身体疾病具有不可分割的联系。

2. 心理健康的标准

人的心理健康与否的标准总是相对的。要判断一个人心理是否健康、判断一种行为是不是健康心理的表现需要结合这个人所处的时代、文化背景以及年龄、情境等各方面的因素综合考虑。

(1) 心理健康标准随时代变化

例如,倒退50年,若有人在海滨游场裸体会被看成是变态,而在如今的欧美,你会看到有的海滨浴场有成百上千的人裸体,人们不以为意外。

(2) 心理健康标准随文化背景变化

在美国,人们对裸泳者不以为意;但是在中国,若是有人裸体在众目睽睽的海滩上招摇,别人仍然会以为此人是精神病患者。

(3) 心理健康标准随个体变化

例如,某些行为发生在孩子身上是正常的,而发生在成人身上则是变态;某些行为发生在女性身上是正常的,相反,如果某些男性也表现出类似的行为就会让人们很难容忍;某些行为在特定的背景和条件下是正常的,而在其他社会背景或一般情况下出现则是变态。年龄、性别、社会身份、情境等也是判断一个人心理健康与否必须予以考虑的因素。

(4) 根据社会常模判断心理健康状况

心理学家和精神病学家们判定心理健康或正常与否的基本标准,就是同等条件下大多数人的心理和行为的一般模式,也就是社会常模,即根据是否符合社会常模判断一个人的心理健康状况。一种心理活动、情绪或行为,如果是同等条件下大多数人所具有的,那就是正常的,表现为这种心理活动、情绪或行为的人心理就是健康的。若一种心理活动、情绪或行为只是少数人具有的,他们就会被认为偏离了常模、个性也与众不同。

偏离常模仅能确定一个人与众不同,而不能说他就是心理不健康或者心理疾病,是因为要确定一个人是否有心理疾病,仅知道他的心理活动、情绪或行为是否偏离一般模式还远远不够,还需要进行临床检查确诊。虽然偏离常模可能是一个人心理不正常的标志,但这不是必然的。

偏离有两种情况:一种是高于一般水平,另一种是低于一般水平。如果说低于一般水平是社会所不期望的,因而可以被接受为是心理疾病的标志,那么高于一般水平应当是社会所更期望的超常,不能简单地被看成是心理不健康的标志。

心理学家与精神病学家提出了判定人们具有心理疾病的直接标志:是否具有对自身或社会产生直接伤害的行为表现和是否具有会造成个人内在心理伤害的消极情绪。按照这样的直接标准,如果一个人具有自残、伤人或杀人等攻击性行为表现,则可以认为他在心理上是不健康的,或者说是具有心理问题、心理疾病。另外,即使一个人没有明显的伤害性行为表现,但他的内心深处有着不可摆脱的消极情绪,那同样可以被判断为有心理问题的,因为这些消极情绪会给他自身带来严重的心理创伤。

马斯洛和米特尔曼的心理健康标准

美国心理学家马斯洛和米特尔曼在1957年出版的《变态心理学》里列举了10条正常人的心理健康标准。这10条心理健康标准,受到人们的普遍重视和引用,它们具体如下。

① 有足够的自我安全感;

② 能充分地了解自己,并能对自己的能力作出适度的评价;

③ 生活理想切合实际;

④ 不脱离周围现实环境;

⑤ 能保持人格的和谐与完整;

⑥ 善于从经验中学习;

⑦ 能保持良好的人际关系;

⑧ 能适度地发泄情绪和控制情绪;

⑨ 在符合集体要求的前提下,能有限度地发挥自己的个性;

⑩ 在不违背社会规范的前提下,能恰当地满足个人的基本需要。

(资料来源:https://baike.so.com/doc/5398275-5635664.html.)

3. 旅游企业员工心理健康的一般标准

参照上述心理健康的一般标准,结合旅游企业员工的心理特征以及特定的社会角色,员工心理健康的标准可概括为以下几方面。

(1) 能够正确认识自己,接纳自己

作为一名心理健康的员工,应能体验自己的存在价值,既能了解自己又能接受自己,对自己的能力、性格和特点能作出恰当、客观的评价，并努力发展和挖掘自身的潜能。

(2) 能够较好地适应现实环境

心理健康的员工能够客观地面对现实、接纳现实，并能主动地适应现实、改造现实；对周围事物和环境能做出客观的认识评价，并能与现实环境保持良好的接触；对生活、工作中的各种困难和挑战都能妥善处理。

(3) 能够建立和维持和谐的人际关系

心理健康的员工乐于与人交往，不论是与同事交往还是进行客我交往，都能认可别人存在的重要性和作用。在与人相处时，心理健康的员工积极的态度（如友善、同情、信任）总是多于消极的态度（猜疑、嫉妒、敌视），因而在工作和生活中有较强的适应能力和较充分的安全感。

(4) 具有合理的行为

心理健康的员工，其行为应该是合情合理的，具体包括：行为方式与年龄特征一致、行为方式符合社会角色、行为方式具有一贯性、行为受意识控制等。

（二）员工心理问题

心理健康是我们所追求的目标。但日益增大的工作和学习压力，生活中不断增加的风险，以及无法躲避的激烈竞争，使员工浮躁、失衡、不满的心理加重，常常与威胁感、不安全感、失落感、无归属感相伴，这些心理因素的存在成为导致员工心理危机的引线。

管理者应该从心理的层面上，把握员工的心理变化情况，用科学的方法帮助员工解决心理问题，引导员工对生活体验进行多角度的反思，焕发起员工对生活的热情以及对工作的创造力。

1. 心理问题行为

根据心理健康的标准，一个人见到人多就害怕，并惊悸、恐慌，甚至全身抽搐，很可能是公众恐惧症的表现，不能被视为健康的人；一个见到书籍就高度恐惧，很可能是书籍恐惧症的表现，也不能算心理健康；一个洗手时会情不自禁一洗就是三四个小时，很可能是强迫症的表现，也不会被认为是健康的人。事实上，这些人都存在一定的心理障碍或者说是心理问题。

以上例子中列出的具有心理问题的人，其行为表现从心理学角度可以划分为两大类：攻击性问题行为和退缩性问题行为。攻击性问题行为是外向的，具有明显的破坏性，而退缩性问题行为是内向的，主要表现为消极、冷漠和疏远。

这些行为的存在不仅不利于员工工作积极性的正常发挥，而且对社会、企业和员工本人也会造成危害。

2. 心理问题行为产生的原因

在旅游企业管理过程中，管理者必须对员工的心理问题行为进行预防和矫正，要预防和矫正员工的问题行为，首先要了解问题行为是怎样产生的。

心理学研究发现，问题行为的产生主要有以下两个方面的原因。

(1) 个人需要

心理学研究认为，人的一切行为（包括问题行为）都是以人的需要为基础的，都是为了满足人的某种需要。但是，人的需要既可以用合理的、正当的行为来满足，也可以用不合理、不正当的行为来满足。

例如，员工为了满足社会荣誉的需要而努力工作，积极地为企业和社会做贡献，这是合理的、正当的；相反，如果弄虚作假，骗取荣誉，那就是不合理、不正当的。问题行为之所以成为问题，并不是因为人不应该满足自己的需要，而是因为人不应该用不合理、不正当的方式来满足自己的需要。

员工有各种各样的需要，当员工用他们的所作所为来满足这些需要的时候，必然有如何处理个人利益、集体利益和国家利益关系的问题，以及如何处理个人眼前利益和长远利益关系的问题。问题行为的实质就是某些员工不能正确处理个人利益、集体利益和国家利益的关系，以及不能正确处理个人眼前利益和长远利益的关系。这是造成某些员工的问题行为的实质。

(2) 挫折

人的所作所为都是为了满足自身的需要，但是人的所作所为实际上并不一定能够满足人的需要，遭受挫折的情况会经常发生。挫折一经产生，就会扰乱人的内心世界，破坏人的心理平衡，使人做出一些不理智的举动。这是造成人的问题行为的一个常见的原因。

当一个人用正当的方式来满足自己的需要而遭受挫折以后，他可能转而采用不正当的方式来满足这种需要；也有可能放弃这种需要、压抑这种需要，显出无动于衷的样子，用这种方法来免除内心的痛苦，恢复由于遭受挫折而被打破的心理平衡。这也是造成人的问题行为的一个比较常见的原因。

挫折易使人产生愤怒、怨恨和不满，可能引起攻击性行为，也可能因为“敢怒而不敢言”而引起退缩行为。但必须指出，挫折虽然很容易引起问题行为，但并不是必然要引起问题行为。挫折可以使人“退化”，也可以使人“升华”。一个人如果能正确对待挫折，就能在应对挫折过程中变得更加成熟、更加坚强。

（三）旅游企业员工心理保健

心理健康的维护，是保护人力的重要手段。旅游企业的管理者可以通过举行讲座、讨论交流和成立心理健康咨询会，开展经常性的心理咨询和辅导，使得本企业的职工都具有健康的心理，热爱企业，努力为企业工作，激发工作热情，提高工作效率。事实证明，这比不断调换员工要强得多。

1. 企业保护方面

企业让员工积极、轻松地投入工作，是保证员工的身心健康和企业发展的最基本的条件之一，所以了解并运用正确的控制方法是进行管理所必要的。企业要站在组织层面来理解员工的心理和个人问题，要充分认识到这些问题对企业的影响，把员工的心理和个人问题当成是企业本身的问题，看成是企业管理必要的组成部分。加大培训投资，实行情感管理，激发员工的积极性，消除其消极情绪，能使人轻松愉快地工作，减轻心理负担。

企业要努力改善员工的工作环境和工作条件，尤其是改善软环境，比如组织结构改革、团队建设、领导力培训、员工职业生涯规划等，给员工提供一个健康、舒适、团结向上的工作环境，丰富员工的工作内容，指明员工的发展方向，消除外部环境因素对员工职业心理健康的不良影响。

企业要围绕着职业心理健康，提供员工帮助计划，由专业的心理性服务公司设计提供包括企业心里问题调查研究、组织管理制度改进建议、教育宣传、心理培训、心理咨询等各个方面服务。如对于压力和时间管理、工作与生活平衡、自信心与积极情绪等给予心理辅导和培训。

2. 员工自我调节

员工应主动地、有意识地在工作、生活中调整自我的认识等，转变对心理问题的观点，正视自我面临的现实状况，正确估计自我的优缺点。通过这一系列自我认识上的调整，能使自己站在客观的角度上，而不是一切从自己的情绪出发，去全面地看待社会，从而减少期望落差、减少挫折，树立意志、正确面对压力，尽量保持积极的心态。

3. 正确对待心理问题

员工应该正确对待压力、挫折。挫折是把双刃剑，一方面，适量的挫折可以锻炼人的意志，所以员工应该有意识地去经一些风雨，设法克服和解决问题，以积累战胜挫折的决心和经验。另一方面，要正确采用压力释放法，调整自己的心态，宣泄一定的工作和生活压力，而保持心理平衡。

另外，员工处于各种人际关系中，所以主动地、积极地建立和维护人际关系也是非常重要的。和谐的人际关系可以带来愉快的情绪，使人产生安全感、舒适感和满足感，可以减少孤独感、恐惧感和心理上的痛苦，并能宣泄不快情绪，从而减少心理压力。

二、挫折应对

个体的预期目标没有顺利达到，行为活动受到阻碍，会产生一系列的不同反应。受过良好训练的个体具有相应的心理素质，能够正确对待挫折，得到积极的结果。个体应采用不同的策略应对挫折，克服消极情绪，锻炼人的意志，再采用新的路径解决问题。

（一）心理挫折的含义

心理挫折，简称挫折，是指个体在满足需要的活动中，遇到阻碍或者干扰，使个体动机不能实现、个人需要不能满足，而产生紧张、焦虑、不安等情绪的状态。

挫折同其他事物一样，具有二重性，要一分为二地看待。从消极方面看，挫折使人痛苦、自卑、失望或消极、颓废，甚至还会引起某些人的粗暴对抗行为，引致身体上的疾病，有损身心健康。从积极方面看，挫折会给人以教训，让人认识错误，从而锻炼人的意志，使之更加成熟、坚强，激励人由逆境中奋起，更加努力向上。

（二）挫折产生的原因

导致挫折产生的原因可能是多方面的，一般可分为客观环境方面的因素、个体主观方面的因素和组织方面的因素三类。

1. 客观环境方面的因素

客观环境方面的因素根据性质又可以分为自然环境与社会环境两种因素。

自然环境因素，包括高噪声、低照明的工作环境，个人能力无法克服的自然因素的限制，严重的无法预料和抗拒的自然灾害，以及人的疾病等。

社会环境,包括所有个人在社会生活中所处的政治、经济、文化、法律、宗教、习惯等人为因素。

2. 个体主观方面的因素

个体主观方面的因素分为个体的生理机能条件与心理动机冲突两种因素。

个体生理机能条件,指一个人具有的智力、能力、外貌以及生理上的缺陷、疾病所带来的限制。

心理动机冲突,指来自个人理想与现实的冲突、工作和生活中竞争与合作的冲突、自我满足欲望与抵制欲望的冲突。

3. 组织方面的因素

组织方面的因素,包括组织的管理方式、人际关系、工作性质等各类因素。

(1) 组织的管理方式

不同的组织管理理念、不同的管理方式给予员工的压力和挫折感会不一样。比如,传统的组织理论多强调权力控制和惩罚的效果,而过多的集权、严格的奖罚会导致组织目标与个人动机之间的严重冲突,员工受挫现象会相对普遍。相反,较为民主和授权充分的、合理奖罚的管理方式,会使管理氛围相对融洽,员工的个人主动性提高,能主动将个人动机与组织目标相结合,员工受挫现象相对会少。

(2) 组织内的人际关系

组织内的人际关系包括上下级之间的、员工与员工之间的紧张程度。尤其是上级与员工之间的沟通关系,由于大部分是单轨方式,即员工没有机会向上级反映自己的意见,容易导致紧张关系。

(3) 工作性质

员工能否从其从事的职位、工作内容中获得心理上的吸引力及刺激积极性是工作职位设置的重要内容。而现代化的旅游企业,过分强调分工精细,以致工作、职责对员工显得相对单调、枯燥与重复,这是导致员工遭受挫折的重要原因。

其他组织方面可能导致挫折的因素,还包括工作时间与休息时间的安排失当,甚至强迫加班或恶性延长工作时间,偏低的工资,还有不公平的晋级制度等。

(三) 受挫折后的反应

一个人遭受挫折后会有一定的消极反应,这些反应可以分为两类:一类是立即就会产生的反应,即直接反应;另一类是要经过一段时间或较长时间才会产生的反应,即间接反应。

1. 直接反应

(1) 攻击

攻击性行为是人因挫折,而将愤怒情绪外泄的反应。攻击行为根据攻击的对象,可分为直接攻击和转向攻击两类。直接攻击是指人直接攻击造成挫折的人或事物,而转向攻击是一种变相攻击,一般表现为迁怒、无名的烦恼和自我责备。

(2) 退化

退化是指当遭受挫折后,某些个体会采取幼稚化的行为的反应形式。比如,一位成年员工在受挫折时当众大哭、破口大骂、大打出手,以及蒙头大睡、装病不起等,这都是成熟心理的退化现象。

(3) 冷漠

有些人对待挫折的反应不是采取过激的攻击性行为进行发泄,而是将其情绪压抑下去,表现出一种冷漠和无动于衷的态度。这种反应最容易在如下的几种情况下发生:长期遭受挫折,个人感到无望、无助、心理恐惧、生理痛苦、攻击行为和消极的情绪。

(4) 幻想

幻想是指当个体遭到挫折后,会通过在一种想象的境界中,以非现实的方式对待挫折或解决问题的反应。比如,一个弱小的人,受到一个比他身体强壮者的欺侮后,他会在幻想中将那位身体强壮者狠狠地教训一顿,从而得到心理上的平衡。

(5) 固执

部分个体在受到挫折后,似乎没有任何反应,而是以一种一成不变的方式继续其行为,其实这本身就是固执反应。有这种反应的人往往缺乏机敏的品质与随机应变的能力。

2. 间接反应

间接反应不仅会给个体造成紧张、压抑、焦虑、痛苦、抑郁,甚至还可能导致人的心理疾病,出现心理问题躯体化表现。整个群体在这方面的反应,可能会导致人心涣散、士气低落及其他长期持续的后果,使群体内部纪律松懈、事故增多、效率下降,影响群体的健康发展。

(四) 受挫后的自我调适

现代生活中,每个人都可能遭遇各类的挫折。作为企业员工,在职场中受挫后,如果不善于调适,长此以往会使心理失衡,影响到员工的工作、生活,以及健康。现为企业员工和管理者提供几种心理对策,以备自我调适或者用于员工心理引导。

1. 倾诉

受到挫折的人可以主动地、有意识地将自己的心理痛苦与他人倾诉。适度倾诉,可以将失控力随着语言的倾诉逐步转化出去。倾诉作为一种健康防卫,既无副作用,效果又较好。另外,倾诉对象如果能够具有较高的学识、修养和实践经验,丰富的引导技巧,能给失衡者的心理给以适当抚慰,那么受挫人会在一番倾谈之后收到意想不到的效果。所以,管理者应该适当地设定这样的交流、倾吐途径。

2. 优势比较

受挫后,要注意自我安慰,比上不足,比下有余。比如,去想那些在职场上比自己受挫更大、困难更多、处境更差的人。通过挫折程度比较,可以将自己的失控情绪逐步转化为平心静气。或者,寻找自己的优秀面,强化优势感,从而扩张挫折承受力。

3. 痛定思痛

挫折对应得当,会为自我的成功积累经验、教训,提高自身能力。当自己从挫折中重新站起来之后,应回头认真审视自己的受挫过程,找出自身存在的问题,切实接受受挫的事实,克服自身的不足,从而使自身获得提高。

4. 重新立志

挫折往往击碎了自我原有的目标,因此,重新寻找一个方向,确立一个新的目标就显得非常重要。追求目标的调整或者新目标的确立,是一个将消极心理转向理智思索的过程,需要分析、思考。目标一旦确立,就会相应地生出调节和支配自己新行动的信念和意志力,从而排除挫折和干扰,向着目标努力。

三、压力宣泄

(一) 压力的含义

加拿大著名生理心理学家汉斯·薛利(Hans Selye)于1936年最早提出了压力的概念。他认为压力是表现出某种特殊症状的一种状态,该状态是由生理系统中因对刺激的反应所引发的非特定性变化所组成的。这是从生理状态给出的解释。

生活中随时充斥着各种压力,虽然它既看不到又摸不着,但我们每个人又都能切实地感受到它。压力从其发生角度和心理感受方面来看,可以界定为,个体由于外界环境的某些因素的刺激,而产生的生理压迫和心理紧张反应。

任何压力总会有一个"度"的概念在里面,就像一根小提琴弦,没有压力,就不会产生优美的音乐,但是如果弦绷得太紧,就会断掉。人需要将压力控制在适当的水平,即压力的大小程度能够与自己的生活相协调。

个体躯体能感到的压力相对还是有形的,能够感知或测知压力的来源、大小和采取逃避的方式。比如,在拥挤的空间里,个体通过身体的受压程度和呼吸难度,直觉周围人给的挤压力有多大,要解除这种压力,离开狭窄的空间就可以了。而面对心理压力,就没有这么简单了,心理压力经常给人铺天盖地的感觉,让人无处遁形。

压力已成为现代企业员工中最突出的心理问题,压力可能来源于工作、生活的各个方面,有可能是工作本身,也可能是工作中的人际关系,还可能是家庭和日常生活。造成员工的心理压力就必然会影响组织效率。相关调查研究表明,处在长期工作压力下的员工不仅事故发生率高,而且身体健康相对差,患多种身心疾病的比率较高。这些都使员工个人和企业遭受巨大的损失。

企业员工要学会在重重压力下自我调整,保持良好的自我感觉和稳定的情绪。企业管理者则应关注员工的工作压力,尽量减少压力,舒缓员工的紧张情绪。

(二) 压力的来源

1. 各类一般生活压力源

各类一般生活压力源是由已经发生或即将发生的各类生活事件引起的。比如,未完成的工作、即将来临的考试、必须面对的冲突等,这些压力的来源很清楚,所以处理起来就容易得多。但是压力对人的影响,却有着非常明显的个体差异。

同样一件事,在某些人眼里,简直不足挂齿,而在另一些人看来,却是天大的事情。是举重若轻,还是举轻若重,与一个人的人格大有关系。那些对自己要求过多、过严的人,就容易把小事放大,小压力也就成了大压力。

心理学家霍曼和瑞希根据研究统计,编制了生活改变与压力感量表,将一个人在生活中大都会经历的43种事件,给人造成的压力感进行了打分,排出了带来的压力大小顺序。另外,根据统计分析,这43种事件中,其中有24种事件是家庭内的人际关系的变化类事件；在 15 种高压力感的事件中，有 11 种是直接与家庭中人际关系有关，其余 4 种则强烈影响家庭的稳定性，具体如表 9-1 所示。

表 9-1　生活改变与压力感量表

序号	生活事件	压力感	序号	生活事件	压力感
1	丧偶	100	23	儿女长大离家	29
2	离婚	73	24	触犯刑法	29
3	夫妻分居	65	25	取得杰出成就	28
4	坐牢	63	26	妻子开始或停止工作	26
5	直系亲属死亡	63	27	开始或结束学习教育	26
6	受伤或生病	53	28	生活条件的改变	25
7	结婚	50	29	改变个人习惯	24
8	失业	47	30	与上司闹矛盾	23
9	复婚	45	31	工作时间或条件改变	20
10	退休	45	32	迁居	20
11	家庭成员生病	44	33	转学	20
12	怀孕	40	34	娱乐方式改变	19
13	性生活不协调	39	35	宗教活动的改变	19
14	新家庭成员诞生	39	36	社会活动改变	18
15	调整工作	39	37	少量抵押或贷款	17
16	经济地位发生变化	38	38	改变睡眠习惯	16
17	其他亲友去世	37	39	家庭成员居住条件改变	15
18	改变工作行业	36	40	改变睡眠习惯	15
19	一般家庭纠纷	35	41	休假	13
20	借贷大笔款项	31	42	过重大节日	12
21	取消抵押或贷款	30	43	轻度违法	11
22	工作责任改变	29			

（资料来源：https://baike.so.com/doc/5289711-5524158.html.）

2. 工作压力源

围绕工作的性质、工作角色、组织等方面带给员工的工作压力和紧张情绪。比如，工作性质（工作任务过重、工作条件恶劣、时间紧张等），员工在组织中的角色（员工角色定位模糊、无法参与决策等），工作中的人际关系（与上级、同事、顾客等的关系紧张），组织变动（组织的重组事件、裁员事件等）。

一般来说，不同职位的人所承受的心理压力是不一样的，越是高层的管理人员，面临的来自工作方面的压力越大，越是普通的员工，其压力相对越小。

3. 内心冲突类压力源

价值观和世界观影响着一个人对待任何人和事物的态度取向，而一个人在成长的过程中，会接触到不同的价值观，这种价值观和另一种价值观往往是相互对立的，于是我们就往往面临着取舍的决定。比如，任何人都可能受过利己和利他主义的教育，虽然前者多半是通过非主流渠道，但一样会对人产生重大影响。人在某种情形下必须作出决定的时候，压力就产生了。所以，一个没有稳定价值观的人，他面对的心理压力比一个有稳定价值观的人要大得多。

4. 生理需要和社会准则之间的冲突类压力源

生理需要有“为所欲为”的倾向，社会准则的作用就是要限定这种倾向，冲突由此产生。这是每一个人都有的心理压力，区别仅是大与小，一些人将生理需要巧妙的转换为高级的需要，以适应社会准则的要求，从而达到相对和谐的状态；另一些人则钻社会规则的空子，维持一种不与现实冲突的平衡；还有一些人，则直接对抗社会规则，等待他们的就只能是强制性的惩罚了。

在此，需要补充说明的是，上述分类只是为便于我们识别给出的简单归类标准，而实际上，各类造成压力的压力源是相互影响的，无法完全独立开来考虑。比如，人际关系造成的压力感，实际上，与你相处的部分人员，可能既是你生活中的朋友、亲戚，又是你的同事、上级，这种关系是很难划分的。

（三）压力的反应

当人们面临压力时会产生一系列身体和生理上的反应。这些反应在一定程度上是个体主动适应环境变化的需要，它能唤起和发挥个体的潜能，增强抵御和抗病能力。但是，如果反应过于激烈或持久，就可能导致个体心理、生理功能的紊乱。

1. 生理反应

心理压力会带来一系列的身体的生理反应，如心率加快、呼吸急促、血压升高、激素分泌增加、消化道蠕动和出汗等。正常压力下的生理反应可以调动个体的潜在能量，提高对外界刺激的感受和适应能力，使个体更有效地应对变化，但过久或过大的压力会导致身体的适应力下降，甚至疾病。

科学研究发现，压力过大将直接导致冠心病、高血压、肠胃溃疡等疾病，以及手脚麻木、肌肉酸痛、消化不良等各种亚健康症状，人体免疫力随之下降。

2. 行为反应

心理压力会伴随着一系列的行为表现。正常或适度范围内的紧张感由于生理上的潜能量的集中调动，以及心理上调动的心理兴奋度，使人的行为表现出积极的一面，如行为动作加快，工作效率提高等。这种适度压力容易使人出成绩。但过度的压力会伴随一系列不良的行为。比如，个体习惯性紧张、不能放松，对烟、酒、茶、咖啡的依赖性增加，性欲衰退，出现强迫症行为，做事拖沓不主动，难以作决定等。

3. 心理反应

压力引起的心理反应有警觉、注意力集中、思维敏捷、精神振奋，这是适度的心理反应，有助于个体应对环境的变化。但是压力过度会使个体产生一些情绪和认知方面的消极症状，如注意力不集中、记忆力下降、阅读困难、学习理解力下降、创造力下降、焦躁不安、对任何事情都没有兴趣等。

在现实生活中，每个人都具有自动的心理防御机制，在遇到压力时会自动、无意识地发生。所谓防御机制，实质是一些心理反应，是人们为了摆脱由于各种内外因素所引起的焦虑情绪的折磨，而对外部世界和内心世界所发生的有自我介入的一切事件，用自己独有的方式做出自己能够接受的解释，以减少内心的不安，逃避对自我的否定，以保持情绪的平衡。

防御机制是减少压力引起的忧虑的一种心理倾向。需要注意的是，防御机制往往是无意识的发生，作用是减少忧虑，而并不能真正对抗或处理心理压力因素。下面介绍一些常见的心理防御机制的表现形式。

(1) 文饰作用

文饰作用也叫合理化作用。当人们的行为或动机的结果不被社会认可，或是自己的意愿、目标不能实现时，为了减轻焦虑情绪，人们会寻找一个“合理的”解释。伊索寓言中的“酸葡萄心理”和“甜柠檬心理”就是这种防御形式。例如，《三国演义》中诸葛亮的“谋事在人，成事在天”也算是高明的“精神胜利法”。

(2) 压抑作用

压抑作用也称为动机性遗忘。人们会把不能忍受的欲望、不愉快的经历和体验抑制到无意识中，不去回忆，主动遗忘。例如，一位员工一时糊涂偷了同事的钱，事后追悔莫及，自责不已，而且一旦遇到同事丢东西就害怕被怀疑，于是他便拼命想忘记这段经历。

(3) 补偿作用

补偿作用是指当一个人在某一方面有不足或者失败时，会在其他方面更加努力争取突出、成功，以求得心理上的平衡。比如，一名表达能力较差的导游员可能会成为一名杰出的客房服务员。

(4) 升华作用

人们经常将许多社会不允许的欲望或动机，通过社会允许的方式发泄出来，这样做既可以受到社会的欢迎，又可以使自己的内心得到慰藉。这种既释放了心理能量又不用担心受到责罚的心理防御机制，就是升华作用。升华是许多伟大的文学产品产生的直接原因。

(5) 投射作用

投射作用是指人们往往会不由自主地将一些自己所不期望的动机、态度和个性特点，投射到别人身上，使自己觉得是别人具有这些特点，而非自己，由此来减轻自己价值被否定的恐惧，维持自己的心理平衡。例如，人际关系不好的员工会认为自己本来可以跟同事搞好关系，但是因为周围的人都不好相处，因此，他才不喜欢周围的人，以此来掩饰自己的孤立。

(6) 反向作用

反向作用，亦称倒转反应，是指人们会为了避免自身某种与社会期望不相符合的动机所带来的焦虑情绪，而以与这种动机截然相反的行为表现出来。这样，一方面可以掩盖自己原有的动机,削减由此产生的焦虑;另一方面,以此压抑原有的动机。比如常见的"随大溜,不挨揍"的从众心理,在征求意见的讨论会上,有的员工虽有自己的意见,但不敢表露自己的见解,害怕自己的立场遭到保守派的攻击。

除此之外,还有一些防御机制,因此,如将不满足或愤怒的情绪发泄到一个"安全"对象上的转移作用,把个人的失败或错误推到其他因素上以推卸责任的推诿作用,以及退化、冷漠、幻想等。

(四) 正确对待压力

员工应该正确认识压力的作用,压力的确能带给人心灵和躯体的双重伤害,但同时它也有很多好处。作为企业的管理者,应该引导员工正确对待心理压力,从而消除或降低压力,使员工更好地面对工作和生活。

1. 保持较好的觉醒状态

在心理压力之下,我们能够保持较好的觉醒状态,智力活动处于较高的水平,可以更好地处理生活中的各种事件。我们都会有类似的体会,当领导严肃、郑重地说明某项工作必须及时完成和领导只是简单告诉我们有项工作时,我们的工作效率往往是不一样的。生活中的很多事情,只要是做成了的,基本都与外界压力有关;没有做成的,多半是因为没有什么压力的缘故。

2. 最好的精神享受

在心理压力不是大到我们不能承受的程度时,它可以是一种享受,而且有可能是最好的精神享受。所有的竞技活动,就是人们在心理压力太少时无中生有地制造出来的一些心理压力,目的在于丰富我们的精神生活。人们应该正确面对压力存在的客观性和必然性,完全没有心理压力的情况是不存在的。

四、疲劳

疲劳是指人在工作中持续进行的体脑活动,所产生的一种主观不适的感受。疲劳表现为人在从事工作时,随着生物能源的不断消耗工作效能下降或失去完成工作的能力。导致人疲劳的既有生理因素,也有心理因素。

疲劳一般可分为生理疲劳和心理疲劳两类。

(一) 生理疲劳

1. 生理疲劳的内容

生理疲劳包括体力疲劳和脑力疲劳两方面。

(1) 体力疲劳

体力疲劳是指由于肌肉、关节持续重复地活动,造成能量消耗和废物积存过多,致使人的劳动能力降低以至于消失的现象。通过测定人血液中血糖和乳酸等生理指标,可测定疲劳程度。

(2) 脑力疲劳

脑力疲劳是指因为用脑过度,使大脑神经活动处于抑制状态的现象。大脑正常的工作状态有两种:兴奋和抑制。这两种状态在时间上可能交替进行,也可能在同一时间内在大脑的不同功能区同时存在。假设大脑某功能区域处于抑制状态,其所代表的功能则相应失去。

例如,主管逻辑思维的大脑左半球疲劳了,处于抑制状态,此时人便无法正常有效地进行抽象思维活动。脑力疲劳会造成个体精力不集中、萎靡不振、思路混乱、反应迟钝和准确性变差,许多正常时能够解决的问题,此时都无法完成。

生理疲劳的存在和发生会导致工作效率下降,为提高员工的工作效率,管理者应合理确定员工的休息与工作时间安排,工作量的分配也应在员工能够完成的合理范围内,除此之外,还应结合人的生理周期,有效利用员工的高效期,以及通过改变环境提高员工的抗疲劳兴奋值。

2. 生理疲劳与工作效率

(1) 工作效能的阶段性

疲劳与工作效能之间是存在关系的,员工的工作效能会表现出阶段性,从这个阶段的幅度中我们可以看出其中疲劳的期间性。

人们在正常工作的全过程中,其工作效率并非一直处在同一水平上,而是会由于各种因素的影响而产生波动,疲劳因素就是其中影响最大的因素之一。一个饭店员工以一天的工作时间为一个周期的工作时间和工作效能的曲线,如图 9-2 所示。

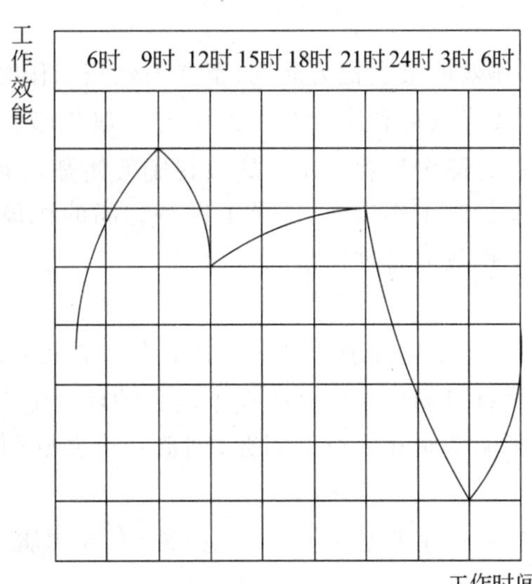

图 9-2　饭店员工一日内不同时段工作效能的曲线图

(资料来源:http://www.doc88.com/p-834744904288.html.)

从上图可以看出,纵坐标代表工作效能,横坐标代表工作时间,随着工作时间的延长,该员工的工作效能表现出阶段性的变化。

第一阶段:工作效能渐增期。

员工一上岗,一般会由休息惯性过渡到工作状态中,因此开始工作都会先有一个适应调整期。不同的员工在不同的状况下,调整所需的时间是不一样的。然后,员工的工作状态会迅速进入最佳期。此时,员工精力充沛、精神饱满、情绪稳定,其动作的准确性、稳定性和有力程度都处于最佳状态。在这期间，员工的工作效果最好，工作很少出差错。统计表明，这段时间也是饭店接到客人投诉最少的时间。

第二阶段：疲劳出现、工作效能下降期。

随着工作时间的延长，员工开始出现生理疲劳。此时，员工的意志力容易发生松懈，注意力分散次数增多，工作热情消减，随之工作效能也开始下降，出现一天中的第一个低潮期。这段时间员工的工作最容易出现问题，容易因为服务不到位引起客人的不满意。由于不同的员工、不同的业务等因素，这一阶段的来临时间是不同的。

饭店业的工作时效比较强，没有午休时间，所以致使员工的这种低潮期的到来相对更早。管理者应根据工作的性质，合理安排员工的工作和休息时间，最大限度地减缓疲劳。

第三阶段：工作结束前的高效期。

这段时间比较短暂，是在即将下班前，员工因为预知不久即可下班，这种解脱感使其工作效能和状态得到回升。

第四阶段：午夜前的高效期。

这一阶段，一般来说，是新的一班人员开始上岗的阶段。因为他们没有积累工作疲劳，生理周期在这段时间也处于良好的状态，所以这阶段工作效能较高。

午夜过后至凌晨，一般酒店的大规模服务工作已停止，此时人的生理状况处在最不适宜工作的阶段。

企业的工作安排应以工作效能最大化为原则，不要因延长工作时间、增加工作量导致员工工作效能下降。管理者要有效地利用人在一天中的生理节律变化规律，尽量使其与员工工作效能规律相匹配，参照这个规律安排工作过程中的休息制度，使工作过程变得张弛有度，员工感觉良好。既能提高工作效能，使员工保持饱满的积极工作状态，又有利于维护员工身体健康，已成为工作效能管理追求的目标。

(2) 疲劳与工作环境

员工及其活动始终离不开特定的环境。员工处在有利于自我身心健康和劳动操作的环境中，工作效率和服务质量就可能提高；相反，在不适宜的环境中工作或学习，不仅不能提高工作效能，有时甚至会影响健康和安全。因此，创造一个良好的工作环境，对于员工和企业都是至关重要的。

组成工作环境的因素很多，但主要是指光、声、电、磁、力等物质运动时产生的一些现象，如颜色、照明、温度、噪声、振动、压力、空气含氧量等。

相关研究早已表明，如果企业能巧妙地发挥色彩的积极作用，创造一个符合心理要求的色彩环境，就能减轻员工的疲劳，提高工作效率。

（二）心理疲劳

1. 心理疲劳的含义及表现

工作疲劳表现在心理方面成为心理疲劳，其实质是一种紧张。心理疲劳的一般表现为：精神紧张，注意力不集中，行动吃力，思维迟缓，情绪上显得低落、烦躁、厌倦、忧虑等。心理疲劳者在工作中的一个明显标志是学习与工作效率低。此外还表现为不愿起床，上班经常迟到，对工作厌倦，工作中心情烦躁、注意力涣散、思维迟钝、遗忘率高和错误率增加等。

长期的心理疲劳会对人的身心造成伤害，使人心情压抑、百无聊赖、心烦意乱、精疲力竭，甚至出现神经衰弱症状，如头晕、头痛、失眠、怕光、记忆力减退等，还可能引致其他心理性疾病。

心理疲劳是由长期的精神紧张、压力、反复的心理刺激及恶劣的情绪形成的。人在工作中常常会因为对工作等的消极情绪、单调感以及厌烦感等因素产生心理疲劳。

(1) 消极情绪

消极情绪在工作中经常会发生，引发消极情绪的原因是多方面的，如工作、学习、生活中遇到的各种不顺心，或遭受到的各类打击和不幸等情况都有可能使人产生消极情绪。旅游企业员工面临来自多方面的压力和打击较多，如果不予以注意，消极情绪更容易发生。

人的消极情绪对工作的影响表现在：对工作缺乏动力和积极性，淡漠工作甚至厌烦工作，遇到困难也不会主动地去用坚强的意志克服，能力和潜力发挥不出来，工作效率下降，甚至会出现严重抵制工作的做法。心理疲劳对人工作效率的影响比生理疲劳要大，因为一般的生理疲劳可以经过休息很快恢复，从而工作能力也得到恢复；而要消除心理疲劳就不那么简单，它需要培养和增加员工的工作兴趣，或通过解决员工的合理需要，使员工从消极的思想情绪转化为积极的思想情绪。

(2) 单调感和厌恶感

管理者在现代企业管理中发现，由于分工过细等原因，员工对工作的单调感、甚至厌恶感不断增加，导致员工的工作积极性下降，工作效率降低。在现代旅游企业里，工作划分也越来越细，单一的工作内容使员工更容易感到单调、乏味，从而产生厌倦感。

调查发现，现代企业里，持续从事单调操作的员工，大多数在上午上班一小时后和下午上班半小时后就开始进入心理疲劳状态，工作效率开始下降，而此时正是员工一天的工作时间中生理能力最佳的时间。由此可见，由于单调感等心理情绪导致的对工作效率的影响，远远早于和大于生理疲劳所带来的影响，而且单调的工作会比变化多、兴趣大的工作消耗更多的员工能量。

2. 心理疲劳的预防和消除

心理疲劳的危害是显而易见的，因此合理、有效地预防、消除心理疲劳是很重要的。人们采取以下的方法，可以预防、缓解、消除心理疲劳。

(1) 保证良好的睡眠

保证良好的睡眠，获得身体的休息，同时也有助于心理平静。研究表明，良好的睡眠、正常的梦境对维持人的心理平衡是必须的。所谓好的睡眠并不是指没有梦的睡眠，一般做梦是不会使人疲劳的，而是睡眠质量好的保证。好的睡眠也并不是指越长越好，睡得时间过长、睡眠过量会导致个体情绪低落。

(2) 保持适量的运动

生命在于运动。适量的运动不仅可以增强体质，而且是增进人身体健康的一种好方法。适合自己的恰当的运动形式有助于减轻或消除心理疲劳。我们选择适宜的运动时，一方面要考虑本人的身体状况，如运行度和适宜度，另一方面要感兴趣，能带给自己快乐的体验。

(3) 保证合理的营养

人们在现在如此快节奏的工作生活中,选择健康的膳食,保证合理的、平衡的营养非常重要。营养不良会导致疲劳,而热量摄取过多不仅无助于疲劳的消除,相反会增加身体的负担,反而加重疲劳。同时,在保证量的基础上,膳食搭配还要实现各营养成分之间的平衡。

(4) 工作中做好调节

心理体验会随着个体不同而不同。比如,一个大学毕业生和一个职高毕业生,同样是前台接待员,前者认为自己知识多、能力强,很快便觉得这项工作简单和乏味,产生厌倦感,进而可能由不喜欢发展到不想干,他的工作效率也会随之降低;后者尽管也认为这项工作并无多少趣味,但考虑到得到这样的一个工作职位不易,仍然会努力工作。

在相同的环境下,造成行为差异的原因只能存在于个体差异之中,即旅游工作者对工作的心理准备不同。面对同样单调的工作,不同人产生的心理体验会有明显的差异。管理者可以通过工作扩大化或者其他方式增加工作的吸引力,或者用安排短暂的休息时间等方法来减少员工的心理疲劳。

应对心理疲劳的窍门

1. 注意劳逸结合

要合理安排工作时间和轻重缓急,生活要有规律,重视积极性休息,适时参加一些体育锻炼,如跑步、游泳、打球和步行等,以提高机体的活力和人体在应付复杂枯燥工作时的适应能力,从而避免因从事的工作过于单一而产生单调、消极的心理。同时,每天尽可能保证7~8小时的睡眠,这对消除疲劳有明显的效果。

2. 培养对所从事的工作的兴趣

兴趣的产生与大脑皮层上的兴奋点相联系,人对从事自己感兴趣的工作不易疲倦,而对从事自己没兴趣的工作容易发生疲劳。在工作中,如果发现自己对本职工作不感兴趣,应想办法努力培养自己对本职工作的兴趣。

3. 有一个客观适宜的要求

凡事要讲究适度,不能对自己要求过高,根本办不到的事情不要硬拼蛮干,对自己好一点,给自己松松绑,定个适宜的目标。

4. 有明确的工作目标

一定要确立工作目标,制定分步实现工作目标的行动计划,这样才能不断激励自己,取得预期的成功。

5. 创造和谐的人际环境

本着与人为善的原则和他人处好关系。职场经验表明,人只有生活在融洽、快乐的气氛中,才能有愉快的心境。开朗的性格、健康的身心。才不易产生疲劳,即使感到疲劳也很快就会消除。

6. 不断磨炼意志

意志坚强的人不仅能在生理疲劳时继续顽强地生存下去，而且在心理疲劳时也能克服惰性，坚持完成自己的任务。因此，平时要从小事做起，培养胜不骄、败不馁。百折不挠的顽强意志。

（资料来源：https://baike.so.com/doc/7884646-8158741.html.）

（5）适当的自我放松

降低疲劳的简易有效的方式便是放松。旅游工作者通过放松使自己身体的感觉和体验正常，才是真正地消除了疲劳，体力和脑力得到恢复。消除疲劳有科学的放松方法和不科学的放松方法两种。

员工采用科学的放松方法和不科学的放松方法得到的结果是不同的。员工采用科学的放松方法通过肌肉放松、深呼吸、沉思、自励锻炼、有氧运动等方式降低和消除疲劳，得到恢复体能和焕发精神的效果，保持身心健康。这样做会引发身体良性反应，起到降血压、睡眠良好、精力恢复、控制情绪、缓解疲劳、呼吸深沉、紧张减缓、增强体质、加快血液循环的作用。

员工采用不科学的放松方法，使用烟、酒、茶、咖啡、甜食等方式降低和消除疲劳，这样做实际上并非真正放松，只是暂且缓解，但这种缓解仅是通过一种刺激的存在，用在大脑皮层产生的兴奋点掩盖了其他兴奋点，使人暂时忘却了心理疲劳所产生的痛苦，没有持续效果。这样做会引发身体不良反应，造成低血糖、营养不良、大脑潜在损伤、运动失调、兴奋过度、睡眠不好、消化不良、精力短时间上升、营养损耗的结果。如果过度使用还可能带来新的心理问题，如酗酒等。

本章小结

1. 对旅游工作者所需职业能力进行分析，并且就个人能力的培养提供可行的途径。

2. 人际沟通是旅游企业重要管理方面，从管理角度给出沟通的定义，从不同方面总结了企业组织中沟通的主要形式，分析了沟通的主要障碍因素，给出了如何进行良好沟通的建议。

3. 做好旅游工作者的职业心理保护和调适，科学对待心理挫折、心理压力和心理疲劳问题，才能提高工作效率。

复习思考题

1. 理解人际沟通的定义。

2. 简述人际沟通主要的分类及各类沟通形式的主要特点。

3. 群体动力的作用机制主要有哪些，如何发挥作用？

4. 什么是群体从众行为，其主要表现有哪些？

5. 什么是群体凝聚力？

6. 简析群体士气与工作效率的关系。

7. 如何理解健康的含义及心理健康的标准?

8. 说明心理挫折产生的主要原因。

9. 简述产生压力的来源及压力的主要反应。

10. 预防和消除心理疲劳动的方法有哪些?

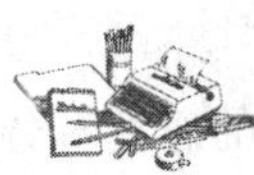

实践课堂

1. 学生参加"做一回导游员"的专题教学实习活动后,召开以"做一名合格的导游员应具备哪些职业心理素质"为主题的学生座谈会,对座谈会主题进行交流讨论并完成一份实习报告。

2. 角色模拟训练

说明:

教师先对观察者评分项目给予解释(10 分钟);

角色扮演(15 分钟);

小组讨论(10 分钟),并给出观察者所评分数;

大家共同讨论(10 分钟)。

第十章 旅游从业人员的服务心理

学习要点及目标

1. 通过本章的学习了解旅游者在食、住、行、游、购、娱等活动构成的旅游过程中的心理需要和行为表现。

2. 树立正确的旅游服务职业意识，掌握旅游从业人员在旅游工作中的服务工作的礼仪、方法、技能、技巧等。

3. 提高分析和解决旅游实际问题的工作综合素质和能力，适应相应服务岗位的工作要求。

引导案例

过 度 服 务

一对情侣来到某餐厅用餐，落座半小时不到，小张就过来服务了不下5次。“先生和女士，我为您沏茶。”“先生，请问您喝点什么饮料？我们有可乐、酸奶、玉米汁。”“先生请问您还加点酒吗？”“女士，打扰一下，我给您再加些酸奶吧。”“打扰一下，为您换个果碟。”“不好意思，为您更换毛巾。”让这对情侣都没时间聊天，一直在说“谢谢”。

原来是这家餐厅要求服务人员一定要按操作要求规范、周到地服务，席间要倒茶、添菜，介绍菜名、分菜，更换两次毛巾和果碟，斟酒时还要使用礼貌用语等。

（资料来源：用心服务才能感动顾客[J].中国旅游报，2018-09-17.）

【点评】

“零打扰服务”就是给旅游者足够的空间和时间消费和享受旅游产品，旅游服务重在发现需求和满足需求，讲究适时到位。小张按照餐厅的工作规范要求提供精准周到的服务，但过度频繁地出现，会引起客人的反感。小张的做法虽然主观愿望并无过错，但服务行为是适得其反、过犹不及，没有提供优质服务。

第一节 酒店前厅服务心理

酒店是以客房为依托为游客提供住、食、娱、购、会晤交谈、会议等综合服务的场所。酒店从业人员只有了解客人的多种需求,理解客人的角色特征,掌握他们的心理特点,才能提供符合客人需求的满意服务,感动和赢得客人的认可,酒店才能获得良好的效益,持续发展。酒店前台服务是为客人住宿服务的第一步,也是客人离店办手续的最后一步,被称为酒店的窗口单位,是酒店的形象代表。

一、宾客对酒店前厅服务的心理需求

(一) 求尊重的心理需求

宾客来自五湖四海,当客人进入酒店后,酒店服务人员与客人之间就确立了主客之间的接待与被接待、服务与被服务的关系。心理学研究证实,世界上的每个人都希望得到他人的尊重。客人来到酒店与离开酒店时希望受到同样的尊重。酒店服务员提供热情的服务成为尊重客人的具体体现,能使客人产生“宾至如归”之感。

在前台,客人希望服务人员笑脸迎客、热情真诚、礼貌友好(注意用好迎送礼、操作礼、微笑礼、言谈礼、称呼礼、问候礼、应答礼等)、耐心细致。当客人受到尊重,感受到温暖时,会有回到“家”的感觉。

(二) 求快速的心理需求

宾客由于旅途辛劳,进入酒店后希望迅速办理好入住手续,尽快到客房休息,为安排下一步的活动做准备。客人离店时,希望结账手续简便快捷、迅速有效。酒店服务人员要提前做好工作准备,应具有良好的服务意识和过硬的服务技能,在服务过程中,“忙而不乱,快而不错”,能灵活地处理客人的每一个问题,做到既热情周到又高效准确。

(三) 求方便的心理需求

客人希望酒店能提供订票、通信、交通、外币兑换、周边旅游景点推介等项服务或帮助。如果客人的问题能够在前台得到解决或帮助,就会给客人带来心理的安慰和愉悦的情绪。

(四) 求新知的心理需求

人们外出旅游就是到另外的地方过一种不同于原来的生活,初到异地,对当地的一切都充满了好奇求知的心理。例如,客人想知道酒店客房的设施配备、价格等情况,酒店餐厅能提供哪些当地的特色食品和服务,当地有哪些文化古迹、风景名胜、风土人情,当地有哪些特产名品和旅游纪念品等。前厅服务人员对客人提出的上述问题要热情耐心地解答和介绍。酒店还可以与旅行社的业务服务结合起来,把旅行社提供的服务项目、旅游产品的有关资料准备好,供客人咨询、查看、使用,满足客人求新知的心理需求。

（五）求周到的心理需求

客人入住酒店希望得到宾至如归的体验。酒店各部门员工亲切温馨的服务态度，熟练的服务操作，能够消除与客人之间的陌生感、距离感等，增进客人与服务人员之间的信赖感。情感接近了，客人就会配合、支持和谅解酒店的服务工作，也有助于提高酒店的声誉。服务人员细心观察客人，了解客人合理的现实需求和潜在需求，如果能做到超前服务，就会使客人更满意。例如，观察客人的不同需求，主动服务，正确解答客人咨询的问题，向客人提出建设性的餐饮、娱乐或游览行程建议等。

二、做好前厅服务工作的要求

酒店的前厅服务可以使宾客产生先入为主的第一印象，对酒店的整体认识产生晕轮效应。根据宾客的心理需求，应该做好以下工作，不断提升前台的接待服务水平。

（一）典雅舒适的服务环境

酒店的环境布局是影响客人的需求和心理、影响酒店形象和声誉的重要因素。酒店前厅在环境设计时应注意为客人营造一种温暖、舒适、便捷、和谐的氛围，使每一位来到酒店的客人都能够倍感温馨，留下深刻的美好印象。

前厅的布局要简洁合理（如总服务台应设在前厅最便利、最引人注目的位置，前厅不能太狭小等），各种服务项目要有醒目、易懂的标志（如为客人提供订房订票、结账退房、问询、寄存行李等服务），能使客人一目了然。前厅内温度要适宜，地面、沙发、桌几等要高度整洁、卫生。

（二）塑造专业的服务形象

仪态主要是指前厅服务人员行为的姿势和风度。它既是人的精神面貌的外在表现，又是游客形成对服务人员良好的视觉印象的首要条件。酒店前厅服务人员的形象可以给客人留下美好的第一印象，提供专业的服务使客人形成对酒店认识的晕轮效应，为宾客提供超常服务和延伸服务以满足客人的需求，从而不断提升酒店的接待服务水平。

1. 形体容貌

体形和容貌不仅具有一定的审美价值，而且能够在一定程度上反映个体的心理特点，对他人来说会产生一定的影响。酒店工作人员应该按照规定：女士束发、着淡妆，男士发不盖耳触领、不留胡须、面部整洁，站立端正自信、走路轻盈稳健，保持微笑，热情待客。

2. 着装修饰

酒店服务人员的服饰既是对个体容貌、体形的加工和衬托，也是企业文化的体现。良好的服装服饰能给人留下美观、舒适、优雅、大方的感觉。酒店应根据需要为不同岗位的员工定制工服，并提供工服清洗和保养服务。员工着工服应秉持合身舒适、整洁规范的标准。

3. 行为举止

服务人员的行为风度能够在一定程度上反映出服务人员的性格和心理，这也是游客评价酒店服务人员的服务水平、服务态度的一个重要指标因素。服务人员的行为要给客人大方得体、优雅庄重、热情亲切的感觉，使客人产生亲近感、信赖感，留下良好的第一印象和最终印象。

（三）使用规范语言

语言是人际交往的重要工具。服务人员的语言是游客知觉对象的一部分，是酒店服务能否给游客留下良好的第一印象的重要影响因素之一。服务人员的准确表达对于游客的情绪起着最直接的影响作用，服务成效在很大程度上取决于服务员的正确表达。服务人员要熟练地使用礼貌用语，避免使用客人忌讳的词语，语气要诚恳谦和，语音要悦耳动听，使客人感到在新的环境中受到了关怀和尊重。

（四）提高服务效率

宾客经过一定时间的旅途奔波进入酒店后，都希望能在最短的时间内安顿下来，到客房休息以解除旅途疲劳、恢复体力。因此，焦虑、急切的心理表现得非常明显，在前厅办理入住登记手续的这段时间对游客来说通常是越短越好。

同样，游客在离店时显现出来的急切心理也是很常见的，在这种时候，游客需要的不是等候，而是能够快速并且准确地结账，以便能迅速离店返回。客房清洁同样需要工作人员业务熟练、高效率才能满足新到店客人和连续入住客人的需要。同时，各部门工作人员必须具有主动服务的意识和能力。

主动就是服务要先于客人的开口，即客人还没提出疑问或要求，服务人员就能及时解除客人心中的疑问或提供能够满足客人要求的服务，如主动迎送、主动问候、关心客人身体状况，给客人以家人的关怀。

（五）提供公平的服务

追求公平是现代社会中人们的一种普遍心理。客人在旅游、商务活动中存在消费档次高低之分，但求公平、求合理的心态是一致的。酒店从业人员对待客人不可以貌取人或新老不同。反之，客人就会感到不公平，直至产生不满和愤怒，甚至进行投诉。因此，服务员应该对所有的客人都提供周到细致的服务，面对不同类型的客人的具体要求应做到不厌不烦、有问必答，尽力满足其要求。

服务员在工作非常繁忙时，也应对客人非常耐心，不急不躁；对爱挑剔的客人不厌烦，不“火上浇油”，妥善处理客人提出的问题或困难；对老弱病残孕客人照顾到位。

（六）提供超常服务

超常服务是指超过酒店经营范围，超过一般顾客正常需求的服务的服务项目。超常服务一般是指有人情味的服务。“人情味”，最重要的是理解人、体贴人、尊重人，就是要求服务人员心中想着游客，时时、处处关心他们，在一般照顾之外，给予每个旅游者“特别关照”，满足他们的特殊需求，从而使旅游者感觉受到了优待，产生自豪感，自尊心获得满足。例如，提供防水伞套、轮椅、针线和自动擦鞋机。

杭州五洋宾馆：以初心赢口碑铸品牌

“一个非亲非故的小伙子，对两个素不相识的老人如此热心照顾，这就像一面镜子，折射出林冬淼的个人品格素质。有这样的员工，多少顾客都会成为回头客。”这是一封北京的退休老人孙先生写给杭州五洋宾馆服务员林冬淼的感谢信。

杭州五洋宾馆是一家成立于1998年的老牌四星级酒店，自创办之初，便是杭城之中商务酒店的杰出代表之一。孙先生因为身体的原因，每年都需要多次赴杭州检查治疗。自2013年第一次入住五洋，便对酒店服务员林冬淼热情而礼貌的服务印象深刻。

此后的五六年时间里，只要来杭州，孙先生都会住在五洋，而林冬淼每次都会在他们出发前发去短信，告知杭州的天气情况、穿衣建议、注意事项等。在办理入住的时候，林冬淼也都会根据他们的实际所需，帮助安排相对安静、方便出行的房间。在林冬淼看来，这些都是他的职责所在、担当所需。

五洋宾馆把企业目标定为“营造温馨家园”。“凡是客人看到的都必须是整洁美观的，凡是提供给客人使用的设备设施都必须是安全有效的，凡是饭店的员工见到客人都必须是亲切礼貌的。”五洋宾馆办公室主任金美英介绍，“三个凡是”是五洋对于所有宾客的承诺，也是全体五洋人始终坚持的待客原则。

10年前，金美英以一名普通服务员的身份进入五洋宾馆，通过自身的不断努力，一步步成长为企业的中层。“五洋为我们提供了一个很好的发展平台，让我们相信，只要做得好，就有更多的机会。做得好的标准，就是客人对于服务的满意度。”

五洋宾馆每年都会梳理总结过去一年所有客人对于酒店的建议和意见，不断地调整服务标准，并在年初制定新的年度服务主题。2019年是五洋宾馆的“口碑管理年”，五洋宾馆已陆续推出了口碑管理动员大会、“我为五洋代言”形象代言人评选、安全演练、全员践行首问责任制、大堂增设免费休息室、为“的哥”送清凉、金钥匙服务进社区等多项举措和活动。宾馆的服务口碑得到显著提升，自2018年以来，在多家OTA网络评分中，五洋的评分从4.8分升至4.9分(满分为5分)，并保持至今。

(资料来源：http://news.ctnews.com.cn/zglyb/html/2019-08/29/content_361873.ht?div=-1.)

第二节　客房服务心理

客房是酒店的基本设施和经济收入与利润的主要来源，是客人休息的主要场所，同时也是客人进行社交、商务等活动的场所。游客住店期间，在客房停留的时间最长，与客房服务人员的接触最多。客人出门在外，会把客房看作“家外之家”，对客房服务有很高的要求。因此，客房服务水平的高低会直接影响游客对酒店的整体评价。

如果客房服务能够很好地满足客人的需求，客人就会对亲朋好友进行广泛宣传，推介更多的客人入住，酒店就可能进入良性发展。

一、客人对客房服务的心理需求

（一）求卫生整洁的心理需求

卫生整洁是客人对客房服务的第一需求。客房的所有设施和配备的物品都是为流动入住的客人准备的。客房的许多物品可能被以前入住的客人使用过，其中难免杂乱或不卫生。对新入住的客人而言，他们关心的就是客房内配备的物品是否已经彻底消毒、整理完好。客人对直接接触的用具尤其关注，如床铺、水杯、洗脸盆、浴缸、浴巾、马桶、沙发、写字台、灯具等要干净、卫生。

服务员在清理客人房间时应遵循一定的程序，一般要在客人不在房间时进行清理。客人大多不喜欢服务人员在自己面前转来转去地清理房间，清理过程中带来的忙乱或扬起的灰尘等会使客人感到厌恶和不悦。客人有特殊要求整理房间的，可以灵活掌握，相机解决。

服务人员整理客房时，要先看客房门把手上的标志，再按常规程序打扫房间。服务员进门时要先敲门，绝不能贸然闯入房间，进入房间后，一定不要将门关严，整个清理过程始终要敞开着门。服务员完成清理后可以在卫生间器具上贴上“已经消毒”的标志，在茶杯、口杯上套上专用塑料袋等，提示客人用具已经清洁一新可以放心使用。当然，服务员清理时必须实事求是、工作到位，不能马虎应对，只做表面工作。

（二）求安静舒适的心理需求

酒店客房主要是客人休息的场所，故客房环境的宁静是保证其功能实现的重要条件。保持客房环境的宁静会给客人舒服、清静、高雅的感觉，也是衡量服务质量的环境标准。

客人希望有隔音设施，周围没有噪声；希望室内环境美观优雅，布置典雅舒适，温度适宜，床铺舒服，灯光柔和；要求服务人员行动“三轻”——说话轻、走路轻、操作轻。为使酒店的服务人员做到行为“三轻”提供无干扰服务，有效缓解客人的疲劳，酒店要加强对员工的培训和行为习惯养成，组织有针对性的培训和严格的制度约束可以使员工养成良好的职业习惯。

（三）求亲切温馨的心理需求

酒店客房服务是入住客人每天接触和享受的，客房服务的结果与客人关系最密切，客人享用的时间最长，客人追求宾至如归的体验。客房服务人员亲切温馨的服务态度、熟练的服务操作，能够消除与客人之间的陌生感、距离感等，增进客人与服务人员之间的信赖感。情感接近了，客人就会配合、支持和谅解酒店的服务工作，也利于提高酒店的声誉。

（四）求安全的心理需求

安全感是舒适感、愉快感、满足感的基础，客人外出旅游的共同目的就是追求快乐，旅游期间总是把自身和随身携带的财物的安全作为首先要考虑的问题。客人希望酒店的保安措施严密，能保障客人生命、财物安全，保护客人的隐私。客人希望客房内配备保险柜或提供代为保管贵重物品的服务，希望门窗安全、设施设备完好。遇到突发事件时，客人希望酒店能够及时采取有效措施保障客人身体平安、财物完好无损。

（五）求受到尊重的心理需求

客人希望客房服务人员能够尊重自己的人格、生活习惯、宗教信仰，尊重自己对房间的正确使用权。例如未经客人同意，服务人员一般不能随意翻动客人的贵重物品或重要资料等。客人希望与自己交往的朋友受到同样的尊重，希望看到服务人员欢迎的微笑，他们不能忍受冷漠、恶劣的服务态度。

二、做好客房服务工作的要求

（一）提供优质的客房服务

1. 做好客房的清洁卫生

客房服务员要按照客房卫生清洁操作规程，认真仔细地打扫客房的每一处应清洁的地方，尤其要注意对房间卫生死角的打扫，如卫生间的洗脸盆及台面与浴缸边缘的毛发或污垢、台灯上的灰尘、抽屉内的灰尘等。酒店还要采取有效措施及时消灭房间的老鼠，捕杀蚊虫等。客房服务员在整理物品时，一般不要移动客人的物品，更不能擅自把客人的物品当作废品清理丢掉，否则，可能会带来不必要的麻烦。

如果是有客人在场时进行卫生清扫，服务员的动作一定要轻，要有礼貌地请客人移动位置予以配合，不要使用同一块抹布既擦卫生间设备，又擦抹客房内的物品和桌面，否则客人会感到很不卫生，产生不舒服感。

当游客一进入房间，映入眼帘的便是整洁如新的卧具，洁净卫生的地面、墙面和橱柜以及摆放有序的各种物品和设备，就会在心理上对酒店产生信赖感、舒适感和安全感。当然，对于连续住店的客人，客房服务人员也应每天按规定在客房内进行清洁整理工作，包括及时清理客用垃圾，按照酒店规定或是游客的要求更换床单被褥，及时补充客房内的低值易耗品等。

如果服务人员在整理桌面上客人打开的书籍时，在打开的书页处夹上一个小纸条或书签，便于客人回来后继续阅读，客人就会非常满意。

2. 保持客房内安静舒适

保持客房安静的环境是客房服务的一个重要的组成部分，任何时候，不管有没有客人在休息，这一点都必须做到。保持客房安静就是要防止和消除干扰客人休息或人际交往的噪声。酒店选择的设施设备产生的噪声要小，符合国家标准。房间的装修要隔音，要能阻隔噪声的传导。

服务人员的行为动作要做到“三轻”。“三轻”不仅能减少噪声，而且还能影响那些爱大声说笑的客人，用行动引导客人进行自我克制，轻步行走，小声说笑，共同营造安静的氛围。这样做就会带给客人舒服、高雅的心理感受。

3. 服务态度要主动热情

服务人员除了应该熟练掌握客房清洁工作的操作程序，还应努力培养自己的主动服务意识，优化服务态度。服务人员服务意识集中表现的一个重要方面就是在对客服务中做到主动。主动就是服务要先于客人的开口，客人还没提出疑问或要求，服务人员就能及时解除客人心中的疑问或提供能够满足客人要求的服务。在酒店客房服务中，主动服务包括很多方面,如主动迎送、主动问候、主动介绍服务项目、主动照顾老弱病残孕客人等。服务人员要像对待自己的亲人那样,关心客人的起居、身体状况,给客人以家人的关怀。

服务人员在服务过程中要精神饱满,微笑对待客人。"笑脸增友谊,微笑出效益。"微笑可以传递友好、愉悦、善意的信息,也可以表达歉意、谅解、谢意,微笑有时可以起到有声语言所起不到的效果。热情是体现服务态度的本质表现,是取悦客人的关键所在。

4. 尊重客人,耐心细致

耐心细致的服务不仅是客房服务人员应具备的心理品质,也是酒店赢得客人积极评价的有效途径。在服务过程中,服务人员应学会有意识地控制和调节自己的情绪,面对不同类型的客人的具体要求应做到不厌不烦,有问必答,尽力满足其要求。

服务人员应在客人表达意见时耐心倾听,在客人表扬时不骄傲自满,耐心细致的服务还应注意服务的分寸,注意观察客人的急需,从实践中积累经验,才能使客人放心、信任、赞誉,把握好服务的度,拉近与客人的心理情感距离。

(二) 提供超常服务和延伸服务

饭店客房的超常和延伸服务主要是在核心服务(如清洁、宁静、安全的客房)和支持核心服务的促进性服务的基础上,给游客提供的一种额外超值服务。这些超值服务的提供,能够使客人在心理上产生一种物超所值的感受,带来意外的惊喜。

服务人员要细心观察客人,预测客人的需求,做到超前服务,使客人更满意。在与客人的交流过程中,及时发现客人的不同需求,主动提供全面服务,及时解决客人遇到的问题,主动给外出活动的客人提供游览行程建议,介绍当地的景点、餐厅、商店等,方便客人游玩和用餐。

第三节　餐厅服务心理

对旅游者而言,出行关注食、住、行、游、购、娱六大要素,其中"食"既是旅游过程中的基本需求,饮食的品质决定旅游能否顺利进行也是影响行程的整体满意度的因素,品尝美食本身也是旅游行程中的一个重要的旅游内容。能给旅游者提供饮食服务的,有全服务型酒店里各种类型的餐厅,还有很多种类丰富、口味独特的社会餐饮企业。"民以食为天",餐饮服务是旅游服务中不可缺少的组成部分。

旅游者用餐,具有食品享受和精神享受两个方面的需求。餐饮从业者既要向客人提供美味的饭菜,又要向客人提供优质的服务,使客人得到生理、心理的满足。餐饮企业只有探究客人就餐心理,深入了解客人的就餐需求,才能做好餐饮服务工作。

一、客人对餐饮服务的心理需求

(一) 求卫生安全的心理

客人对餐厅的卫生安全需求主要是在餐厅环境、餐具、食品和饮料等方面。良好的就餐环境能给客人安全、愉快、舒服的直观感受。就餐客人希望餐厅内环境整洁、地面洁净、空气新鲜、温度适宜，没有蚊蝇、蟑螂和鼠患，餐具、台布、口布经过规范的清洁消毒处理。在餐饮服务中，食品和饮料的卫生安全是关键，是防止"病从口入"的重要环节。餐厅使用的食品原材料要新鲜、没有污染，严禁使用超过保质期或腐烂变质的食品原料进行食品加工，要防止生、熟、荤、素菜之间交叉污染。

（二）求快速便捷的心理

客人来到餐厅希望能马上找到合适的餐桌和座位，希望餐厅服务员能尽快来提供点菜、沏茶等服务。客人点菜后希望餐厅快速上菜，而不愿长久等待。其原因主要是：现代生活的快节奏使人们形成了节省时间的紧迫感，养成了快速的心理定式，或是用餐后还有很多事情要做。

心理学研究表明：期待目标出现前的一段时间会使人体验到一种无聊甚至痛苦。从时间知觉上看，对期待目标出现之前的那段时间，人们会在心理上产生一定的放大现象，觉得时间过得慢，时间变长了。

当人体处于饥饿状态时，由于血糖下降，人就容易发怒，说出过激的话语。特别是当客人饥肠辘辘时，等待上菜的时间过长，会使客人难以忍受，甚至会退餐到其他餐厅去消费。如果餐厅服务的节奏太慢，客人就会有被怠慢的感觉，请客的主人还会感到在他人面前没有面子，其尊严受到一定程度的伤害。在用餐过程中，客人如果有新的需求，希望打个招呼服务员就能迅速来到面前，提供相应的服务。用餐结束后，客人希望能够快速准确地办完结账手续。急于赶时间的客人希望给予优先照顾的服务。

（三）求公平尊重的心理

公平合理是客人对餐饮服务的基本要求。只有当客人认为在接待、价格、服务规格等方面是公平合理的，心理上才会平衡，感到没有受到歧视或欺骗。因此餐厅服务一定要做到质价相称、明码标价、一视同仁。

尊重需要作为人类的一种高层次的需要，贯穿于旅游活动的各个环节之中。"宁喝顺心汤，不吃受气饭"道出了尊重客人在餐厅服务中的重要性。尊重客人体现在客人用餐消费的各个环节，如服务员要微笑迎送客人、恰当引座、提供图文并茂的菜单、尊重客人的饮食习俗和生活习惯以及绝对不能强迫客人消费某种食品等。

（四）求品尝特色的心理

旅游者到达旅游目的地后，一是要游览、观光风景名胜、名山大川或人文景观，二是要品尝当地的特色、风味美食。所以，客人希望餐厅能够提供具有当地地方特色的名菜、名吃，如杭州的东坡肉、北京的烤鸭、内蒙古的烤全羊、吉林四平的李连贵熏肉大饼、陕西西安的羊肉泡馍和肉夹馍、新疆的哈密瓜、武汉的武昌鱼、天津的狗不理包子等。在品尝风味名吃的同时，客人在旅游地还希望能吃到适合自己口味和习惯的美味食物。例如，欧美游客希望在中国能吃到西餐，韩国人希望吃到韩国料理，老年人希望吃到容易消化、质软、适合他们的可口食物。客人在品尝特色食物时候，对菜肴的名称、典故、文化、制作方法、营养价值等也有满足好奇心的需求，希望了解相关知识。

(五) 求食美价廉的心理

人们的消费选择往往都会“货比三家”,最终选择适合自己消费档次、物有所值的场所或物品进行消费。客人选择餐厅消费也是如此,除了要考虑上述四点外,价格也是一个相当重要的因素,毕竟消费要量力而行,人们普遍追求的是食美价廉。酒店餐厅吸引回头客人一是靠特色,二是靠适宜的价格。

二、做好餐饮服务工作的要求

(一) 注意营造餐厅的美好形象

1. 注意美好的视觉形象

用餐环境是为客人提供优质餐饮服务的基础,是满足客人物质享受和精神享受的重要条件。整洁卫生的就餐环境是客人选择用餐场所的首要因素,这不仅关系到就餐者的身心健康,而且也关系到就餐环境和氛围的营造,因此,创设一个整洁卫生的就餐环境是吸引客人的重要手段。

餐厅为了树立美好的视觉形象,除了要做好环境的清洁卫生工作,还应从环境的布局和家具设施摆放以及餐厅内的色彩选择等方面进行考虑,努力营造温馨适宜的就餐环境。例如,餐厅的整体设计要有一个突出的主题,色彩要依据主题来选定,餐厅的灯饰、光线要与餐厅的主题相协调,要能体现出美观大方、自然高雅的视觉效果。

2. 注意愉快的听觉形象

现代心理学研究表明:音乐对于人们的情绪、身心具有特殊的调节机制。优美的听觉形象可以促进食欲,调节游客的心境,使人感到轻松愉快。音乐是表达情感的物质载体,人们能够从中体会到丰富的思想感情,从而引起丰富的联想和强烈的共鸣。研究表明,背景音乐对于游客在消费场所的消费购买行为有着直接的影响。合适的背景音乐能帮助制造良好的进餐氛围,对于活跃餐厅气氛、减弱噪声、提高用餐客人和服务人员情绪,刺激消费行为有着最为直接的影响。

例如,在快餐厅播放节奏轻快的背景音乐,可缩短客人停留的时间,以增加接待客人的数量;在正餐厅、咖啡厅可以播放节奏悠扬的慢节奏音乐,有助于延长客人的逗留时间,客人在餐厅的消费额自然就会增加。在餐厅播放优美动听的音乐,可以使客人愉悦心情、增加食欲,还可以掩盖厨房和邻桌传来的噪声。

3. 注意良好的嗅觉形象

在餐厅中,由于环境的特殊性,往往容易存在各种气味,包括各种饭菜味、各种酒味甚至烟草味。这些气味混合在一起,带给人的心理感受通常都是不愉快的,会极大地影响客人的进餐情绪。为了保持餐厅良好的空气质量,一方面要做好餐厅的通风工作,另一方面要做好餐厅内的温度调节工作。

现代化餐厅比较适宜的温度大多在18℃~26℃。如果温度过高则易使人感觉闷热,大汗淋漓;温度过低又会使人感觉寒冷,嗅觉的感受性下降,从而影响人的食欲。同时,过低的餐厅温度也会使上桌的菜肴很快变凉,影响客人品尝佳肴美味。餐厅还要注意做好隔离设施,不让厨房的油烟以及各种气味散发到用餐房间。

（二）注意树立良好的食品形象

在人们以往的印象中，菜肴质量仅仅指的是菜肴的卫生情况以及菜肴是否可口。现在，随着菜肴制作水平和人类饮食文化的不断发展，除了原来菜肴是否卫生可口这一单一的评判标准外，菜肴质量的内涵又有了扩展。如今人们对菜肴质量的评价主要包括：其是否拥有美好的色泽、优美的造型，以及菜肴口味是否可口等几个方面。

1. 诱人的色泽

菜肴的色泽是客人评判菜肴的视觉标准，是客人鉴赏食品最先反映的对象。同时，色泽也是对菜肴的装饰，对客人的心理会产生直接作用。一般来说，餐饮消费心理中的视觉主要有两类：一类指彩色视觉，如红、橙、黄、绿等视觉；另一类则指非彩色视觉，如黑、白、灰等视觉。

研究表明，菜肴的颜色与人的情绪和食欲存在着一定的内在联系。每一种食物的色彩都有其特定的心理功效，红、黄、绿等颜色比较容易激起游客的食欲。例如，红色食物能够兴奋中枢神经，易使人感到食物有浓郁的香味且口感鲜美，此外红色食物还会给人以华贵喜庆之感。黄色食物多给人以淡香的感觉，高雅、温馨，可以调节人的心境。绿色食物在人们心目中往往代表了新鲜、清爽、清淡，有舒缓情绪、愉悦心境的作用。

餐饮制作工作人员应本着以食物的自然色为主的原则，充分利用各种色彩对人的心理调节功效来制作各色菜肴。当然，由于客人的种族、文化背景等差异，客人在消费偏好上必然存在着一定的差异，对客人的特殊要求要进行相应的调整，满足客人的不同需求。

2. 优美的造型

食品除具有食用价值外，还具有观赏的艺术价值。菜肴是否具备优美的造型是菜肴质量的外在表现，也是游客评定菜肴质量的视觉标准之一。精细优美的菜肴形象可以起到美化客人视觉，满足其对菜肴的美感享受。技艺高超的名厨可以利用烹饪中的切、雕、摆、制、烹等独特技艺，给客人提供造型优美的美味佳肴，给客人带来艺术上的享受。如鸳鸯戏水、二龙戏珠、龙凤呈祥等菜肴，造型雅致，妙趣横生，可以激发客人的想象力，增进食欲。

当然，为了满足游客对视觉美感的追求，餐厅除了对菜肴本身应追求造型优美，形象生动外，在盛装菜肴的器具上也应注意搭配相宜。盛具的精美，对于菜肴具有衬托作用，能够使之锦上添花。“美食不如美器。”餐具的形象的确会对客人的就餐心理产生影响。餐桌上，各式美食美器相映成趣，容易让人感到赏心悦目，食欲大增。此外，餐具的搭配应与食物本身的大小以及分量相宜，才能有美的感官效果。

3. 可口的风味

“闻香下马，知味停车”，菜肴不仅应该有诱人的色泽、优美的造型，更应注重给客人带来美好的味觉享受。菜肴口味的好坏是人们评价菜肴烹制技术水平的最重要的标准，菜肴的口味好坏对于餐厅来说至关重要。对于菜肴来说，最基本的要求就是口味纯正、味道鲜美、调味适中。当然，餐厅面对南来北往的客人很多，而环境的影响和地方的习俗会让不同地域的人们对菜肴的口味有一定的偏好。比如，在我国就有“南甜北咸、东辣西酸”之说。因此，餐厅在为客人提供菜肴时，应充分考虑其主要顾客群的饮食习惯和偏好，以更好地满足他们对菜肴的口味需求。

心理学研究表明，凡是新鲜的、奇特的事物总能引人注目，激发人们的兴趣。游客一般都存在在旅游活动过程中探新猎奇的心理需求，都希望能拥有一段不同于平常的经历，甚至会将品尝美味佳肴以及那些极具传统的地方特色食品，作为旅游活动追求目标的一部分。而旅游目的地所拥有的独具特色的风味饮食，则恰好从饮食这一层面满足了游客的这一独特心理需求。

4. 合理的价位

在保证菜肴质量的基础上，餐厅的收费也应注意其合理性。菜肴价格的公平合理是客人对餐厅所提供的菜肴和服务的基本要求。菜肴价格定得是否适当，会直接关系到餐厅与客人双方的切身利益，也会直接影响到客人的心理承受力，更直接体现在客人对餐厅菜肴食品是否愿意消费，以及消费数量的多少。

如果价格与产品的质量不相符，即使菜肴的质量很好，但是由于其定价超出了人们消费能够接受的范围，客人就会觉得太昂贵，认为是餐厅盲目抬价。这样既影响餐厅的声誉和销售，同时也会最终影响游客对酒店的总体印象和选择。

此外，由于当今餐饮消费者外出就餐频率的增多，对价格的高低已经渐成习惯，如果菜品的价格偏低于人们的习惯价格，客人又会怀疑是菜肴的质量有问题，同样也会对其就餐心理产生不利的影响。因此，餐厅制定的价格一定要合理，要让游客觉得他们的消费是物有所值甚至是物超所值的，找到心理的平衡感觉。

（三）注意员工职业形象

1. 仪表整洁，服务技巧娴熟

餐厅服务员的仪容仪表是优质餐饮服务的重要体现，它将直接影响客人对服务人员以及整个餐厅的视觉感受，甚至会影响到客人对整个酒店的印象和评价。因此，必须重视服务人员的仪容仪表，工作制服的式样、色彩和质地都应和餐厅的整体风格相协调，服装在样式的选择上可以选择西式、中式或其他带有地方特色的民族性服装。这样，可以将餐厅服务员的服饰与餐厅的室内环境艺术结合起来，增强艺术特色，产生形象吸引力。

对于服务人员的发型、饰物要求是整洁、大方。女性服务人员在工作时应把头发束起，避免为客上菜或是提供其他服务时有头发掉落或是垂下，引起客人的反感甚至对餐厅的卫生状况产生质疑。

此外，服务人员的举手投足，如坐姿、站姿、行走等方面都应做到规范得体、自然大方，以期给游客留下良好的印象。由于餐饮服务工作的特殊性，服务人员在穿着工作制服时应随时注意保持整洁，避免工作制服不干净或是穿戴不整齐给客人带来不适感，损伤餐厅甚至是酒店的形象。餐厅服务人员在为客服务时，还应做到准确娴熟，以提高服务质量和工作效率为目标。

2. 主动服务，热情周到，当好参谋

心理学研究表明：处于饥饿状态中的人，由于血液中血糖含量的降低，是比较容易发怒的。因此，服务人员应在对客服务开始时，就要主动热情地接待客人，使其处于较为愉快的情绪状态中，并利用情绪对客人行为进行影响，创造良好的心理气氛，达到服务的最佳境界。

服务人员在向客问好、拉椅让座、沏茶倒水、送香巾以及点菜等前期接待服务中，应做到积极热情，要让客人感觉到服务人员不是在例行公事、简单地敷衍，而是发自内心地欢迎自己。客人点菜时，餐厅服务员可以提出合理化建议，为客人选菜、配菜，当好客人的参谋，既要让客人吃好、满意，又不浪费食物或增加客人不必要的消费开支。如果客人缺少点菜经验，点的均是汤菜或冷菜，服务员应及时提醒，可以推荐介绍餐厅的畅销菜，让客人自己选择。

同样，在客人用餐过程中，服务人员应继续保持积极热情的服务态度，以保证客人能够满意、顺利地用餐，如适时地为客斟酒，主动地为客撤换餐碟、烟灰缸，适时地撤走餐桌上的空菜盘等。服务人员应尽力把一切服务工作做在客人开口之前。

例如客人在品尝美味菜肴的时候，一般都希望了解菜肴名称、用料、制作方法、营养价值、传说、典故等饮食方面的知识，这就要求服务人员应掌握本餐厅特色菜肴的相关知识，能根据客人的需要进行简单介绍。在上每一道菜时服务人员要主动报上菜名，在客人点菜或品尝时能够流利的回答客人咨询的问题。在对客服务过程中，服务人员还应做到耐心细致，切实地去观察客人的实际心理需求，提供相应的优质服务。

3. 提供个性化服务

在餐厅的经营发展中，除了为客人提供必要的常规性服务，现在也越来越重视服务产品的差异化创新，开始有针对性地推荐一些适合宾客心理需求的产品和服务，个性化服务应运而生。

个性化服务的含义是因人而异。个性化服务就是服务人员根据个体以及特殊餐饮消费群体的特点、要求，提供相应的优质服务，使其在接受服务的同时产生舒适的心理效应。个性化服务相对于标准化服务的区别在于：个性化服务要求更为细致的主动服务、灵活服务以及超常服务。因此，餐厅为客人提供的服务应该是用规范化的服务来满足消费者的共性要求，用个性化的服务来满足消费者的个别需求。

餐厅提供的个性化服务实际上也就是那些看似平凡实则不平凡、看似容易真做则难的细节性主动服务。比如在盛夏时节，当客人一走进餐厅，服务人员就满面笑容地出来迎接，并及时送上二次小毛巾(一次冷的，一次热的)，隔五分钟后又送来一盘水果解暑。这时服务人员的热情和周到，就会令客人感到好像回到了自己的家一样。这就是一种针对特殊气候条件下的个性化服务。又如，客人对食物烹饪可能会提出特殊的要求，对同一道菜，有的客人要求多加辣椒，有的客人要求少放一点辣椒，还有的客人根本不让放入辣椒，服务员一定要记清楚并及时告诉制作食品的厨师。

为了更好地为客人提供个性化服务，服务人员首先应在思想意识中真正地把客人放在第一位，做到“心中想着客人”，然后要注意从客人的一言一行中发现他们的特殊需求，急客人所急，努力地用一些针对性服务去化解宾客的困难，以达到最佳的服务效果。

个性化服务是餐厅经营管理的关键。以人为本，把工作重点放在满足客人的需求上，才能谈得上为客人提供优质服务，让他们真正感到在本餐厅用餐是一种享受，在此消费是一种愉快的体验。

第四节　旅游购物服务心理

在旅游者的旅游活动中，旅游企业为了满足旅游者的购物需要，提供具有地方特色的旅游商品、旅游纪念品等服务，也能给旅游企业带来一定的经济效益。当然，旅游者未必都需要在旅游活动中购买旅游商品，故旅游企业对旅游者购物心理、旅游商品服务心理进行研究，对有购物意愿的旅游者提供服务、满足他们的需求，激发本来没有购物意愿的旅游者的潜在购买动机，使他们向购买者转化，享受旅游购物消费的体验和愉悦，增加旅游企业的经济收益，都是非常重要的。

一、游客购物心理需求

（一）求旅游纪念心理

这种心理需求非常普遍、典型，表现为旅游者对具有旅游地民族特色、地方特色的旅游商品的浓厚兴趣，旅游者购买这样的旅游商品作为礼品在返回后馈赠给亲朋好友或自己留作此次旅游的纪念，可以加深对旅游活动的记忆，便于以后进行美好的旅游回忆。例如，旅游者游览北京八达岭长城，可能会购买微型的长城模型作为纪念品，到苏州旅游可能会购买丝绸、刺绣工艺品，到南京可能会购买雨花石，到海滨旅游可能会购买贝壳工艺纪念品等。

（二）求新求奇心理

好奇之心，人皆有之。旅游者的好奇心理是旅游动机的一种。在旅游购物过程中，好奇心、新鲜感会起到一定的导向作用，旅游者在旅游资源地看到平时在原居住地看不到的商品时，就会产生好奇感，进而激发购买欲望。购买新奇性旅游商品是整个旅游活动的组成部分，也是旅游活动的目的之一。

如今很多旅游者好奇心强烈，喜欢追求新颖时尚、标新立异、特色明显的旅游商品，这类旅游者主要关注商品的造型、色彩、样式、外观等，而对价格、实用性等关注较低。他们容易受到广告宣传、社会时尚的影响，购买动机易受到情绪、喜爱程度的支配。

（三）求廉价求实用心理

人们购买商品的基本心理要求就是价廉物美，求廉也是旅游者购买旅游商品的普遍心理。相同的商品在不同的国家、不同的地区价格往往是不同的，一般在旅游资源地购买当地生产的商品肯定会比在其他地方购买便宜，甚至价格会相差数倍，并且商品样式、型号的选择余地也会大。

注重商品的实用性也是人们购物的普遍心理，具有这种心理的旅游者更注重商品的使用价值和质量，要求商品经久耐用，物有所值或物超所值。他们在购买时会仔细挑选，精打细算，不易受广告宣传、包装等因素的影响，他们往往会选择折价、优惠价、特价的实用商品。

(四)求方便携带心理

旅游者在旅游资源地购买商品还会考虑商品是否便于保管和携带等因素。难以携带或运输的商品,尽管旅游者很喜欢,但一般是不会购买的。所以,旅游商品经营者要注意为旅游者准备便于保管和携带的商品(包括商品的包装),才可能赢得旅游者的惠顾。

当然,以上常见的旅游者购买心理往往是相互交织的,旅游者在购买中希望旅游商品能满足他们多方面的需求。

二、做好旅游商品销售服务的要求

旅游酒店是一个综合性服务行业,酒店大多数都设有商品服务部,专门负责旅游纪念品、文物复制品、当地名人字画、土特产品、民族饰品、工艺制品、日用百货等商品的销售。商品服务部门要根据旅游者的上述购买心理,认真做好旅游商品的销售服务。

(一)旅游商品的开发设计要求

1. 突出地方或景点特色

虽然不同的旅游者对旅游商品的兴趣各有侧重,但绝大多数游客最感兴趣的仍是有特色的旅游纪念品。所谓有特色的旅游纪念品,就是产品能够真正代表和体现当地或旅游景点的文化特色,且新颖独特、不可替代。目前,很多地方、旅游景点的旅游商品差别不大,大多都是同质化的商品,且各地的价位也相差无几,这样长期下去会失去吸引力,制约旅游产业的发展,旅游企业应下大力气开发设计出具有地方特色、拥有专利权的旅游商品,以此推动当地旅游产业的发展。

2. 商品品种多样,档次齐全

旅游市场面对的旅游者是多层次的,不同的收入层次、不同的社会阶层、不同的文化背景、不同的性别、不同的年龄和消费习惯决定了旅游者不同的心理需求。因此,旅游商品在设计上应更加丰富、更加多样化,要考虑不同消费群体的多种需要。

此外,旅游商品的设计还应注意体现出点当地景点的文化内涵或民族特色。如印有安徽黄山迎客松的衣服、云南的蜡染半袖衫、印有“我登上长城了”字样的汗衫、扬州美女邮册等旅游商品既实用,又有文化含义,无论馈赠亲朋或自用均有很好的纪念意义。

3. 包装美观、易识别,便于携带

包装装潢设计应富有强烈的商品性。包装设计应科学、合理、轻便、安全,与商品特性相适应,以保护商品品质完好、数量完整。包装要宣传、美化商品,提高商品的外观档次,才能促进销售。

通过包装增强视觉效果,给游客文化熏陶和美的享受,吸引游客的眼球,激发其购买欲望,并使之转化为购买行为。通过独特的商标、形状、色彩、材质、文字说明等,树立地方品牌意识,通过包装显示产品的用途、用法、产地、特性、储存方法等,便于旅游者在短时间内容易区别、选购商品。旅游商品还要注意方便旅游者携带、长途运输和储存,保证商品的功能、价值不改变。

(二) 旅游商品陈列要求

1. 适宜的陈列形式,提高旅游者的能见度

陈列旅游商品的货架,其高度应与旅游者的视角、视线和距离相适应。另外,橱窗、柜台、货架要清洁、干净、明亮,其中陈列的产品应保持丰富、整齐。商品陈列的数量也会影响游客的购物心理。

2. 合理的物品摆放,适应旅游者购物习惯

为了让游客在短时间内采购到称心如意的商品,商品的陈列应充分考虑到游客的购买习惯。商品陈列应层次分明、合理搭配,以促进销售,还要巧妙地运用光线和色彩来营造购买气氛。

3. 精心布置,刺激旅游者的随机购买心理

俗话说:“爱屋及乌。”当旅游者被商品陈列所营造的艺术气氛所打动,产生积极的联想,他们的潜在需求也就被激发出来,对商品的购买欲望也就可能产生了。商品陈列是营造艺术气氛的核心。在保持商品独立美感的前提下,通过艺术造型、巧妙布局,将待销售的商品布置在主题环境或背景中,从而达到整体美的艺术效果。生动的商品陈列可以唤醒消费者的知觉,促进其购买消费。

三、旅游商品销售服务心理

随着游客的增加、旅游购物热的持续升温,提高销售服务人员的服务水平成为打造优质购物环境的迫切需要。销售服务人员了解游客的心理需求,提供有针对性的服务,是促进销售工作的有效方法。

(一) 敏锐观察旅游者的心理活动

1. 辨别旅游者的真实动机

来商店的旅游者,其购物目标各异。服务员可以通过观察、分析做出判断。俗话说:“微笑招客,和气生财。”服务人员既要主动热情地服务,又不能纠缠客人,将客人吓跑。

2. 善于抓住推销时机

为了避免因为客人过多而顾此失彼,销售服务人员要做到“接一问二联系三”,即在接待第一位客人时,便询问第二位客人“我能为您做些什么”,顺便向第三位客人点头示意或打招呼。尊重每一位客人,不要让客人受冷落,这是留住客人的有效方法。

3. 针对性服务

所谓针对性服务,就是根据游客个体心理与行为的差异提供相应的服务。旅游者的购买行为一般可以分为两种。一种是事先就想好了要购买什么,且购买动机比较强烈。在旅游活动中,他们会处处留意,寻找能满足需求的旅游商品。另一种是事先并没有购买商品的计划和需求,只是在游览中偶然遇到了喜欢的商品,产生了兴趣,激发了购买的欲望,产生了购买行为。

上述两种情况,都要经历感知、知觉、记忆、思维、想象、情感、意志等心理过程,但不同的旅游者在具体购买活动中所表现出来的行为特点具有很大的差异。服务人员可以将旅游者按客源、职业、年龄、性别、收入等标志进行分类,根据他们不同的购买行为要求提供

有针对性的服务。

（二）运用柜台语言艺术

1. 亲切

当服务员面带甜美的笑容，用一句亲切的问候，便能缓解旅游者生理和心理的疲劳，拉近主客之间的情感距离。例如："您好！请问您需要帮助吗？""请您再看看这件商品好吗？"

2. 得体

服务员要注意观察客人的心理活动，说话时针对客人当时的情境才能得体，客人才会乐于接受。

在招呼客人和介绍商品时，对服务人员语言的基本要求是简明、准确、规范，言简意赅。要注意尊重客人的自尊心和面子，适当地与客人进行眼神交流。在介绍商品时，服务人员不仅要介绍其优点，也应实事求是，适当地点出其不足。

3. 生动

生动的语言可以让销售服务人员在最短的时间里实现与旅游者的沟通。这需要他们具备流畅的语言表达能力、语言的艺术性和语言的应变能力。

（三）展示熟练的操作技能

1. 介绍商品、诱导消费的技巧

介绍商品可以采用口头介绍并结合实物展示的方法。服务人员应使旅游者通过视觉、触觉、听力、嗅觉、味觉的多个感官接触，达到直观的、最佳的感受效果，使旅游者对商品产生信任，从而诱导游客消费。诱导消费的重点是如何进行诱导，销售服务人员在介绍商品时，不是强迫旅游者接受，而是促成旅游者自发选择。

2. 过硬的商品包装技巧

销售服务人员给售出商品包装时要熟练、细致，能根据商品的特性和旅游者的要求，将商品包装得美观、牢固。

（四）讲究诚信

很多旅游者在异地购物时，会有层层顾虑，如害怕被宰、被骗，托运、退换货物不方便等。尤其是在贵重物品的选购过程中，旅游者会因为这些心理顾虑，而打消购买的念头。相关企业只有解决旅游者的后顾之忧，规范销售服务，旅游者才能放心购物。诚实守信也是吸引回头客人最有效的方法。

（五）对旅游娱乐服务的知觉

娱乐是旅游活动不可或缺的环节，它贯穿旅游活动的始终，是旅游者的需要之一，也是旅游的基本目的之一。旅游者在旅游活动中，通过娱乐达到松弛、休息、开心、摆脱烦恼的目的。旅游者对娱乐服务的知觉反映在两个方面：一方面是娱乐设施是否齐全，另一方面是服务质量的好坏。

娱乐设施必须具有当地的自然、文化和技术等方面的特点和魅力。在不同的旅游区，可以因地制宜地建设相应的设施，为旅游者提供娱乐服务。一般情况下，娱乐设施大致包括以下五个方面的内容：第一是生态方面，如自然保护区、动物园、水族馆等；第二是文化方面，如博物馆、民俗村、剧场、展览馆等；第三是体育方面，如滑雪场、滑沙场、游泳馆、自行车赛道等；第四是消遣设施，如歌舞厅、酒吧、游戏厅等；第五是其他便利设施，包括会议厅、工艺品及特产销售部、野餐设施等。

旅游者在知觉娱乐服务时，更关注的是服务内容、质量和环境，即娱乐服务提供什么及怎样提供、提供的环境怎样等，这涉及娱乐服务的设施、环境、主客交往、服务方式等方面的问题。旅游者评价服务质量的标准主要有以下五个。

① 有形标准：指有形设施，指服务人员的仪表；

② 可靠性标准：指准确地提供标准的服务；

③ 信任性标准：指服务人员给旅游者以信心和信任；

④ 责任心标准：指服务人员热情帮助旅游者的意愿；

⑤ 移情作用标准：指服务人员对于旅游者的关心和个别照顾，体现了对旅游者需要的理解。

旅游者对娱乐服务的感知过程及结果，提醒旅游从业人员要想给旅游者提供良好的服务、留下深刻而又美好的印象，必须严格按照有形性、可靠性、责任心、信任性和移情作用等标准，不断完善娱乐服务的设施、环境和服务方式等。现代人对娱乐的态度是积极而肯定的，认为娱乐和休息、工作一样自然，进行娱乐活动是他们的天赋权利和合理需要。旅游从业人员有责任提供良好的娱乐服务，以满足他们的需要，从而更好地创造旅游业的经济效益和社会效益。

第五节　旅游交通服务心理

旅游交通是指旅游者利用某种交通工具，实现从一个地点到另一个地点的空间转移的过程。旅游交通主要由公路、航空、水运、铁路四大交通运输方式构成，另外还有自行车、摩托车、索道、轿子、竹筏、人力车等延伸的交通方式。旅游交通是旅游业的一个重要组成部分。近年来，旅游业的飞速发展跟交通运输业的高速发展是密切相关的。

人们外出旅游必须借助于良好的旅游交通条件、设计合理的旅游交通线路、配套的服务设施、高素质的服务员工提供的优良服务。下面就旅游交通中的服务心理进行分析。

一、旅游者对旅游交通的基本心理需求

游客对旅游交通的基本心理需求是多方面的，这些基本的心理需求服务于其对旅游的总需求。概括起来，游客的基本心理需求主要有以下几方面。

(一) 安全的心理需求

安全需要是游客旅行的重要需要，比如他们出行最关心乘坐交通工具的安全性。游客对旅游交通安全的需求，可以概括为两个方面。

1. 道路畅通，手续便利

交通道路平坦、畅通，才能通行外出。安全与便利是分不开的，便利的手续在省心、省力、省时的同时也意味着游客的人身和财产安全更有保障。

2. 旅途平安

人们对安全的需要是仅次于人的生理需要的。外出旅游是人生的乐事，每个人都希望能平平安安、快快乐乐地度过这段有意义的旅游生活，此时旅途平安对于旅游者来说尤为重要。具体说来，旅游交通安全需求包括无意外事故、方便等方面。旅游从业人员应从多方面考虑，保障旅客的安全，如选择有旅游资质的旅游车、选择有安全保障的各类旅游交通设施等。

（二）时间的心理需求

要做到让游客有更多的时间游览，组织者就应该做到以下两方面。

1. 交通准时

交通工具应准时启程、准时到达、准时返程。

2. 速度适宜

"行"宜快，"游"要慢。

（三）舒适的心理需求

舒适的交通服务可以缓解游客的身心疲惫，改善游客情绪，提高游客兴致。

1. 乘坐舒适

乘坐舒适是旅游者对物质方面的要求。旅游交通服务设施的条件状况，直接影响着游客的心理感受。

2. 优质服务

希望享受优质服务属于旅游者精神方面的需求。游客希望在旅途中得到文明礼貌、热情周到、人性化的服务。

（四）廉价交通工具的心理需求

人们无论经济收入的高低，旅游者都希望能花费最少的钱享受最便捷、最适宜、最廉价的交通工具出行。例如，有的游客选择在旅游淡季出游，以此减少在旅游交通方面的支出，提前预订打折的车船票，能乘坐火车出行的就不会选择汽车或飞机出行。大多数旅游者认为把钱花在交通上不如把钱花在旅游景点门票、品尝特色食品或旅游商品购物等方面，故游客希望交通工具也要物美价廉。

二、旅游途中旅游者的心理和行为

（一）享受旅途的旅游者

这一类多为老年游客，由于受生理条件的限制，加上时间充裕，阅历丰富，他们希望行程缓慢，喜欢优哉游哉的旅游方式，将旅途本身和旅游目的地视为同样重要的旅游过程。因此，宽敞舒适的旅游专列、游船、大巴当为首选交通工具。

老年人旅游多为消除苦闷、打破寂寞、驱散烦恼，同时能开阔眼界、丰富知识、增强体质、陶冶情操。为使老人感受到旅游的乐趣、生命的价值，组织者在旅途中应配备医护人员，同时合理安排活动，既不让老人劳累，又使他们能感受到生活的多姿多彩，生命的希望与活力。

（二）看重资源地的旅游者

如果游客是以度假为目的，那么他将希望尽快赶往旅游资源地，把更多的时间用于悠闲、安逸地度假。这类游客对旅途不感兴趣，他们会选择飞机、特快列车或高速动车组列车，尽可能缩短旅途时间，不让旅途多占用度假时间。

（三）走马观花的旅游者

中青年游客要应对激烈的生存竞争，要学习、要充电，闲暇的时间很少。他们出游大都选择节假日和与出差有关系的旅游线路。因为时间关系，他们大多属于走马观花者。为了能在有限的时间内尽量多走多看，他们往往会合理计划、分配用于旅途和资源地的时间。

（四）猎奇求异的旅游者

这类游客喜欢新鲜的经历和新奇事物，喜欢不同寻常的旅程。他们的旅游常常伴随着探险，因而在旅途中，他们往往会放弃四平八稳的交通工具，而选择骑马、骑骆驼，坐竹筏、乘牛车等，在体验新颖的交通方式中，获得全新的刺激和与众不同的感受。

三、提供优质的旅游交通服务

（一）完善的旅游交通硬件环境让游客放心出行

1. 合理的旅游交通线路设计

要让游客“进得去、出得来”，开发者就要设计和规划安全、高效、四通八达的铁路、航线、公路网。

2. 完备的基础设施

开发者要依据地理条件对旅游景区进行合理的规划和布局，基础设施应具备安全性和适应性，要考虑到游客对安全、便利的需要。

3. 适宜的交通工具

首先，组织者要选择与旅途相适应的交通工具，以确保游客旅途的安全和便利，其次要安排多种多样的交通工具以满足旅游者的多样性需求，最后要提供高档次的交通工具满足游客舒适的心理需求。

（二）优质的旅游交通软件环境让旅游者出行得舒心

1. “一条龙”的交通服务体系

“一条龙”的交通服务体系是在旅客联合运输的基础上延伸和发展起来的。旅客联合运输，指组织两种及两种以上交通运输方式完成旅客从起运站（港）至目的地点的一种松散型联合运输形式，它的特点是统一客票、一次购票、一票到底，使游客在中转地能及时换乘、手续简化，能快速到达目的地。

2. 灵活的、人性化的交通服务方式

以人为本,人性化的服务因其细致入微地为游客着想,最能打动游客,满足游客的多种心理需求。组织者面对形形色色的游客和各种不同的心理需求,在交通服务方式上采用灵活的、人性化的做法往往会立竿见影。比如订票、退票方便,给旅游者自主选择权和充分的游览时间等,都会给旅游者带来实实在在的好处。

3. 具备良好职业心理素质的服务人员

(1) 过硬的知识、技能

为确保游客生命财产的安全,必须加强对服务人员的安全教育,强化安全意识,提高安全操作技能、服务技能;对交通工具、基础设施进行严格的维护与检查,加强安检,确保万无一失。

(2) 良好的情感品质

良好的情感品质是提供优质服务的前提,具备了良好情感品质的服务人员,有顽强的毅力、有高度的责任心、有丰富的情感,能真心诚意地关怀游客,其服务会体现出浓浓的人情味,赢得游客的赞誉。

(3) 敏锐的观察力

思维敏捷的服务人员能主动察觉游客的需要,并及时提供体贴入微的服务,想游客之所想,急游客之所急。服务人员要能机敏果断地判断、分析、处理各种事件,使服务更有针对性,确保游客乘兴而来、满意而归。

第六节 旅游者投诉心理

在旅游服务整个过程中,由于影响服务质量的因素很多,难免会出现一些失误、偏差,从而引起旅游者的不满或投诉。旅游者的投诉是做好旅游工作、弥补服务工作纰漏和不足,提高旅游管理和服务水平的一个促进因素。因此,正确分析旅游者的投诉心理,恰当地处理投诉,是旅游企业非常重要的工作。

一、旅游者投诉的原因

旅游者投诉的原因很多,既有与旅游经营单位服务接待有关的可控因素,也有一些与服务环境和服务对象有关的不可控因素。

(一) 可控因素

1. 旅游从业者不尊重客人

一线对客服务的旅游从业者对客人不尊重、不公平,厚此薄彼,待客不主动、不热情,语言和行为不文明、不礼貌、不规范,个别从业者缺乏必要的服务意识和职业操守是导致旅游者投诉的常见原因。

2. 旅游从业者业务不熟,服务水平低

一线对客服务的旅游从业者由于经验不足、学习能力差导致业务不熟,缺少必要的服务技巧与能力,或者对服务岗位缺乏职业认同感导致工作中马虎应付、责任心不足,从而引起客人反感、恼火。

3. 旅游企业(组织)经营管理水平不高

旅游服务的质量和水平是旅游企业(组织)经营理念和管理水平的检测仪。旅游企业以获取最大利润为目标而过度压缩成本,减少人员配备,缺少对员工的培训,配备的设施设备检修不及时,恶意降低服务标准或减少服务内容,管理不到位,部门协调员工合作不顺畅,这些都会导致旅游者利益受损,引起旅游投诉。

(二) 不可控因素

1. 服务标准众口难调

在对旅游服务的要求上,一千个游客心中有一千种标准。面对来自世界各地的游客,由于受语言障碍、自然环境、突发事件、风俗习惯等客观条件的影响,服务很难尽善尽美。

2. 旅游者个性差异

气质、性格、情绪不同的游客处理问题的方法有着明显的差异。一般说来,外向、情绪不好的客人容易投诉,内向、情绪好的客人通常抱怨几句就算了。所以,旅游企业不能武断地认为客人没有投诉便是没有问题。旅游服务人员应细心观察客人的言语、表情和动作,及时弥补服务的不足,才能让客人保持良好的心境。

3. 突发事件

突发事件分为自然性突发事件和社会性突发事件。旅游者在出行过程中可能遇到的自然性突发事件有:由于天气大雾、雷雨等原因导致飞机延误、迫降等,由于天气原因导致出海或者水上运动取消,由于地震、泥石流等自然灾害的发生取消行程,或无法按原计划买到车船票或飞机票而影响行程等。旅游者在出行过程中可能遇到的社会性突发事件有:在异地旅游被抢劫,财物和证件丢失,餐饮消费时由于食物卫生问题、食物中毒引发的身体不适,由于停电或者停水引起的不方便等。

二、旅游者投诉的心理动机

(一) 求尊重的心理

游客作为被服务者是消费者,有权利获得与其消费支出相符的服务。在整个旅游活动中,游客求尊重的心理贯穿始终,而当服务不能令人满意时,投诉是游客获得尊重的重要途径。

(二) 求发泄求平衡的心理

心理学研究表明:当一个人因为自己的需求未能得到满足或者遇到不顺心的事情而产生挫折感时,可以通过宣泄、替代、补偿等方式进行有效的心理调节。当游客遇到不称心的事情后,会产生挫折感,继而会产生抵触、焦虑、愤怒等情绪。只有通过适当的方式将这些情绪宣泄出来,游客才能恢复心理平衡。投诉便是一种最有效的发泄方式,通过口头或书面形式,将自己的烦恼、愤怒表达出来以后,挫折感会减少,心境才能平静、轻松。

(三) 求补偿的心理

旅游者在遭受了物质或精神损失后,当然希望能够得到一定的补偿,以弥补自己的损失。例如，旅游者对饭菜质量不满意，会希望更换或打折；对于旅行社擅自改变路线、削减项目或降低服务标准不满意，会希望退还部分费用；被服务员弄脏的衣物，希望能免费干洗；遇到交通意外，希望得到赔偿；买到假冒伪劣商品，希望能退货；被虚假广告欺骗，希望得到补偿等。

（四）求维权的心理

游客敢于投诉，是自我法律保护意识的觉醒。通过合法的途径投诉，既是维护自己的利益，也是维护所有旅游者的利益，是寻求利益保护。通过投诉，使相关部门重视游客反映的普通问题，不断改进工作，服务质量才能不断提高，游客才能在今后的旅游中得到更优质的服务。

三、处理旅游者投诉的方法

（一）礼貌接待，耐心倾听

接待人员对前来进行投诉的游客要起立问候，礼貌接待，如果条件许可，可以为客人倒上茶，请他们坐下，以缓和气氛，让交谈变得轻松。游客投诉时，心中一定有怨愤，不发泄出来，情绪无法平静。接待人员应当有礼貌地接待，耐心听他们把话说完，听取意见时，可以适当做些记录，便于以后核实，保持冷静，不要辩解和反驳。尤其是在投诉者宣泄愤怒时，接待人员不适时的解释可能会被认为是在推脱或是狡辩，而招致旅游者更多的不满。

（二）表示尊重，诚恳道歉

无论真相如何，发生投诉，就意味着旅游服务还存在缺陷，并给游客带来了不便与烦恼，他们发牢骚、投诉，是因为他们确实遇到了问题和麻烦，确实需要旅游工作者的帮助，而他们的投诉将有助于旅游企业改进工作。接待人员要学会换位思考，能够站在投诉者的立场思考问题，以诚恳的态度向他们表示理解、尊重与歉意；要注意聆听和平息客人的怒气，适当地岔转话题；以旅游单位代表的身份欢迎并感谢旅游者提出批评和意见。有时，还可以请职位高的经理或主管来向客人道歉，以示重视。

（三）弄清真相，妥善处理

服务员工接到投诉后，要尽快核实情况，找出投诉的缘由和出错的环节，给客人一个较为满意的答复。对那些不合理的投诉，也应该做到有理、有礼、有节，平息客人的情绪，既要给投诉的游客一定的面子，又要弄清事实真相，恰当处理。对旅游投诉的处理要坚持问题不出“三门”（即车门、店门、房门），避免游客带着愤怒、遗憾和懊恼离开，预防客人通过法律程序进行投诉的可能性。无论遇到什么困难，接待人员都要尽最大的努力去消除旅游者的不满，变不满为基本满意或满意。

（四）吸取教训，完善服务

旅游工作者必须认识到，没有一个旅游者愿意投诉，应该把客人的每次投诉看成是一次改善服务、留住和吸引客人的机会，必须尽一切努力，保证投诉的客人得到安抚，重新赢得客人对企业的信心。问题解决后，接待人员要再与旅游者联系，欢迎他再提宝贵意见，做好投诉处理记录和报告,及时向上级领导汇报整个处理过程。

旅游服务员工应定期了解客人对投诉处理工作的反映,及时归纳经验、总结工作中的疏漏和不足,并整理成书面意见,呈报总经理或相关部门,以便引起足够重视,帮助企业不断改进服务工作,完善管理制度。学会从失败中吸取教训,员工才能不断成长,企业才能生存、发展、强大。

旅游从业人员在向旅游者提供服务时应遵循三个原则:一视同仁,顾客永远是对的,提供标准化服务并重视个性化服务。

本章小结

1. 阐述了旅游服务的内涵和特点。

2. 阐述了旅游者在旅游不同环节的心理需求,旅游企业和旅游工作者在酒店、餐饮、购物、交通、投诉等服务环节应该如何提供旅游者满意的服务。

3. 说明了在不同的旅游服务环节中的心理服务对策。

复习思考题

1. 旅游者在酒店有哪些心理需求?做好酒店服务工作的要求有哪些?
2. 旅游者在餐厅有哪些心理需求?怎样提供优质的餐厅服务?
3. 旅游者对旅游购物有哪些心理需求?怎样做好旅游购物服务?
4. 旅游者对旅游交通有哪些心理需求?怎样做好旅游交通服务?
5. 旅游者在旅游投诉中有哪些心理表现?处理游客投诉的心理方法有哪些?
6. 你认为"顾客永远是对的"这句话对吗?为什么?试举例说明。
7. 结合实例谈谈你对服务的理解,怎样理解服务中的"一视同仁"?

实践课堂

1. 模拟训练。将学生分组,让学生分别扮演旅游者、服务人员,对酒店前厅、餐厅、导游、客人投诉中的特定事件和环境进行模拟训练。对照所学知识和技能,教师进行总结分析、点评,找出问题所在,引起重视,巩固知识记忆,掌握服务要点。

2. 实地调查,撰写调查报告。要求学生到学校所在地区旅游管理部门调查上年度旅游投诉的基本情况,将游客投诉问题进行分类,从中发现存在的普遍问题,结合所学知识,提出改进旅游管理和服务的建设性意见和建议,最后形成关于游客投诉的调查报告。

参 考 文 献

1. 金盛华.当代社会心理学导论[M].北京：北京师范大学出版社，2002.
2. 陈志学.饭店服务质量管理与案例解析[M].北京：中国旅游出版社，2006.
3. 俞文钊.职业心理学[M].大连：东北财经大学出版社，2007.
4. 安德鲁 J.职业心理学[M].姚翔，译.北京：中国轻工业出版社，2009.
5. 范昱娟，费洁.网络交往与大学生人际沟通能力的弱化研究[J].前沿，2009，12.
6. 邹本涛，谢春山.中国旅游文化[M].北京：中国旅游出版社，2010.
7. 马继兴.旅游心理学[M].北京：清华大学出版社，2010.
8. 张亿全，胡井军.网络文化对大学生人际交往能力的影响分析[J].经济与社会发展，2010，8(6)：177-179.
9. 杨秀君.心理素质训练[M].上海：上海交通大学出版社，2010.
10. 郑一群.走出困境：如何应对人生中的挫折与压力[M].北京：清华大学出版社，2011.
11. 罗兰 M，丹尼尔 P.亲密关系[M].王伟平，译.北京：人民邮电出版社，2011.
12. 约瑟夫 J.心理健康自我训练[M].重庆：重庆大学出版社，2012.
13. 叶琳琳.大学生心理健康教育与心理素质训练[M].北京：北京师范大学出版社，2012.
14. 马继兴.旅游心理服务技能与实训[M].北京：清华大学出版社，2013.
15. 王忠元.移动电子商务[M].北京：机械工业出版社，2015.
16. 李云鹏.基于综合旅游服务商的旅游电子商务[M].北京：清华大学出版社，2015.
17. 孙喜林，赵艳辉.旅游心理学[M].2 版.北京：中国旅游出版社，2016.
18. 人力资源社会保障部教材办公室.旅游法规[M].北京：中国劳动社会保障出版社，2017.
19. 杨富斌.旅游法判例解析教程[M].北京：中国旅游出版社，2017.
20. 袁义.旅游法规与法律实务[M].南京：东南大学出版社，2017.
21. 黄恢月.包价旅游合同服务法律指引[M].北京：中国旅游出版社，2018.
22. 李海凤，单浩杰.旅游服务心理学[M].北京：中国人民大学出版社，2018.
23. 张嘉惠，刘晶.旅游心理学[M].北京：北京理工大学出版社，2018.
24. 刘纯.旅游心理学[M].4 版.北京：高等教育出版社，2019.
25. 叶伯平.旅游心理学[M].3 版.北京：清华大学出版社，2019.
26. 吕勤，沈苑.旅游心理学[M].3 版.北京：中国人民大学出版社，2019.
27. 廖兆光.旅游心理学[M].成都：西南交通大学出版社，2019.
28. 王志凡.旅游心理学实务[M].武汉：华中科技大学出版社，2019.

参考网站：

1. 中国国家旅游局官方网站：http://www.cnta.com
2. 中国旅游协会网：http://www.chinata.com.cn/
3. 北京市旅游委网：http://www.bjta.gov.cn/
4. 北京旅游信息网：http://www.visitbeijing.com.cn/
5. 中国会展管理网：http://www.sgcec.com
6. 中青旅在线：http://www.CTYSonline.com

7.中国古镇西塘官网 http://www.xitang.net

8. 携程网：http://www.ctrip.com

9.去哪儿网：http://qunar.com

10. C2C 酒店网：http://www.c2cjd.com

11. 济南旅游：http://www.jnta.gov.cn

12. 黄山旅游信息网：http://www.intohuangshan.com

教学支持说明

▶▶课件申请

尊敬的老师：

您好！感谢您选用清华大学出版社的教材！为更好地服务教学，我们为采用本书作为教材的老师提供教学辅助资源。该部分资源仅提供给授课教师使用，请您直接用手机扫描下方二维码完成认证及申请。

任课教师扫描二维码
可获取教学辅助资源

▶▶样书申请

为方便教师选用教材，我们为您提供免费赠送样书服务。授课教师扫描下方二维码即可获取清华大学出版社教材电子书目。在线填写个人信息，经审核认证后即可获取所选教材。我们会第一时间为您寄送样书。

任课教师扫描二维码
可获取教材电子书目

清华大学出版社

E-mail: tupfuwu@163.com　　网址：http://www.tup.com.cn/

电话：010-83470332 / 83470142　　传真：8610-83470107

地址：北京市海淀区双清路学研大厦B座509室　　邮编：100084